Entwicklungspädagogische Theorien, Konzepte und Methoden 1

Karl-Heinz Braun

Entwicklungspädagogische Theorien, Konzepte und Methoden 1

Kinder und Kindheit

Karl-Heinz Braun
Magdeburg, Deutschland

ISBN 978-3-658-17099-8   ISBN 978-3-658-17100-1 (eBook)
https://doi.org/10.1007/978-3-658-17100-1

Die Deutsche Nationalbibliothek verzeichnet diese Publikation in der Deutschen Nationalbibliografie; detaillierte bibliografische Daten sind im Internet über http://dnb.d-nb.de abrufbar.

Springer VS
© Springer Fachmedien Wiesbaden GmbH 2018
Das Werk einschließlich aller seiner Teile ist urheberrechtlich geschützt. Jede Verwertung, die nicht ausdrücklich vom Urheberrechtsgesetz zugelassen ist, bedarf der vorherigen Zustimmung des Verlags. Das gilt insbesondere für Vervielfältigungen, Bearbeitungen, Übersetzungen, Mikroverfilmungen und die Einspeicherung und Verarbeitung in elektronischen Systemen.
Die Wiedergabe von Gebrauchsnamen, Handelsnamen, Warenbezeichnungen usw. in diesem Werk berechtigt auch ohne besondere Kennzeichnung nicht zu der Annahme, dass solche Namen im Sinne der Warenzeichen- und Markenschutz-Gesetzgebung als frei zu betrachten wären und daher von jedermann benutzt werden dürften.
Der Verlag, die Autoren und die Herausgeber gehen davon aus, dass die Angaben und Informationen in diesem Werk zum Zeitpunkt der Veröffentlichung vollständig und korrekt sind. Weder der Verlag noch die Autoren oder die Herausgeber übernehmen, ausdrücklich oder implizit, Gewähr für den Inhalt des Werkes, etwaige Fehler oder Äußerungen. Der Verlag bleibt im Hinblick auf geografische Zuordnungen und Gebietsbezeichnungen in veröffentlichten Karten und Institutionsadressen neutral.

Gedruckt auf säurefreiem und chlorfrei gebleichtem Papier

Springer VS ist Teil von Springer Nature
Die eingetragene Gesellschaft ist Springer Fachmedien Wiesbaden GmbH
Die Anschrift der Gesellschaft ist: Abraham-Lincoln-Str. 46, 65189 Wiesbaden, Germany

Inhalt

1 **Entwicklungsaufgaben in sozialökologischen Bildungskontexten. Einführende Überlegungen** 1
  1.1 Pragmatische Entstehungskontexte und didaktische Struktur des vorliegenden Lehrbuches zur „Entwicklungspädagogik" 2
  1.2 Das ursprüngliche Konzept der Bildungsaufgaben als Entwicklungsaufgaben (Havighurst) 5
  1.3 Der sozialökologische Ansatz (Bronfenbrenner) 6
  1.4 Die bildungstheoretische Begründung der interaktiven und institutionellen Erziehungsprozesse (Klafki) 8
  1.5 Entwicklungspädagogik als interdisziplinäres Projekt 15

2 **Die Psychomotorik als ontogenetischer Ursprung aller Bildungsprozesse** 23
  2.1 Bildungsthema: Die erstmalige Herausbildung der sensomotorischen Intelligenz (Piaget) 24
    2.1.1 Allgemeine Prinzipien und Stufen der kognitiven Entwicklung 25
    2.1.2 Die Herausbildung der sensomotorischen Intelligenz 28
    2.1.3 Kontroverse Aspekte von Piagets Genetischer Psychologie ... 31
  2.2 Frühe Hilfen I: Familienhebammen als Beitrag zur Gesundheitsförderung 35
  2.3 Schon den kindlichen Entwicklungsrahmen als „aktiven Denkraum" gestalten 41

3 **Soziale Intentionalität im Spannungsfeld von emotionaler Geborgenheit und motivierter Exploration** 47
  3.1 Bildungsthema: Befriedigende und fragile Bindungen im Kontext modernen Lebensformen (Bowlby) 48

V

3.1.1 Genese und Typologie der Bindungen 50
3.1.2 Die Familie als dominanter Interaktionskontext 53
3.1.3 Kontroversen und Einwände zur Bindungstheorie 55
3.2 Frühe Hilfen II 60
3.2.1 Sozialpädagogische Familienhilfe (SPFH) 61
2.2.2 Übergänge I: *Pflegefamilien* 67
3.2.3 Nachhaltiger Kinderschutz durch Verwirklichung
der Kinderrechte 74

**4 Alltagsverankerte gegenständlich-materielle und soziale
Bedeutungsstrukturen** 81
4.1 Bildungsthema: Aktive Aneignung der gesellschaftlich
hervorgebrachten unmittelbaren sachlichen und interpersonalen
Bedeutungsstrukturen (Holzkamp) 82
4.1.1 Psychophylogenese der Mensch-Welt-Relationen 83
4.1.2 Strukturen der menschlichen Ontogenese 85
4.1.3 Kritisch-konstruktive Anmerkungen zum
Intersubjektivitätsverständnis der Kritischen Psychologie ... 89
4.2 Familienbildung 94
4.2.1 Von der Psychomotorik zu den handwerklichen
Kompetenzen 96
4.2.2 Partizipation im familiären Alltagsleben 100
4.2.3 Übergänge II: Eltern-Kind-Zentren/Mütterzentren 105

5 Mündliche Kommunikation 111
5.1 Bildungsthema: Vom Zeigen zum Sprechen (Tomasello) 112
5.1.1 Vorsprachliche Kommunikationsweisen 113
5.1.2 Mündliches Sprachlernen 118
5.1.3 Kontroverse Aspekte von Tomasellos Sprachtheorie 122
5.2 Interaktive und dialogische Unterstützung des Spracherwerbs 129
5.2.1 Ergänzende und vertiefende Aspekte der frühen
Sprachentwicklung 129
5.2.2 Die sozialräumliche und interaktive Einbettung der
dialogischen Sprachförderung 131
5.2.3 Zur Bedeutung des Vorlesens 133
5.2.4 Zum Bildungsfeld Zwei- bzw. Mehrsprachigkeit 137
5.3 Sprachstörungen und deren primäre und
sekundäre Prävention 140

Inhalt

6 Spielerische Weltaneignung durch Selbstbildung 145
  6.1 Bildungsthema: Spiel als Medium des imaginativen
gegenständlichen und kommunikativen Handelns (Oerter) 146
    6.1.1 Das Spiel als besondere Lebenspraxis in
sozialgeschichtlichen und ontogenetischen Kontexten 147
    6.1.2 Stufen der Spielentwicklung 153
    6.1.3 Zu den Besonderheiten der Computerspiele 158
  6.2 Einige Grundsätze der Spielförderung 163
  6.3 Spielen im familiären Alltagsleben 166
  6.4 Öffentliche Spielplätze als soziale Bildungsorte und
Bildungsarrangements 170
    6.4.1 Nicht professionell betreute öffentliche Spielplätze 171
    6.4.2 Professionell betreute Spielplätze 174
  6.5 Übergänge III: Von der Familie in die Kindertagesstätte 177
  6.6 Übergänge IV: Vom Kindergarten in die gemeinsame
Grundschule 181

**7 Teilnehmende Beobachtung komplexer pädagogischer
Entwicklungsverläufe** 187
  7.1 Teilnehmende Beobachtung als Methode der pädagogischen
Praxisforschung 188
  7.2 Pragmatische Regeln für die teilnehmende Beobachtung 189

Entwicklungsaufgaben in sozialökologischen Bildungskontexten
Einführende Überlegungen

Zusammenfassung

In diesem Einleitungskapitel wird der allgemeine Rahmen der Entwicklungspädagogik und ihrer Konzepte und Methoden abgesteckt. Den Grundgedankengang dafür hat der psychoanalytische Pädagoge bzw. pädagogisch interessierte und aktive Psychoanalytiker Siegfried Bernfeld (1892–1953) in seiner erstmals 1925 veröffentlichten Streitschrift „Sisyphos oder die Grenzen der Erziehung" formuliert, die ganze Generationen von PädagogInnen und ErziehungswissenschaftlerInnen beschäftigt hat. Er fokussierte dabei für das pädagogische Handeln auf die Relationen zwischen Ontogenese und Erziehung:

„So mannigfaltig menschliche Gesellschaften strukturiert sein mögen, das Kind hat von Geburt an eine Stelle in ihnen. Für es muss eine bestimmte Menge Arbeit von der Gesellschaft geleistet werden, sie hat irgendwelche Einrichtungen, die nur wegen der Entwicklungstatsache bestehen, gewisse Einstellungen, Verhaltungen, Anschauungen über sie. Die Kindheit ist irgendwie im Aufbau der Gesellschaft berücksichtigt. Die Gesellschaft hat irgendwie auf die Entwicklungstatsache reagiert. Ich schlage vor, diese Reaktionen in ihrer Gänze Erziehung zu nennen. **Die Erziehung ist danach die Summe der Reaktionen einer Gesellschaft auf die Entwicklungstatsache.**" (Bernfeld 1973, S. 51; Hervorhebung von mir – K.-H. B.)

Der Rückgang auf diese Argumentationsfigur ergab sich zunächst aus der vernetzungsorientierten pragmatischen Beratungstätigkeit der kommunalen Kinder- und Jugendarbeit in einer kleinen Mittelstadt. Das dabei erarbeitete Konzept wurde dann in Fortbildungsveranstaltungen sowie in Hochschul- und Universitätsseminaren immer weiter entfaltet (dieser Entstehungshintergrund des Buches wird in Kap. 1.1 rekonstruiert). Nun wirft Bernfelds Grundgedankengang allerdings sofort die Frage nach der inhaltsbezogenen Logik der „Entwicklungstatsache", also personalen Entwicklung auf; eine Antwort darauf ist das Konzept der **Ent-**

wicklungsaufgaben, welche die Subjektwerdung als aktive Auseinandersetzung mit den institutionalisierten pädagogischen und darüber vermittelten milieuspezifischen gesellschaftlichen Anforderungen deutet (Kap. 1.2). Daran schließt erweiternd der **sozialökologische** Ansatz an, der diese Entwicklungsaufgaben im historisch sich wandelnden Spannungsfeld von biologischen personalen Entwicklungspotenzialen und interaktiven, sozialen und pädagogisch-institutionellen Lernumwelten auf der Mikro-, Meso- und Makroebene interpretiert (Kap. 1.3). Alle diese Argumentationsstränge und -traditionen werden schließlich in Kap. 1.4 unter einer dezidiert pädagogischen, nämlich **bildungstheoretisch** fundierten Perspektive synthetisierend zusammengeführt, nachdem das pädagogische Handeln die Herausbildung der Fähigkeit und Bereitschaft zur Selbstbestimmung, Mitbestimmung, Solidarität und Verantwortungsübernahme in der Symmetrie von Rechten und Pflichten dient und sich als Bildung für alle, als bildende Auseinandersetzung mit den epochal typischen Schlüsselproblemen und als Bildung aller Fähigkeiten, Fertigkeiten Neigungen usw. erzieherisch und alltagspraktisch verwirkt. Die sich daraus ergebende theoretische und praktische Komplexität der Entwicklungspädagogik erfordert eine interdisziplinäre Kooperationsfähigkeit und -bereitschaft (Kap. 1.5).

1.1 Pragmatische Entstehungskontexte und didaktische Struktur des vorliegenden Lehrbuches zur „Entwicklungspädagogik"

Die ersten Überlegungen zu diesem Buch entstanden im Rahmen der **wissenschaftlichen Beratung der Kinder- und Jugendarbeit** in einer kleinen Mittelstadt, nämlich Stadthagen (bei Hannover). Diese zunächst begrenzte Fragestellung wurde qualitativ ausgeweitet durch die Einbeziehung der städtischen Kinder- und Jugendarbeit in das landesweite niedersächsische Präventionsprogramm „communities that care (ctc)", welches – wie immer man es konkret bewerten mag – einen ganzheitlichen, alle sozialökologischen Kontexte und pädagogische Institutionen einbeziehenden Ansatz verfolgte, der den Konzepten der kommunalen bzw. regionalen Bildungslandschaften nahe steht (vgl. www.ctc-info.de). Bei der Auswertung der Schülerbefragungen ergab sich dann das praxisbezogene Problem, an welchen theoretisch begründeten oder doch zumindest begründbaren Kriterien sich diese **entwicklungsbezogene Vernetzung** ausrichten sollte. Solche mussten einerseits so differenziert sein, dass alle pädagogisch relevanten Entwicklungsaspekte der

1.1 Pragmatische Entstehungskontexte und didaktische Struktur 3

Heranwachsenden Berücksichtigung finden und andererseits deren innerer Zusammenhang nicht verloren geht. Genau das sollte eine „Entwicklungsmatrix" leisten, die ursprünglich insgesamt 15 Entwicklungsaufgaben umfasste. Diese reichten von der pränatalen Herausbildung der Psychomotorik über die Identitätsarbeit bis zum Übergang von der Ausbildung in den Beruf und der Bewältigung besonderer Entwicklungsprobleme (nämlich Drogenabhängigkeit und Gewalt). Dabei enthielt jede Entwicklungsaufgabe eine Dreiteilung: Zunächst wurden die normativen Grundlagen skizziert, dann die empirisch festgestellten Entwicklungstendenzen und -schwierigkeiten dargestellt und schließlich Konzepte und Methoden zur Verbesserung der pädagogischen Entwicklungsförderung vorgestellt. Dieses „Entwicklungsraster" wurde dann nicht nur in der Beratergruppe und entsprechenden Fortbildungsveranstaltungen diskutiert, sondern auch in Seminaren und Projekten an den Hochschulen Magdeburg-Stendal, Fulda und der Fachhochschule Kärnten sowie der Carl von Osietzki-Universität in Oldenburg und der Technischen Universität Dresden ausführlich diskutiert und immer wieder überarbeitet und ausgebaut. Zugleich sind die Erfahrungen und Erkenntnisse der Hochschul- und Universitätsseminare in die Beratungs- und Fortbildungsarbeit eingegangen. Für diese intensiven „sokratischen Gespräche" sei allen Beteiligten herzlich gedankt! Die Ergebnisse finden sich in diesem 1. Band zur Entwicklungspädagogik der **Kinder** und der **Kindheit** und dem folgenden 2. Band zu den Jugendlichen und zur Jugend. Diese Doppelformulierung macht deutlich, dass es ein notwendiges Spannungsverhältnis gibt zwischen den **empirisch** vorfindlichen Kindern und Jugendlichen und den **normativen** Vorstellungen und Begründungen gelingender und befriedigender Kindheit und Jugend – und zwar sowohl in der **Disziplin** wie der **Profession** der Entwicklungspädagogik (vgl. Bamler et al. 2010; Berg 2004; Honig 2009; Oehlmann 2012).

Was die **innere Ausdifferenzierung der Kindheit** angeht, so gibt es verschiedene Auffassungen hinsichtlich der logischen Stufen und biografischen Phasen der Kindheit, die auch von den jeweiligen theoretischen Annahmen und methodischen Ausrichtungen abhängen (die jeweils in diesem Buch erörtert werden). Als sehr grobe Orientierung kann hier gelten: die frühe Kindheit (0–5 Jahre) und die späte Kindheit (6–11 Jahre); als weitergehende Differenzierung, die in die Säuglingszeit (die Monate rund um die Geburt), die frühe Kindheit (2–4 Jahre), der Schulübergang und das frühe Schulalter (5–7 Jahre) und die späte Kindheit (8–11 Jahre). Selbstverständlich hat die thematische Abgrenzung zur Jugend immer auch etwas Willkürliches. Und so werden im Band 2 eine ganze Reihe von Theorien, Konzepten und Methoden behandelt, die auch im vorliegenden Band hätten thematisiert werden können; so z. B. die Identitätstheorie von Erikson, die Moraltheorie von Kohlberg, die gesellschaftliche Funktionsbestimmung und der pädagogische Auftrag der Schule, die kritisch-psychologische Theorie der Bedürfnisse und der Sinnlichkeit und die daraus resultierende Thematisierung psychosozialer Konflikte, Sozialraumorientierung, Einzelfallhilfe, Hilfeplanung, die Relationen zwischen professioneller Nähe und Distanz bzw. von Hilfe und Kontrolle und die Heimerziehung.

Der **Vielfalt** der pädagogischen **Handlungsfelder** und pragmatischen **Alltagstheorien** entspricht bis zu einem gewissen Grade die Unterschiedlichkeit der **Theorien** und **Methoden** und deren Vermittlung durch die **Konzepte** (vgl. dazu auch Wendt 2017). Deshalb werden in den Kap. 1.2–1.4 übergreifende und in Kap. 2.1, 3.1, 4.1, 5.1 und 6.1 jeweils zentrale bereichsspezifische Theorien dargestellt und nachfolgend Konzepte und Methoden zur Umsetzung der sich daraus ergebenden praktischen Realisierungsaufgaben. Dabei kann es sich natürlich nur um analytische Trennungen handeln, weshalb jeweils auf die Querverbindungen hingewiesen wird. Darüber hinaus werden jeweils wichtige juristische Bestimmungen benannt, speziell des **Kinder- und Jugendhilfegesetzes** (Sozialgesetzbuch VIII), die einen wichtigen Rahmen für die pädagogische Arbeit mit Kindern und Jugendlichen bilden (vgl. dazu auch den einflussreichen Kommentar von Münder et al. 2013).

Um dem knappen Raum eines Lehrbuches gerecht zu werden, wurde aus den Arbeitspapieren die strikt **thesenartige Darstellungsform** sowie die Hervorhebung wichtiger Begriffe und Textstellen durch **Fettdruck** beibehalten, weil sie aufgrund der gemachten Erfahrungen am besten geeignet ist zur Orientierung innerhalb der recht dichten und thematisch vielfältigen Texte und der **kritisch-dialogischen** sowohl **erfahrungsbezogenen** wie auch **diskursiven** Aneignung der jeweiligen Begründungsmuster des pädagogischen Handelns und Denkens in Hochschul- und Universitätsseminaren, in Fort- und Weiterbildungsveranstaltungen sowie in entsprechenden Praxisprojekt- und -beratergruppen. Dabei stehen am Anfang der Kapitel die **Zusammenfassungen**; im laufenden Text finden sich in Form von **Wissensbausteinen** kompakte Vertiefungen und Ergänzungen; und am Schluss der jeweiligen Abschnitte **Definitionen**. Entgegen so mancher wissenschaftlicher und didaktischer Praxis stehen sie nicht am Anfang, sondern am Ende der jeweiligen Argumentationsketten, denn sie fassen diese ja zusammen (am Anfang könnten höchstens alltagstheoretische oder vorbegriffliche Definitionen stehen, die mehr desorientieren als anregen).

1.2 Das ursprüngliche Konzept der Bildungsaufgaben als Entwicklungsaufgaben (Havighurst)

Für die Rezeption dieses Ansatzes im Rahmen der Entwicklungspädagogik sind folgende Motive leitend:

1. Das Konzept der Entwicklungsaufgaben geht auf den us-amerikanischen Lehrer, Erziehungswissenschaftler und Soziologen Robert J. Havighurst (1900–1991) zurück, der es seit Mitte der 1930er Jahre begründet und immer weiter ausdifferenziert hat. Er verband damit, dem entwicklungspädagogisch relevanten Anspruch zwischen den **gesellschaftlichen Anforderungen** und den **individuellen Entwicklungsdynamiken** der Heranwachsenden zu vermitteln, also die sich in Stufen entfaltende und in soziale Milieukontexte eingelassene Trias von physischer Reife, kulturellen Erfordernissen und personalen Zielsetzungen und Wertentscheidungen in eine entwicklungsoffene Balance (im Sinne eines „mittleren Weges") zu bringen (wobei er für die jeweiligen Entwicklungsaufgaben von optimalen Zeitfenstern und verschiedenen Realisierungsniveaus ausging). Das bot ihm zugleich die Möglichkeiten, zwischen **individuellem Lernen** und **institutionalisierten Lernangeboten** (besonders in der Schule) zu unterscheiden und zugleich – wenn auch nicht in dieser Terminologie – zwischen formellen, nicht-formellen und informellen Lernangeboten zu differenzieren und in reformpädagogischer, pragmatischer Absicht für deren Koordination zu plädieren (vgl. Havighurst 1953; 1972). Darüber hinaus verband er die Analyse der pädagogischen Interaktionsmuster und deren Institutionalisierung – besonders durch die Schule – mit Sozialstruktur- und Milieuanalysen der us-amerikanischen Gesellschaft (der 1950er und 1960er Jahre) und machte so deutlich, wie die Erziehungsinstitutionen zur Reproduktion von sozialen und ethnischen Ungleichheiten beitragen und warum deshalb **Bildungsreform** als Teil der **Gesellschaftsreform** zu verstehen und zu praktizieren ist (vgl. Havighurst/Neugarten 1975).

2. Dieser Ansatz ist dann – zumindest im deutschsprachigen Raum – besonders von der **Entwicklungs-** und **Pädagogischen Psychologie** sowie der **Sozialisationsforschung** aufgenommen und mit empirischen Untersuchungen verschränkt worden, um so die jeweils formulierten Entwicklungsaufgaben auf ihre theoretische Schlüssigkeit und Erfahrungsfundierung hin zu überprüfen (vgl. u. a. Dreher/Dreher 1985; Fend 1994, Kap. 4; Gruber et al. 2014, Kap. 5.5; Hurrelmann/Bründel 2003, Kap. 2.2; Oerter 1995, Kap. 5; Quenzel 2015). In die **Erziehungswissenschaften** hat er dann besonders Eingang gefunden durch die Arbeiten der Forschungsgruppe um Herwig Blankertz (1927–1983), wobei hier das Zentrum in den latenten Sinnrelationen von Berufsbildung, politischer Bildung und Identitätsbildung

bestand, woraus dann auch eine Kritik am traditionellen Fächerkanon der Schule begründet wurde (vgl. Blankertz 1986, Kap. 2.1 u. 2.3). Alle diese Arbeiten hat seit den späten 1990er Jahren das Hamburger Graduiertenkolleg „Bildungsgangsforschung" aufgenommen, und dann die Entwicklungsaufgaben auf die gesamte Bildungsbiografie und ihre Verortung im Lebenslauf ausgeweitet und eine Balance gesucht zwischen Zukunfts- und Gegenwartsorientierung sowie eine Vermittlung zwischen Makro- und Mikroebene. Ferner wurde der thematische Kern der einzelnen Aufgabenstellungen sowie ihre Anzahl im Jugendalter immer wieder erörtert und überarbeitet – besonders bezogen auf die Neugestaltung schulischer Unterrichtsprozesse (vgl. Trautmann 2004).

1.3 Der sozialökologische Ansatz (Bronfenbrenner)

Der sozialökologische Ansatz bietet die Möglichkeit, die Vermittlungsglieder zwischen gesellschaftlichen Anforderungen und personaler, pädagogisch ermöglichter und geförderter Individual- und Kollektiventwicklung erheblich auszudifferenzieren; das wird an folgenden Argumentationssträngen deutlich:

1. Wesentliche Impulse zur Begründung einer ökologisch fundierten Entwicklungspädagogik gingen von Uri Bronfenbrenner (1917–2005) aus, der die Analyse der spezifischen **biologischen Entwicklungspotenziale** der Menschen mit der Rekonstruktion der unterschiedlichen **sozialen, interaktiven** und **pädagogischen Lernumwelten** verband – besonders von Kindern und Jugendlichen (vgl. Bronfenbrenner 1974, 1976, 1993). Selbstverständlich hatte auch dieser Ansatz Vorläufer: Das war zum einen die Feld- und Konflikttheorie von Kurt Lewin (1890–1947), der den physikalischen Begriff des *Feldes* für die Sozialwissenschaften fruchtbar gemacht hat (vgl. Lewin 1982). Zum anderen waren wegbereitend die Arbeiten von Robert Ezra Parks (1864–1944), dem Begründer der soziologischen „Chicagoer Schule", der sich nicht zufällig den komplexen **sozialen Desintegrationsprozessen** (Subkulturen, ethnische Minderheiten, Armut und Rassismus) in den amerikanischen Großstädten am Beginn des 20. Jh. zugewendet und stadtsoziologische mit human- bzw. sozialökologischen Untersuchungen verschränkt hatte (vgl. Park u. a. 1984).
2. Bronfenbrenner denkt von den **sich entwickelnden** und durch Bildung und Erziehung **zu fördernden Subjekten** aus und konzeptualisiert Entwicklungsfortschritte als ökologische Übergänge im Sinne der Ausweitung personaler Wahrnehmungs-, Erlebnis-, Denk- und besonders Aktionsräume. Deshalb ist es möglich und na-

1.3 Der sozialökologische Ansatz (Bronfenbrenner)

heliegend, die jeweiligen Entwicklungsaufgaben auch immer aus der Perspektive der **ersten Person** (Singular [Ich] oder Plural [Wir]) zu formulieren. In seiner auf die progressive Umgestaltung der Lebensbedingungen und -welten abzielenden Mehrebenen-Topologie unterscheidet er zwischen dem **Mikro**-System der Subjekt-Umwelt-Beziehungen (den in sich eingeschossenen – häufig intergenerativen – Interaktionen in Familie, Schulklasse, Peergruppe, Verein, Arbeitsplatz usw.), dem **Meso**-System (als den – häufig institutionalisierten – Relationen zwischen diesen Mikrosystemen), dem **Exo**-System (das auf die beiden Systeme Einfluss nimmt, ohne das die Subjekte selber in dieses [unmittelbar] eingreifen) und dem **Makro**-System, das die Ähnlichkeiten zwischen diesen drei Systemen erfasst, also ihre Tiefenstrukturen und Netzwerke. Alle diese Systeme sind selber dynamisch zu denken, weshalb es auch **Chrono**-Systeme gibt, wobei die entsprechende Lebensverlaufsforschung Aspekte des *sozialen Wandels* integriert (vgl. Abb.1). Damit bot sich hier ein wichtiger Ansatz für die subjekttheoretisch ausgerichtete Übergangs- bzw. *Transitionsforschung,* also die verschiedenen Modi der biografischen Realisierung der Entwicklungsaufgaben des institutionalisierten Lebenslaufs.

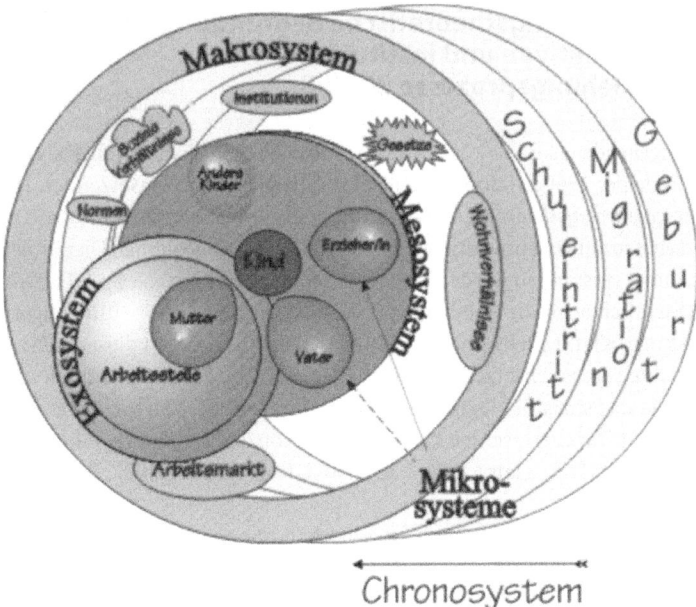

Abb. 1 Das sozialökologische Modell von Bronfenbrenner
Quelle: https://de.wikipedia.org/wiki/Ökosystemischer Ansatz nach Bronfenbrenner

3. Dieser Ansatz hat dann (im deutschsprachigen Raum) seit den 1970er Jahren eine Vielzahl von Untersuchungen angeregt, von der Analyse der konkreten Naturverhältnisse und Umweltbelastungen der Menschen, über die Stadt- und Architekturanalyse und die der Arbeitsverhältnisse und -beziehungen bis hin zur Analyse pädagogischer, psychologischer und psychiatrischer Institutionen und ihren typischen Interaktionsmustern. Und wie schon von Bronfenbrenner gefordert und praktiziert, wurden dabei – im Sinne der Aktions- bzw. Handlungsforschung – *wissenschaftlicher Erkenntnisfortschritt* mit *pädagogischem Praxisgewinn* verschränkt und beides mit *sozial- und bildungspolitischen Analysen* und *Forderungen* verknüpft. Er wird seit dieser Zeit auch als *sozial-ökologisch* bezeichnet und hat zahlreiche konzeptionelle und empirische Arbeiten angeregt in der Soziologie, der Erziehungswissenschaft, der Sozialisationsforschung, der Kindheits- und Jugendforschung, der Entwicklungs- und Pädagogischen Psychologie und nicht zuletzt in der Sozialen Arbeit (vgl. die Bilanzen in Dippelhofer-Stiem 2015; Grundmann/Lüscher 2000).

1.4 Die bildungstheoretische Begründung der interaktiven und institutionellen Erziehungsprozesse (Klafki)

Die vorangehenden Ansätze können aus einem anderen Blickwinkel auch als Beiträge zu der Ende der 1960er Jahre im deutschsprachigen Raum einsetzenden Debatte um eine *gesellschaftstheoretische* Begründung der Erziehungswissenschaften bzw. generell eine sozialwissenschaftliche Ausrichtung der pädagogischen Disziplinen und Professionen verstanden werden, die heute weitgehend Konsens sind. Dazu haben ganz wesentlich auch die Arbeiten von Wolfgang Klafki (1927–2016) beigetragen (vgl. Dahmer/Klafki 1968), an die hier angeschlossen wird. An dieser Stelle sollen vier Aspekte seines Ansatzes hervorgehoben werden, die auch deutlich machen wollen, wie das sozialökologisch erweiterte Konzept der *Entwicklungsaufgaben* nochmals transformiert werden kann zu einem Konzept der *Bildungsaufgaben* bzw. Bildungsthemen (vgl. Klafki 1976, I. u. II. Teil; Klafki/Braun 2007; Braun 2017):

1. Das Einverständnis, Erziehungswissenschaft, damit auch Entwicklungspädagogik, als Teil der Gesellschaftswissenschaften zu verstehen, beantwortet noch nicht die Frage nach dem pädagogischen Eigensinn. Und die Antworten darauf sind weiterhin kontrovers, wie man an den Debatten um das Theorem von der **relativen Eigenständigkeit** bzw. **Autonomie des pädagogischen Denkens und**

1.4 Die bildungstheoretische Begründung der Erziehungsprozesse

Handelns ablesen kann. Entgegen entsprechenden Fehldeutungen – gerade unter politisch engagierten Bildungs- und SozialreformerInnen – ist diese relative *Eigenständigkeit* – darauf hat Klafki immer wieder hingewiesen – ein Ausdruck der spezifischen *Eingebundenheit* eines sozialen Teilbereichs in einer komplexen Gesamtgesellschaft, deren Ursprünge viele in der Moderne sehen (es hat in dieser Epoche bestimmt einen besonderen Schub der Komplexitäts-*Steigerung* gegeben). Insofern gilt es einerseits, das *Eigenrecht* der Kinder und Jugendlichen, der lernenden und sich weiterbildenden Erwachsenen sowie der älteren und alten Menschen anzuerkennen und andererseits, die relative Autonomie der institutionellen und interaktiven Strukturen der pädagogischen Einrichtungen sowie deren gesellschaftlichen Existenzbedingungen daraufhin zu befragen, ob sie begründeten Bildungs- und Erziehungsansprüchen gerecht werden. Oder anders formuliert: Aus den *gesellschaftlichen Funktionen* der Erziehungseinrichtungen (Qualifizierung, Selektion/Allokation, politische Legitimation, Kulturaneignung, soziale Integration) bzw. den gesellschaftlichen Anforderungen im Sinne von Havighurst können deren allgemeiner und spezieller *pädagogischer Auftrag* nicht „abgeleitet" werden, sondern dieser stellt eine erziehungswissenschaftlich begründete Interpretation dieser Funktionsbestimmungen dar (vgl. Klafki 2002, 2. Teil). Insofern sind die Entwicklungsaufgaben als Bildungsaufgaben zu verstehen. Warum?

2. Die entscheidenden Argumentationslinien zur *kritischen Analyse* und *konstruktiven Veränderung* der pädagogischen Handlungsweisen und Erziehungsinstitutionen hat Klafki – der seinen Ansatz als kritisch-konstruktive Erziehungswissenschaft bezeichnete – durch eine Weiterentwicklung der klassischen **Bildungstheorien** gewonnen. Auch das ist bis in die Gegenwart kontrovers. Für die Transformation der sozialökologischen Entwicklungsaufgaben in Bildungsaufgaben sind folgende Aspekte relevant (vgl. Klafki 2007, 1. Teil):
  a. Der Rückgang auf die klassischen Bildungstheorien, wie sie besonders in Deutschland zwischen 1770 und 1830 entwickelt wurden – einschließlich deren Interpretationen während des 20. Jahrhunderts – ist einerseits naheliegend, ja zwingend, wenn man aktuell nicht hinter den schon erreichten Stand der pädagogischen Selbstreflexion zurückfallen will (das wäre eine Form von selbstverschuldeter pädagogischer Unmündigkeit). Andererseits waren ihre emanzipatorischen Ansprüche in sich teilweise gebrochen (so etwa bezogen auf die Frauenfrage). Insbesondere ist die **Verfallsgeschichte der klassischen Bildungskonzepte** nicht zu übersehen. Als Stichworte müssen hier reichen:
     - Die Zurücknahme der gesellschaftskritischen Impulse und Interventionen (deklariert als nunmehr „unpolitisches" Bildungsverständnis);

- Die enge Verknüpfung von Bildung und Besitz (Herrschaft) und Abspaltung der „höheren" von der „niederen", also der Volksbildung – womit Bildungsfragen manifest zu Machtfragen wurden; und
- die Entindividualisierung der Lernprozesse durch die (z. T. abgestufte) Kanonisierung der Bildungsinhalte.

Klafki gehörte allerdings auch diesbezüglich zu denjenigen, die davor gewarnt haben, das Kind mit dem Bade auszuschütten und entwickelte ein gesellschaftstheoretisch erweitertes bzw. neu begründetes Konzept. Im Zentrum seines Alternativkonzeptes stehen die **Selbst- und Weltbezüge von Bildungsprozessen** und sie enthalten fünf Dimensionen (die ersten drei stammen von ihm; bei den beiden folgenden handelt es sich um eine Erweiterung, die ich vorgenommen habe und die seine Zustimmung fand). Bildung ist demnach die *Fähigkeit* und *Bereitschaft*

a. zur *Selbstbestimmung* und Selbsterfahrung, zum immer reflektierten Umgang mit den eigenen Lebenserfahrungen und -entwürfen;
b. zur *Mitbestimmung* und Mitgestaltung der unmittelbaren und sich schrittweise erweiternden sozialen und ökologischen Umwelt;
c. zur *Solidarität* mit den „Mühseligen und Beladenen" in der Absicht, die Bedingungen von Ungleichheit und Herrschaft schrittweise abzubauen und zu überwinden;
d. und zur *Verantwortungsübernahme* für die Gestaltung einer ökologisch verantwortungsvolleren, ökonomisch und sozial gerechteren, politisch demokratischeren und im interpersonellen Umgang immer menschlicheren Gesellschaft.
e. Dabei impliziert das *Recht* auf Selbst- und Mitbestimmung die symmetrische *Pflicht* zur Solidarität und Verantwortungsübernahme, denn diese Rechte können nur bei gleichzeitiger Anerkennung der Pflichten begründet, „gerechtfertigt", insbesondere aber verwirklicht werden.

Es dürfte deutlich sein, dass es sich bei diesem Bildungskonzept, und damit auch dem der Bildungsaufgaben, um einen *doppelseitig aufschließenden* Ansatz handelt: er hat das Subjekt in seinem *Gesellschaftsbezug* und seinem *Selbstbezug* gleichzeitig im Blick. Es ist daher in der Lage, die empirisch rekonstruierbaren politischen und ökonomischen Bedingungen und die intersubjektiv vermittelten Sinnbildungsprozesse gleichermaßen zu rekonstruieren, also den o. g. *inneren* Zusammenhang dieser Fragestellungen zu vermitteln.

3. Eine so verstandene Bildung ist *universell* (hier gibt es dann Bezüge zu und Überlappungen mit den Menschenrechten). Das kommt gerade in der Allgemeinbildung zum Ausdruck. Und **Erziehung** ist im umfassenden Sinne zu verstehen als **interaktive** und **institutionelle Verwirklichung von Allgemeinbildung.**

1.4 Die bildungstheoretische Begründung der Erziehungsprozesse

Oder anders formuliert: Während die Bildungsprozesse an den *Möglichkeiten* der Humanisierung und Demokratisierung der sozialen Beziehungen und gesellschaftlichen Verhältnissen und damit der absehbaren wünschenswerten Zukunft ausgerichtet ist, geht es der Erziehung um die interaktive und institutionelle *Verwirklichung* dieser Perspektiven im Kontext der konkret-historischen Gesellschaftsordnung. Dabei überschreitet in der Moderne die *Kritik* die *konstruktive* Problembewältigung deshalb qualitativ, weil die *Bildungshorizonte* die erfahrbaren *Erziehungsräume* grundsätzlich übersteigen. Zugleich hat die Symmetrie der Rechte und Pflichten u. a. das folgenreiche Implikat, dass der *einzelne* Mensch nur wirklich frei ist, wenn *alle frei* sind. Daraus resultieren die *normativen* Ansprüche von Allgemeiner Bildung und Erziehung in dreifacher Hinsicht (vgl. Klafki 2002, 3. u. 4. Teil):

a. Als **Bildung für alle** ist sie radikal gesellschaftskritisch im Sinne der bildungs-*soziologischen* Aufdeckung aller offenen und verdeckten Formen von *Bildungs*-Ungleichheiten, die zur einfachen oder erweiterten Reproduktion *gesellschaftlicher* Ungleichheiten beitragen. Dabei ist zu beachten, dass die gut begründeten, also berechtigten *Ansprüche* der verschiedensten Theorien und Konzepte (von der frühkindlichen bis zur Altenbildung) für sich genommen noch nichts über die jeweiligen *Erziehungswirklichkeiten* aussagen. Insofern ist es für ein realistisches Verständnis von Allgemeiner Bildung eine offene Frage, inwieweit die jeweiligen erzieherischen Interaktionsmuster und Institutionsstrukturen eine Realisierung der *universellen* Bildungsperspektiven in *egalitär-pluraler* Weise ermöglichen.

b. Seine besondere Identität gewinnt das pädagogische Handeln durch die „**Bildung im Medium des Allgemeinen**". Dieses noch eher geisteswissenschaftliche Verständnis hat Klafki dezidiert sozialwissenschaftlich transformiert zur Auseinandersetzung mit den *epochal typischen Schlüsselproblemen* als dem Kern eines zeitgemäßen Bildungsverständnisses. Dazu gehören u. a. die entwicklungsangemessene und perspektiveneröffnende Auseinandersetzung mit den immer drängenderen Problemfeldern
- von Krieg und Frieden,
- den ökologischen Gefährdungen und Verantwortlichkeiten,
- den ökonomischen Beziehungen zwischen Reichtum und Armut,
- dem Verhältnis von technischem und sozialem Fortschritt,
- den alternativen Entwicklungspfaden von Demokratie und Diktatur und ihrer Zuspitzung als
- Widerspruch von Modernität und Barbarei,
- den Konflikten zwischen universellen Werten, nationalen Traditionen und ethnischen Besonderheiten,

- den Wechselbeziehungen zwischen Öffentlichkeit und Privatheit und
- der Intimität der Ich-Du-Beziehungen.

Zugleich war er der Auffassung – und dies ist für eine sich kritisch-konstruktiv verstehende Entwicklungspädagogik bedeutsam –, dass *alle* diese Probleme auf *allen* Stufen der Entwicklung und des Lernens ihre Bedeutung haben und dafür entsprechende Lernangebote konzipiert und vorgehalten werden sollten, ja müssen. Das ist auch ein zentrales Leitmotiv der nachfolgenden Kapitel.

c. Bildung ist nicht auf problembezogene Lernprozesse zu reduzieren. Vielmehr ist gerade aus bildungs-*psychologischer* Sicht auch zu verweisen auf das Recht auf *Entspannung*, auf spontane, selbstgenügsame Lernaktivitäten wie auch auf weitgehende Ruhe („Abhängen"), auf in sich kurzschlüssig zurücklaufende Aktivitäten usw. Dann geht es um die **vielseitige** oder **allseitige Bildung**, also dem „Ausleben" vieler, „aller" Fähigkeiten, Fertigkeiten, Neigungen, Wünsche, Interessen, Impulse usw.

4. Man kann nun Klafkis **Sinndimensionen Allgemeiner Bildung** auch als den Versuch interpretieren, die Bildung im Medium des Allgemeinen mit der viel- bzw. allseitigen Bildung zu vermitteln. Dabei ging er von folgenden Sinndimensionen aus (vgl. Klafki/Braun 2007, Kap. 7.2):
   a. Der *pragmatischen* Bildung als Fähigkeit und Bereitschaft, den eigenen Alltag zu bewältigen, die eigene alltägliche Lebensführung gemeinsam mit anderen in wechselseitig respektierender und verbindlicher Weise zu organisieren.
   b. Der *historisch-politischen* Bildung im Sinne der Auseinandersetzung mit den aktuellen und perspektivischen gesellschaftlichen Schlüsselproblemen in ihrer historischen Gewordenheit.
   c. Der *existentiellen* Bildung als Beschäftigung mit den klassischen Menschheitsfragen (z. B. was ist Glück, was ist Liebe, was ist Schuld und wofür kann es Vergebung – nicht – geben [z. B. die Verbrechen im Faschismus, besonders den Holocaust], was ist der Sinn des Lebens und gibt es ein Leben nach dem Tod, gibt es Gott und wäre das dann eine – wie immer geartete – Person oder eine spezifische Kommunikationsstruktur?).
   d. Der *ästhetischen* Bildung als künstlerisch-handwerklich-technische Weltaneignung und Selbstdarstellung. Dazu gehört gerade auch die Alltagsästhetik (z. B. die Einrichtung des eigenen Zimmers, die Auswahl von Kleidungsstücken, das Anfertigen von Graffitis oder das Musikmachen in einer Band oder einem Chor).
   e. Der *moralisch-ethisch*en Bildung, also der Beschäftigung mit der Verantwortung sich selbst, anderen Menschen und der Gesellschaft oder auch „der Menschheit" gegenüber, die Suche nach universellen Normen (z. B. den allgemeinen Menschen- bzw. Kinderrechten) und die Analyse der Möglichkeiten und Hindernisse, ihrer Verwirklichung im eigenen Handeln, in der

1.4 Die bildungstheoretische Begründung der Erziehungsprozesse

Peergruppe, in den pädagogischen Institutionen und sozialen Bewegungen sowie der jeweiligen Gemeinschaft und Gesellschaft, in der die Menschen leben. Oder anders ausgedrückt: Es geht um die pädagogische Anregung, Unterstützung und Förderung der Fähigkeiten und Bereitschaften einander-zuzuhören, miteinander-zu-reden und für-einander-zu-handeln.

f. Und nicht zuletzt zu nennen ist die *Bewegungsbildung* als lustvolle und herausfordernde Beschäftigung mit dem eigenen Körper, der Überwindung seiner „Schwere" und Widerständigkeit und der Perspektive „schöner" Bewegungsabläufe (z. B. beim Tanzen oder beim Skateboard fahren).

Wissensbaustein Nr. 1
Die drei „Theoriesäulen" der kritisch-konstruktiven Entwicklungspädagogik: Hermeneutik, Empirie und gesellschaftliche Bedingungsanalyse
Unter theoriesystematischen Aspekten hat Klafki durchgängig auf die zentrale Bedeutung der hermeneutischen, empirischen und politisch-ökonomischen Argumentationslinien hingewiesen; diese sind auch für den in diesem Buch vorgestellten Ansatz einer Entwicklungspädagogik von konstitutiver Bedeutung. In einem Thesenpapier aus dem Jahre 1976 hatte er seine Position prägnant so zusammengefasst (alle Fetthervorhebungen im Text stammen von mir; K.-H. B.):

1. Erziehungswissenschaft als Gesellschaftswissenschaft
„Das Problem der Erziehungswissenschaft, sofern sie als Gesellschaftswissenschaft verstanden wird, muss innerhalb jenes theoretischen Spannungsfeldes diskutiert werden, das durch die wichtigsten Ansätze in der gegenwärtigen Erziehungswissenschaft gekennzeichnet ist. Es sind dies m. E. die folgenden:
a. Der **polit-ökonomische** Ansatz, der sich meistens in verschiedenen Varianten, als Anwendung bestimmter Grundtheoreme des dialektischen Materialismus auf Erziehungsprobleme versteht;
b. der **hermeneutische** Ansatz – sowohl in jenen Varianten, die, mehr oder minder kritisch, an die Hermeneutik-Tradition des 19. und 20. Jahrhunderts (u. a. Schleiermacher, Dilthey, Betti, Gadamer, geisteswissenschaftliche Pädagogik) anknüpfen als auch in jenen neueren Positionen, die sich – wie vor allem bestimmte Richtungen des symbolischen Interaktionismus – auf die Ermittlung der konstitutiven Sinnbeziehungen der Alltagswelt bestimmter Menschengruppen („Lebensweltanalyse") beziehen;

c. der **erfahrungswissenschaftliche** bzw. **empirische** Ansatz, der häufig mit der wissenschaftstheoretischen Position des kritischen Rationalismus bzw. des Neopositivismus (im Verständnis Poppers, Alberts u. a.) gleichgesetzt wird, eine Identifikation, die kritisch überprüft werden muss;

d. jener Ansatz, der meistens durch die Begriffe „**kritische**" oder „**emanzipatorische**" (z. T. auch „**progressive**") Erziehungswissenschaft benannt wird und der entscheidend durch den Versuch gekennzeichnet ist, die Gesellschaftsphilosophie der sog. Frankfurter Schule bzw. der ‚Kritischen Theorie' in jener Form, wie sie vor allem durch Jürgen Habermas vertreten wird, für erziehungswissenschaftliche Forschung, Theoriebildung und Praxis fruchtbar zu machen. Dieser Ansatz kann jedoch den anderen Positionen nicht einfach nebengeordnet werden, weil er seinem Anspruch nach aus einer produktiven Kritik der anderen Ansätze erwächst und kritisch revidierte Wahrheitsmomente jener anderen Positionen im Sinne einer Integration auf übergreifender wissenschaftstheoretischer Problemebene in sich aufhebt."(Klafki 2017, S. 27f)

2. Die dialektisch-synthetische Argumentationsweise der kritisch-konstruktiven Erziehungswissenschaft

„Ich halte es für ein Missverständnis, jenen kritischen Integrationsanspruch einer – wie ich sie nenne – *kritisch-konstruktiven Erziehungswissenschaft* als eine *Addition* von Empirie, Hermeneutik und politisch-ökonomischer Bedingungsanalyse sowie Ideologiekritik zu bezeichnen. Vielmehr behaupte ich: Man kann in rationaler Argumentation aufweisen, dass die immanenten Konsequenzen aller drei zunächst genannten Ansätze, d. h. die Entfaltung dessen, was als Implikation und Bedingung der Möglichkeit bzw. als stringente Folgerung aus jedem dieser Ansätze erweisbar ist, zwingend zur **Aufhebung** dieser nun freilich jeweils **kritisch revidierten Einzelansätze in einem übergreifenden Gesamtkonzept** führen müssen bzw. können. Das bedeutet zugleich: Keiner der genannten Ansätze wird, wenn die hier vertretene Auffassung sich als stichhaltig erweisen lässt, innerhalb einer kritisch-konstruktiven Erziehungswissenschaft der gleiche bleiben können, als er *außerhalb* eines solchen komplexen Konzeptes auftritt." (ebd., S. 28)

3. Bildung als übergreifende Forschungs-, Theoriebildungs- und Praxisperspektive

„Es bedarf der Angabe von Kriterien, im Hinblick auf die eine solche Integration geleistet werden soll. (…) Kritisch-konstruktive Erziehungswissenschaft versteht sich als **Theorie pädagogischer Praxis** und *für* päd**agogische Praxis**. Dabei wird pädagogische Praxis als eine besondere Form gesellschaftlicher Praxis verstanden, kritisch gesehen unter der Perspektive eines bestimmten Erkenntnisinteresses und zugleich eines Gestaltungs- und Veränderungsinteresses: des Interesses an der Ermöglichung von Selbst- und Mitbestimmung, individueller und gesellschaftlich-politischer Mündigkeit für jeden Educandus; damit aber auch an einer entsprechenden, nämlich demokratischen Gestaltung des Erziehungs- und Bildungswesens. (...) Mit den Zielformeln ‚**Selbst**- und **Mitbestimmung**' bzw. **Demokratisierung** (den positiven Pendants zum Postulat der ‚Emanzipation') sind keine ‚ein für allemal' zu realisierenden, idealen Persönlichkeits- und Gesellschaftsbilder gemeint, sondern historisch gewonnene Zielprinzipien, die im geschichtlich-gesellschaftlichen Prozess immer wieder neu interpretiert und – entsprechend dem jeweils erreichten Stand der technischen, wirtschaftlichen, gesellschaftlichen, kulturellen Möglichkeiten und des Bewusstseins – politisch und zugleich pädagogisch konkretisiert und verwirklicht werden müssen.

Die Reflexion auf die Bedingungen der Verwirklichung solcher pädagogischer Zielsetzungen führt zu der Erkenntnis, dass eine so verstandene Erziehung nur in wechselseitiger Verschränkung mit der Entwicklung einer an den gleichen Prinzipien orientierten Gesellschaft möglich ist. Damit steht und fällt kritisch-konstruktive Erziehungswissenschaft mit dem Votum für eine konsequent demokratische, dem Selbst- und Mitbestimmungsprinzip verpflichtete Gesellschaft." (ebd., S. 29)

1.5 Entwicklungspädagogik als interdisziplinäres Projekt

Für das bessere Verständnis dieses Ansatzes der Entwicklungspädagogik, und damit auch des vorliegenden Bandes zur Kindheit sowie des nachfolgenden zur Jugend, dürften folgende zusätzliche Hinweise hilfreich sein:

1. Wirft man einen Blick in die **frühe Wissenschaftsgeschichte der Pädagogik**, so fällt einem u.a. ein konstitutiver Widerspruch auf: Am Beginn der Pädagogik in der Moderne – oder genauer: der modernen Pädagogik – steht die Einsicht in das *Eigenrecht der Kindheit* (später ausgeweitet auch auf die Jugend). Die Kinder werden nicht mehr als verkleinerte Erwachsene angesehen (wie man das in der bildenden Kunst auf vielfältige Weise nachvollziehen kann), sondern als eigenständige Persönlichkeiten mit ganz spezifischen Interessen, Bedürfnissen, Erwartungen, Neigungen, Gefühlen, Befindlichkeiten, Wahrnehmungen, Denkweisen usw. Und dieser Gegenwartsbezug wurde nicht aufgeopfert für den

Zukunftsbezug, also mit Blick auf das spätere Erwachsenendasein. Dafür steht nicht nur exemplarisch, sondern auch paradigmatisch die Erziehungstheorie des „Emile" von Jean-Jacques Rousseau (1712–1779), die erstmals 1762 erschien (vgl. Rousseau 1963). Auf sie hatte sich zum einen Immanuel Kant (1724–1804) in seinen erstmals 1803 veröffentlichten Vorlesungen speziell zur physischen und praktischen Erziehung stark bezogen (vgl. Kant 1977); und zum anderen Johann Heinrich Pestalozzi (1746–1827) in seiner Schrift „Wie Gertrud ihre Kinder lehrt" (von 1801), wobei er aber stärker als Rousseau die Bedeutung des erzieherischen Handelns hervorhob (vgl. Pestalozzi 1978). Der entwicklungspädagogische Grundgedankengang wurde dann systematisch aufgenommen und weiterentwickelt von Friedrich Schleiermacher (1768–1834), insbesondere in seinen Vorlesungen zur Pädagogik aus dem Jahre 1826 (vgl. Schleiermacher 1983, Besonderer Teil). Allen diesen und vergleichbaren Ansätze liegt u. a. der Gedanke zugrunde, dass das *Allgemeine* der Pädagogik mit der *Entwicklung* der pädagogischen Interaktionsmuster sehr eng zusammenhängt, dass also *Allgemeine* und *Entwicklungs*-Pädagogik in großen Teilen übereinstimmen.
2. Diese konstitutive Bedeutung des **Entwicklungsgedankens** gerät dann spätestens seit Ende des 19. Jahrhunderts **aus dem Blick der dominierenden Strömungen** der Erziehungswissenschaften (der oben zitierte Bernfeld ist also diesbezüglich eher ein Außenseiter). Das dürfte auch mit der Institutionalisierung der pädagogischen Interaktionsmuster und Handlungsfelder, besonders mit deren *Versäulung* in Kindergarten-, Schul- und Sozialpädagogik zu tun haben. Deshalb sind entwicklungspädagogische Entwürfe zumindest in der deutschsprachigen Erziehungswissenschaft bis in die Gegenwart eher selten gewesen; das wird besonders in Anthologien zur Allgemeinen Pädagogik deutlich (vgl. z. B. Brinkmann/Petersen 1998).
3. Allerdings gab es in den letzten Jahrzehnten auch bemerkenswerte **neuere entwicklungspädagogische Ansätze**. Hier sind besonders aus den späten 1960er Jahren die Arbeiten von Heinrich Roth (1906–1983) zu erwähnen, der nicht nur dem Entwicklungsgedanken eine zentrale Bedeutung für die Begründung der pädagogischen Wissenschaften – verstanden als Pädagogische Anthropologie – zuerkannte (vgl. Roth 1971, bes. Bd. II), sondern der auch der mit hermeneutischen Fragestellungen verknüpften empirischen Erforschung der Erziehungswirklichkeiten den Boden bereitet hat (unter dem Stichwort „realistische Wende" in die Geschichte der Erziehungswissenschaft eingegangen; vgl. Roth 1967, Teil A). Darüber hinaus gab es einige anregende, aber verstreute Beiträge zum diesem Themenfeld (z. B. von Aufenanger 1992; Benkmann 1998, Fischer et al. 1995; Herzog 2005, Kap. 7, u. 9–11; Tremml 1980). Aus neuerer und neuester Zeit sind hier auf die Forschungen zur frühkindlichen Pädagogik zu verwei-

1.5 Entwicklungspädagogik als interdisziplinäres Projekt 17

sen, die das Feld der erziehungswissenschaftlichen Forschung qualitativ „nach vorne" ausgeweitet haben (vgl. die [Zwischen-] Bilanzen von Braches-Chyrek 2014; Stamm-Edelmann 2013; Krüger/Grunert 2010). Ferner ist an Publikationen zu denken, die auf eine Rekonstruktion der gesamten Bildungsbiografie (einschließlich ihrer Integrationen in den institutionalisierten Lebenslauf) hin angelegt sind (vgl. z. B. Böhnisch 2012; Krüger/Marotzki 1999). Sie machen auch die Grenze des hier vorlegten Entwurfes deutlich, nämlich die Beschränkung auf die Kindheit und Jugend. Eine umfassend verstandene Entwicklungspädagogik müsste selbstverständlich die Erwachsenen- und Altenbildung mit einbeziehen.

4. **Abgrenzend**, aber nicht ausgrenzend, ist hier jene Forschungsrichtung zu erwähnen, die Entwicklungspädagogik zunächst als *„Pädagogik der Entwicklungsländer"* bzw. als „Pädagogik der bzw. für die „Dritte Welt" verstand und heute den Themenschwerpunkt „Globalsierung der Bildung" bzw. „Globales Lernen" verfolgt (das geschieht besonders in der im Waxmann-Verlag erscheinenden „Zeitschrift für internationale Bildungsforschung und Entwicklungspädagogik" [ZEP]). Das sind wichtige Problemstellungen. Dennoch geht diesen Fragestellungen weder das vorliegende Buch noch der 2. Band nach.

5. Angesichts dieser Forschungslage ist die Charakterisierung der Entwicklungspädagogik als ein *interdisziplin*äres *Projekt* mehrdeutig. Das verweist zunächst darauf, dass eine solche Pädagogik in wichtigen Teilen erst noch zu erarbeiten ist, also **Projektcharakter** hat. Dass es mit seinem Zentrum, den Bildungsaufgaben, **interdisziplinär** auszurichten ist, kann einerseits als Selbstverständlichkeit gelten, wie ja schon die Hinweise auf die bildungs-*soziologischen* und *-psychologischen* Dimensionen des Allgemeinbildungskonzeptes und seine inhaltliche Ausrichtung an den *zeitdiagnostisch* verstandenen, epochal typischen Schlüsselproblemen sowie den allgemeinen Sinndimensionen deutlich gemacht haben. Es ist aber insofern auf eine besondere Weise interdisziplinär angelegt, weil es zur Erarbeitung eines ersten Begründungsentwurfes der besonderen Unterstützung durch andere Disziplinen bedarf, die sich in besonderer Weise den Entwicklungsfragen zugewendet haben. Hier ist besonders – wie schon in Kap. 1.2 erwähnt – an die Entwicklungspsychologie bzw. die Pädagogische Psychologie, aber auch an die Kindheits- und Jugendforschung, an die Sozialisationstheorie und nicht zuletzt an die Sprachtheorie zu denken (vgl. dazu die informative problemgeschichtliche und theoriesystematische Übersicht von Herzog 2005). Allerdings wird in diesem Buch nicht „naiv" auf sie zurückgegriffen, indem entsprechende Theoriestränge 1 : 1 übernommen werden. Vielmehr werden – zumindest dem Anspruch nach – die jeweiligen Konzepte in den Theorien – und besonders den Methodenteilen dieses Buches unter dezidiert *bildungs-* und *erziehungstheoretischen* Gesichtspunkten *interpretiert* und *integriert*. Insofern handelt es sich um

eine *synthetische* Vorgehensweise, welche den Vorteil hat offen zu sein für recht verschiedenartige, aber dennoch aufeinander beziehbare Denkweisen. Deshalb werden in den Wissensbausteinen Nr. 2 (S. 32-33), Nr. 4 (S. 91-93) und Nr. 8 (S. 162) *die* unterschiedlichen Entwicklungskonzepte nochmals hervorgehoben, die für die Entwicklungs-*Pädagogik* von besonderem Interesse sind. Insgesamt wollen dieser und der nachfolgende Band einen weiteren Beitrag dazu leisten, das von Klafki begründete Konzept der kritisch-konstruktiven Erziehungswissenschaft auf erweitertem Niveau fortzuführen (vgl. dazu auch Braun/Stübig/Stübig 2017).

Definition: Entwicklungspädagogik

Entwicklungspädagogik ist ein theoretisches, konzeptionelles und methodisches Projekt zur kritischen Analyse und konstruktiven Gestaltung aller pädagogischen bzw. pädagogisch relevanten Prozesse zur Förderung der stufen- bzw. phasenweise erfolgenden personalen Entwicklungsverläufe zwischen der vorgeburtlichen Stufe bzw. Phase und dem individuellen Tod (einschließlich der postmortalen Betreuung von Angehörigen der Verstorbenen). Sie misst die interaktiven und institutionellen Erziehungsformen an ihrem Beitrag zur Bildung aller Menschen, also zur vielseitigen Förderung ihrer Fähigkeiten und Bereitschaften zur selbstbestimmten sozialen und politischen Mitbestimmung und solidarischen Verantwortungsübernahme im Kontext der demokratischen, also symmetrischen Verteilung von universell ausgerichteten Rechten und Pflichten. Sie hat ihr „einheimisches" Zentrum in den Bildungs- und Erziehungsprozessen und bezieht zugleich interdisziplinär gesellschafts- und kulturtheoretische sowie psychologische und biologische Theorien, Konzepte und Forschungs- und Handlungsmethoden in synthetisierender Absicht und Weise ein.

Literaturnachweise

Aufenanger, Stefan. 1992. Entwicklungspädagogik, Weinheim: Deutscher Studienverlag
Bamler, Vera et al. 2010. Lehrbuch Kindheitsforschung, Weinheim und München: Juventa
Benkmann, Rainer. 1998. Entwicklungspädagogik und Kooperation, Weinheim: Deutscher Studienverlag
Berg, Christa. 2004. Kind/Kindheit. In: *Historisches Wörterbuch der Pädagogik*. Hrsg. von D. Benner und J. Oelkers. 497-517. Weinheim und Basel: Beltz
Bernfeld, Siegfried. 1973. Sisyphos oder die Grenzen der Erziehung, Frankfurt/M.: Suhrkamp

1.5 Entwicklungspädagogik als interdisziplinäres Projekt

Blankertz, Herwig. Hrsg. 1986. Lernen und Kompetenzentwicklung in der Sekundarstufe II. Teil 1, Soest: Soester Verlagskontor
Böhnisch, Lothar. 2012. Sozialpädagogik der Lebensalter. 6. überarb. Auflage, Weinheim und München
Braches-Chyrek, Rita et.al. Hrsg. 2014. Handbuch Frühe Kindheit, Opladen u. a.: Barbara Budrich
Braun, Karl-Heinz. 2017. Pädagogisches Denken und Handeln in der Sozialen Arbeit. Zum Vermächtnis von Wolfgang Klafki. In: neue praxis (47. Jg.). H. 1, 84-95
Braun, K.-H., F. Stübig, und H. Stübig, Hrsg. 2017. Erziehungswissenschaftliche Reflexion und pädagogisch-politisches Engagement – Wolfgang Klafki weiter denken. Wiesbaden: Springer VS
Brinkmann, Wilhelm und J. Petersen. Hrsg. 1998. Theorien und Modelle Allgemeiner Pädagogik, Donauwörth: Auer
Bronfenbrenner, Urie. 1974. Wie wirksam ist kompensatorische Erziehung? Stuttgart: Klett
Bronfenbrenner, Urie. 1976. Ökologische Sozialisationsforschung, Stuttgart: Kett-Cotta
Bronfenbrenner, Urie. 1993. Die Ökologie der menschlichen Entwicklung, Frankfurt/M.: Fischer Taschenbuch
Dahmer, Ilse und W. Klafki. Hrsg. 1968. Geisteswissenschaftliche Pädagogik am Ausgang ihrer Epoche: Erich Weniger. Weinheim und Berlin: Beltz
Dippelhofer-Stiem, Barbara. 2015. Das sozialökologische Modell. In: Hurrelmann et.al.2015. 251-266
Dreher, Eva und M Dreher. 1985. Wahrnehmung und Bewältigung von Entwicklungsaufgaben im Jugendalter. In: *Lebensbewältigung in Jugendalter* Hrsg. R. Oerter. 30-61. Bern: Huber
Fend, Helmut. 1994. Die Entdeckung des Selbst und die Verarbeitung der Pubertät, Bern: Huber
Fischer, Bernd et al., 1995. Entwicklungslogische Erziehungsforschung. In: *Enzyklopädie Erziehungswissenschaft Bd. 2: Methoden der Erziehungs- und Bildungsforschung*, Hrsg.: H. Heft und H. Kordes. 45-79, Stuttgart Dresden: Klett
Gruber, Hans et al. 2014. Spielräume für Veränderung durch Erziehung. In: *Pädagogische Psychologie*. Hrsg. T. Seidel und A. Krapp. 115-137, Weinheim und Basel: Beltz
Grundmann, Mathias und K. Lüscher. Hrsg. 2000. Sozialökologische Sozialisationsforschung, Konstanz: UVK
Havighurst, Robert J. 1953. Human Development and Education, New York u. a.: Longmans u. a.
Havighurst, Robert J. 1972. Development Tasks and Education, New York and London: Longman
Havighurst, Robert J. und B.L. Neugarten. 1975. Society and Education, Boston et al..: Allyn and Bacon
Herzog, Walter. 2005. Pädagogik und Psychologie. Stuttgart: Kohlhammer
Honig, Michael-Senastian. Hrsg. 2009. Ordnungen der Kindheit, Weinheim und München: Juventa
Hurrelmann, Klaus et al. Hrsg. 2015. Handbuch Sozialisationsforschung. 8. Vollst. überarb. Aufl., Weinheim und Basel: Beltz
Hurrelmann, Klaus und H. Bründel. 2003. Einführung in die Kindheitsforschung, Weinheim et al..: Beltz
Kant, Immanuel. 1977. Über Pädagogik. In: Werkausgabe Bd. XII.2, Frankfurt/M.: Suhrkamp
Klafki, Wolfgang. 1976. Aspekte kritisch-konstruktiver Erziehungswissenschaft, Weinheim und Basel: Beltz

Klafki, Wolfgang. 2002. Schultheorie, Schulforschung und Schulentwicklung im politisch-gesellschaftlichen Kontext, Weinheim und Basel: Beltz
Klafki, Wolfgang. 2007. Neue Studien zur Bildungstheorie und Didaktik. 6. überarb. Aufl., Weinheim und Basel: Beltz
Klafki, Wolfgang. 2017. Probleme der Erziehungswissenschaft als kritisch-konstruktive Theorie. In: Braun/Stübig/Stübig, 27-30
Klafki, Wolfgang und K.-H. Braun. 2007. Wege pädagogischen Denkens. Ein autobiografischer und erziehungswissenschaftlicher Dialog, München Basel: Reinhardt
Krüger, Heinz-Hermann und C. Grunert. Hrsg. 2010. Handbuch Kindheits- und Jugendforschung. 2., akt. u. erw. Aufl., Wiesbaden: VS-Verlag
Krüger, Heinz-Hermann und W. Marotzki. Hrsg. 1999 Handbuch erziehungswissenschaftliche Biographieforschung, Opladen: Leske+Budrich
Lewin, Kurt. 1982. Feldtheorie. Kurt-Lewin-Werkausgabe Bd. 4, Bern/Stuttgart: Huber/Klett-Cotta
Münder, Johannes et al. Hrsg. 2013. Frankfurter Kommentar zum SGB VIII Kinder- und Jugendhilfe, Baden-Banden: Nomos
Oehlmann, Sylvia. 2012. Kindbilder von pädagogischen Fachkräften, Weinheim und Basel: Beltz Juventa
Oerter, Rolf. 1995 Kultur, Ökologie und Entwicklung. In: Entwicklungspsychologie. Hrsg. R. Oerter und L. Montada. 3., vollst. überarb. Aufl., 84-127. Weinheim: Beltz *PVU*
Park, Robert Ezra et al. 1925. The City, Chicago: The University of Chicago Press
Pestalozzi, Johann Heinrich. 1978. Wie Gertrud ihre Kinder lehrt und Ausgewählte Schriften zur Methode, Paderborn: Schöningh
Quenzel, Gudrun. 2015. Das Konzept der Entwicklungsaufgaben. In: Hurrelmann et al. 2015. 233-250
Roth, Heinrich. 1967. Erziehungswissenschaft, Erziehungsfeld und Lehrerbildung, Hannover et al.: Schroedel
Roth, Heinrich. 1971. Pädagogische Anthropologie. Band II, Hannover: Schroedel
Rousseau, Jean-Jacques. 1963. Emile oder Über die Erziehung, Stuttgart: Reclam Jun.
Schleiermacher, Friedrich. 1983. Grundzüge der Erziehungskunst (Vorlesungen 1826). In: Ders. Texte zur Pädagogik. Bd. 2 Frankfurt/M.: Suhrkamp
Stamm, Margit und D. Edelmann. Hrsg. 2013. Handbuch frühkindliche Bildungsforschung, Wiesbaden: Springer VS
Trautmann, Matthias. Hrsg. 2004. Entwicklungsaufgaben im Entwicklungsgang, Wiesbaden: VS-Verlag
Treml. Alfred K. Hrsg. 1980. Entwicklungspädagogik, Frankfurt/M.: Haag+Herchen
Wendt, Peter-Ulrich. 2017. Lehrbuch Methoden der Sozialen Arbeit, Weinheim und Basel: Beltz Juventa

Literaturempfehlungen

Berg, Christa. 2004. Kind/Kindheit. In: *Historisches Wörterbuch der Pädagogik.* Hrsg. D. Benner und J. Oelkers. 497-517, Weinheim und Basel: Beltz

Braun, Karl-Heinz. 2017. Pädagogisches Denken und Handeln in der Sozialen Arbeit. Zum Vermächtnis von Wolfgang Klafki (1.9.1927-24.8.2016). In: neue praxis (47. JG.), H.1. 84-95

Herzog, Walter. 2005. Pädagogik und Psychologie, Stuttgart: Kohlhammer

Honig, Michael-Sebastian. 1999. Entwurf einer Theorie der Kindheit, Frankfurt/M.: Suhrkamp

Hurrelmann, Klaus et al. Hrsg. 2015. Handbuch Sozialisationsforschung, Weinheim und Basel: Beltz

Klafki, Wolfgang und K.-H. Braun. 2017. Wege pädagogischen Denkens, München Basel: Reinhard

Münder et al. Hrsg. 2013. Frankfurter Kommentar zum SGB VIII Kinder- und Jugendhilfe, Baden-Baden: Nomos

Schneider, Wolfgang und U. Lindenberger. Hrsg. 2012 Entwicklungspsychologie, Weinheim, Basel: Beltz (Nachfolger des legendären Bandes Oerter, Rolf und L. Montada. Hrsg. 1995. Entwicklungspsychologie, Weinheim und Basel: Beltz *PUV)*

Seidel, Tina und A. Krapp. Hrsg. 2014. Pädagogische Psychologie. 6., vollständig überarbeitete Auflage, Weinheim und Basel: Beltz

Spies, Anke und G. Stecklina. 2015. Pädagogik, München Basel: Reinhardt

Wendt, Peter-Ulrich. 2017. Lehrbuch Methoden der Sozialen Arbeit, Weinheim und Basel: Beltz Juventa

Die Psychomotorik als ontogenetischer Ursprung aller Bildungsprozesse 2

Zusammenfassung

In diesem wie dem folgenden Kapitel stehen die Entwicklungsprozesse des Säuglingsalters und der frühen Kindheit im Zentrum. Dabei geht es in Kap. 2 generell darum, die pädagogischen Herausforderungen bei der erstmaligen Herausbildung der individuellen Subjektivität darzustellen. Ausgangspunkt bildet dabei die Einsicht des sozialökologischen Entwicklungskonzeptes, dass der Mensch ein **biosoziales** Wesen ist. Diese wird anhand der Theorie von Piaget gerade hinsichtlich der Frühphase der psychosozial eingelagerten **kognitiven** Entwicklungsstufen rekonstruiert, die er in einen engen Zusammenhang stellt mit der alltagsverankerten und -bezogenen Bewältigung von Handlungsprozessen und -problemen (Kap. 2.1). Dem liegt die normativ gut begründete bzw. begründbare Annahme zugrunde, dass die Säuglinge und Kleinst- bzw. Kleinkinder ein unveräußerliches Menschenrecht auf körperliche, psychische und geistige **Gesundheit** haben (was qualitativ mehr ist als die Abwesenheit von Krankheit!). Da dies für einen Teil der Familien keine Selbstverständlichkeit ist, wurde in den letzten Jahren das Konzept der Familienhebammen entwickelt und implementiert, welches das traditionelle medizinische Aufgabenverständnis um die psychosozialen Kompetenzen erweitert und damit als Teil der Frühen Hilfen Anschluss gefunden hat an bestimmte Aufgabenbestimmungen der Sozialen Arbeit (Kap. 2.2). Während es dabei wesentlich um die primäre oder sekundäre Prävention zur Sicherung des Kindeswohls geht, eröffnet die Theorie von Piaget noch ein anderes pädagogisches Perspektivenspektrum, nämlich die handlungs- und sozialraumbezogene Förderung der elementaren kognitiven Prozesse durch eine anregungsreiche Umwelt, die weitreichende Ermöglichung von Selbsttätigkeit und die takt- und respektvolle Förderung und Anregung dieser frühen Selbstbildungsprozesse (Kap. 2.3)

Es gehört zu den *universellen* Besonderheiten der *menschlichen* Individuen, dass sie sowohl **Naturwesen** als auch **soziale Wesen** sind, dass besonders in den frühen und den späten Phasen der Individualentwicklung (Ontogenese) biologische Reife- bzw. Verfallsprozesse und psychosoziale Lebenspraxis ineinandergreifen. In der Sozialen Arbeit spielt die Lebensweltorientierung im Sinne der Ausrichtung am Alltagsleben der Menschen, speziell der AdressatInnen, eine zentrale Rolle. Sie ist aber nur *ein* wichtiger Bezugspunkt der phänomenologisch ausgerichteten Sozialwissenschaften. Ein weiterer ist die **Leiblichkeit**; sie ist das Vermittlungsmedium zwischen der Körperlichkeit (mit den Systemen Atmung, Bewegungsapparat, endokrines System [Hormondrüsen, die ihre Produkte direkt ins Blut angeben], Herz/Kreislauf, Immunsystem, Sinnesorgane/Nerven, Urogenitalsystem und Verdauung) und der Gesellschaftlichkeit (Gesamtheit der zwischenmenschlichen Beziehungen, der unmittelbaren sozialen, der institutionellen und der übergreifenden systemischen Lebensbedingungen). Die in der Leiblichkeit enthaltene Spannung zwischen biologischer Reifung und psychischer Entwicklung beginnt in der 7. Woche der Schwangerschaft mit der Ausbildung der Berührungsreize (als elementarster Form der Sensibilität) und der Habituation (als elementarster Lernform) zwischen der 29. und 32. Woche (vgl. Bodenburg/Kollmann 2014, 91ff) und entfaltet sich besonders „rasant" ab der Geburt. Entgegen den im Alltagsdenken immer noch weit verbreiteten und lange Zeit auch in der Wissenschaft dominierenden Auffassung vom *passiven* Säugling (1. – 12. Monat) und Kleinstkind (englisch Toddler genannt; 13. – 24. Monat) – zum Teil werden auch die Kleinkinder (24. – 36. Monat) nicht vorrangig als aktive, sondern als zu beschützende und zu „belehrende" Wesen betrachtet – hat der Genfer Entwicklungspsychologe Jean Piaget (1896–1980) von Anfang an die **Subjektivität** der Kinder betont. Dies ist ein guter Grund, seine diesbezüglichen Überlegungen zum zentralen Bezugspunkt dieser Bildungsaufgabe zu machen.

2.1 Bildungsthema: Die erstmalige Herausbildung der sensomotorischen Intelligenz (Piaget)

Piaget hatte sich in den 1920er Jahren sowohl mit der moralischen Entwicklung der Kinder (besonders untersucht am Beispiel des Regelverhaltens im Murmelspiel) und ihrem „Weltbild" beschäftigt (vgl. Piaget 1983, Erstes Kapitel; 1988, Zweiter und Dritter Teil) und dabei nicht nur die **Selbsttätigkeit** betont, sondern auch die Bedeutung der **Gleichaltrigengruppe** schon in dieser frühen Entwicklungsphase. In dieser Zeit, die bis etwa 1945 dauerte, hatte Piaget noch ein eher „ganzheitliches" Interesse an der Kindesentwicklung und bezog auch noch stärker die sozialen und gesellschaftlichen Bedingungen der Ontogenese ein. Zugleich gab es sehr enge Beziehungen zu erziehungswissenschaftlichen Fragen, denn Piaget übernahm 1929 das Amt des Direktors des „Bureau International de L'Edudaction" und nach 1945 die Präsidentschaft der Schweizer UNESCO-Kommission (vgl. die Zusammenstellung der entsprechenden Schriften in Piaget 1974a; 1999). In seiner 2. Phase (ab ca. 1946; vgl. Garz 2008, Kap. 4.3) konzentrierte er sich auf die kognitiven Kompetenzen, deren übergreifende Entwicklungsperspektive er in der *Logik* (speziell der Mathematik, aber auch den Naturwissenschaften) sah und klammerte zunehmend die sozialen und systemischen Bedingungen aus. Trotz dieser relativen Verengung ergaben seine Forschungen einen sehr differenzierten Einblick in die kognitive Entwicklung, der für das lebensweltangemessene pädagogische Fördern der Kinder und Jugendlichen unverzichtbar ist.

2.1.1 Allgemeine Prinzipien und Stufen der kognitiven Entwicklung

Piaget verstand theoretisch-methodisch die biografische Bewältigung des Lebenslaufs als eine **sich gesetzmäßig in Stufen vollziehende Ontogenese**. Diesbezüglich waren die Voraussetzungen und Resultate seiner empirisch-experimentellen Forschungen besonders folgende (vgl. Piaget 1974a; 1981, Kap. II, VI u. VII; Bringuier 1996, 3. u. 4. Gespräch; vgl. auch den Wissensbaustein Nr. 2, S. 32-33):

1. Entwicklung wird funktional als *Adaption* verstanden und vollzieht sich im Spannungsfeld von *Assimilation* (psychische Integration, „Einverleibung" von Aspekten der Umwelt entsprechend den Schemata und Strukturen, über die die Subjekte verfügen) und *Akkommodation* (Prozess der innovativen Anpassung der Schemata und Strukturen, wenn sich das Niveau der Assimilation als unzureichend erweist).
2. Die *Erfahrungen* der Kinder und Jugendlichen, aber auch der Erwachsenen in der aktiven Auseinandersetzung mit der Umwelt, bilden den Ausgangspunkt der geistigen, intellektuellen Entwicklung. Zugleich löst sich das *Denken* während der Ontogenese immer mehr von diesen physischen Erfahrungen bzw. logischen Erfahrungen der Handlungskoordination. Hier gibt es gewisse Übereinstimmungen mit dem Lebensweltkonzept, welches auch die Bedeutung der Erfahrungen für das Selbst- und Weltverständnis betont.
3. Durch das Denken bildet sich die *Intelligenz* (der „Geist") im Sinne der Gesamtheit aller koordinierenden Operationen aus, also die verinnerlichten und verallgemeinerten Handlungsmuster, die sich besonders auszeichnen einerseits

durch gedankliche Flexibilität (Reversibilität = Umkehrung von Operationen und Dezentriertheit = Überwindung des – kindlichen – Egozentrismus) und andererseits durch logische Widerspruchslosigkeit und Reziprozität (z. B. Respekt vor den eigenen Interessen und denen der Mitmenschen).
4. Durch die aktiven Auseinandersetzungen bilden sich *Schemata* im Sinne aktivierender Muster heraus, die zum einen die *Wahrnehmung* von (z. B. runden oder eckigen) Gegenständen und zum anderen den *Umgang* mit bestimmten Gegenständen verallgemeinern (z. B. das Greifen als „Besitznahme"). Die verschiedenen Schemata einer Entwicklungsstufe bilden dann dessen ganzheitliche *Struktur*.
5. Bei jeder Stufe muss die Phase des *Hervorbringens* und des *Bestehens* unterschieden werden, wobei sich das Charakteristische der jeweiligen Stufe aus inneren Operationen, also kognitiven Schemata und Strukturen zusammensetzt.
6. Jede Stufe ist ein strukturiertes, organisiertes Ganzes, welches auf einem spezifischen und vom Subjekt selbst ausgleichend regulierten *Gleichgewichtszustand* zwischen Assimilation und Akkommodation, Schemata und Strukturen sowie insgesamt zwischen Organismus und Umwelt besteht. Das wird als *Äquilibration* bezeichnet und ermöglicht ein Optimum an Aktivität und Austausch. Die verschiedenen Aufgabenbereiche entwickeln sich nicht zwingend synchron, sondern es kann zu horizontalen Verschiebungen kommen, was Piaget als „dècalage horizontal" bezeichnet hat. Zugleich ist jede bestehende Struktur der *Ausgangspunkt* der neuen Struktur.
7. Die Reihenfolge der Stufen ist universell, konstant und ihr altersabhängiges Auftreten kann nur in bestimmten Grenzen schwanken; es gibt also ein optimales Zeitfenster für die jeweiligen optimalen Entwicklungsfortschritte. Die verschiedenen Denkniveaus weisen eine invariante Strukturgenese auf, deren Ausbildung durch pädagogische, kulturelle und gesellschaftliche Interaktionsmuster, Institutionen und generelle Bedingungen beschleunigt, verlangsamt oder blockiert werden kann, ohne dass sich an der Abfolge der Stufen insgesamt etwas ändert.
8. Beim Übergang von einer zur nächsten Stufe werden die *einfacheren* Handlungs- und kognitiven Schemata zu einem Teilaspekt der *komplexeren* Strukturen, also in ihnen dialektisch aufgehoben. Diese Stufen insgesamt stellen ein hierarchisches System dar, eine entwicklungslogische Ordnung von Strukturen, die sich zunehmend differenziert und integriert.

2.1 Bildungsthema: Die Herausbildung der Intelligenz (Piaget)

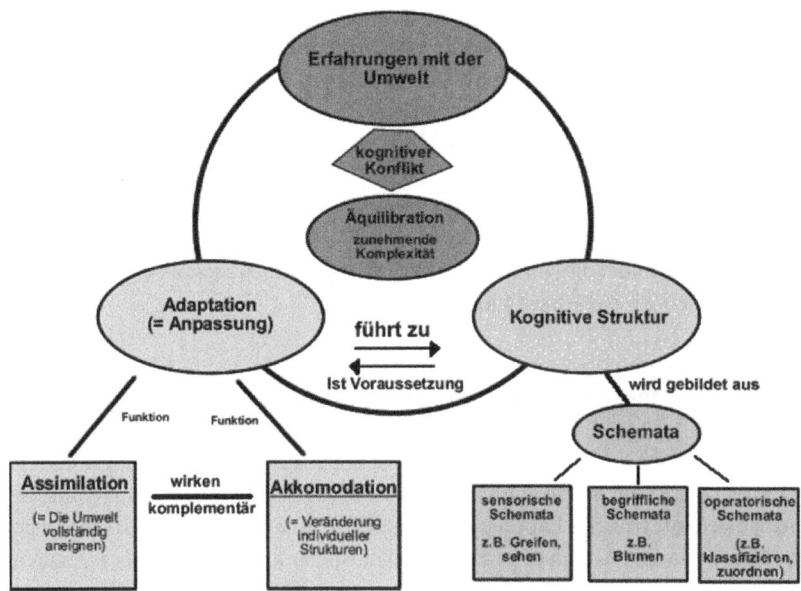

Abb. 2 Wechselwirkungen der verschiedenen Faktoren in Piagets Entwicklungspsychologie
Quelle: http://art.ph-freiburg.de/Piaget/PNG/Prinzipien/Prinz_abb7.png

Aus diesem abstrakt – logischen Entwicklungsverständnis resultieren inhaltliche folgende **Hauptstufen der geistigen Entwicklung** (vgl. zusammenfassend Piaget 1973, 2. u. 3. Vorlesung; Piaget 1981, Kap. II):

a. Stufe I: Sensomotorische Operationen (0–18. Monat)
Sie ist bestimmt durch die Herausbildung eines die Aktivitäten koordinierenden Planes des konstanten Objektes und die sensomotorische Strukturierung der unmittelbaren Umgebung. Dabei orientiert sich der Säugling bzw. das Kleinstkind in der ersten Teilperiode auf den eigenen Körper und erst in der zweiten werden die Pläne der objektgerichteten praktischen Intelligenz entwickelt.

b. Stufe II: Konkrete Denkoperationen (19. Monat – 11./12. Jahr)
In der ersten, präoperativ genannten Periode entstehen die inneren Operationen (18. Monat – 7. Jahr), deren Struktur hier insgesamt an den konkreten Inhalt gebunden bleibt. In der zweiten Phase (8. – 11./12. Jahr) werden diese inneren Operationen strukturiert und erst jetzt bildet sich die *Reversibilität* heraus.

Darunter wird die Umkehrung der Denkoperationen verstanden, wobei hier die Negation und die Reziprozität noch getrennt sind. Damit werden die logisch-elementaren Denkoperationen herausgebildet.
c. Stufe III: Formale Denkoperationen (11./12. – 14./15. Jahr)
Diese Denkstufe ist durch die Ausbildung abstrakter, formaler Denkoperationen bestimmt, die sich also von den konkreten Inhalten ablösen und die dann eine Verknüpfung der Hauptformen der Reversibilität (Negation und Reziprozität) erlauben. Sie kann auch als *hypothetisch-deduktive* Ebene des Denkens bezeichnet werden und bildet die Voraussetzung für das propädeutisch-wissenschaftliche und schließlich das wissenschaftliche Denken.

2.1.2 Die Herausbildung der sensomotorischen Intelligenz

Diese Darstellung der Entwicklungsstufen ist noch sehr global und wenig konkret. Piaget hat diese Stufen weiter ausdifferenziert. Bezogen auf die in diesem Kapitel zu thematisierende früheste Bildungsentwicklung ist Stufe I, also die sensomotorische Intelligenz relevant. Aber auch in diesem Fall müssen immer auch die höheren Stufen mit in den Blick genommen werden, denn diese enthalten die *längerfristige* und in gewisser Weise auch *normative*, also auch bildungstheoretisch zu verstehende Perspektive von Piagets Theorie. – Die Stufe I lässt sich wie folgt weiter ausdifferenzieren (vgl. Piaget/Inhelder 1977, 1. Kap.):

a. Die Betätigung und Einübung der Reflexe (0. – 1. Monat)
Die Reflexe (z. B. Saug-, Schluck- und Greifreflexe) und die darauf aufbauenden spontanen und zum Teil auch rhythmischen Bewegungen des Säuglings bilden den Ausgangspunkt der Entwicklung; wobei hier zu bedenken ist, dass sich Reizbarkeit, Sensibilität, unbedingte Reflexe und elementare Körperschemata ursprünglich bereits in der vorgeburtlichen Phase (ca. ab dem 5. pränatalen Monat) ausbilden. Dabei macht auch hier „Übung den/die MeisterIn", denn im Laufe der Zeit werden die Bewegungen immer präziser (z. B. das Greifen nach Objekten) und wird auch auf andere Objekte übertragen (z. B. vom Saugen an der Mutterbrust zum Lutschen am eigenen Finger), womit die reine „Steuerung" durch die Reflexe erstmals und ansatzweise überwunden wird und zugleich Differenzierungserfahrungen gemacht werden (z. B. zwischen dem Saugen an der Mutterbrust vs. an der Flasche).
b. Die primären Kreisreaktionen (1. – 4. Monat)
Erste Fertigkeiten und Gewohnheiten bilden sich aus, wenn das Kleinstkind durch seine ungerichteten, ganz auf den unmittelbaren Lebensraum beschränk-

ten Aktivitäten „lustvolle" Erlebnisse hat (z. B. durch das zufällige Berühren der Lippen), diese dann wiederholt (z. B. in Form des Daumenlutschens) und diese auf eine elementar-zirkuläre Weise einübt (z. B. das Verfolgen eines bewegten Gegenstandes mit den Augen oder das Anlächeln einer vertrauten Person – ohne sie allerdings bereits als Individuum erkennen zu können – oder auch das Erzeugen von Geräuschen aller Art).

c. Die sekundären Kreisreaktionen (4. – 8. Monat)
Für den weiteren Kompetenzerwerb sind die auf den eigenen Körper fixierten und von den Auge-Hand-Koordinationen, also den Verschränkungen von (An-)Sehen und Greifen gesteuerten Aktivitäten von zentraler Bedeutung. Hier deutet sich erstmals eine gewisse Zielgerichtetheit an, weil nun die Außenwelt immer mehr ins Zentrum des Interesses rückt und die Bewegungen nicht mehr einen reinen Selbstzweck haben. Sie sind jetzt vielmehr ein Mittel und dienen in gewisser Weise „bewusst" dem Erreichen eines bestimmten Handlungsergebnisses (z. B. die Hand des Vaters oder der Mutter zu erreichen und festzuhalten; oder dem Kind gefällt der zufällig entdeckte Klang einer Glocke und deshalb schlägt es immer wieder gegen sie). Insofern haben wir es mit einer „Innen-Außen"-Zirkularität zu tun.

d. Die absichtliche Abstimmung zwischen Zielen und Mitteln (8. – 12. Monat)
Zwischen die vorgängig vorhandenen und „festgelegten" Ziele und die unmittelbare soziale und gegenständliche Umgebung werden nun aufgrund eigener, experimenteller Erlebnisse bestimmte, immer mehr optimierte Mittel integriert, mit deren Hilfe die Ziele überhaupt oder besser erreicht werden können (wenn z. B. ein Kissen weggeschoben wird, um an die Rassel zu kommen oder um zu einem anderen Kind krabbeln zu können; oder aber Erwachsene werden dazu „benutzt", um unerreichbare Gegenstände – z. B. auf einem Schrank – zu erhalten). Dem liegt schon die Erfahrung zugrunde, dass die Objekte eine gewisse beständige Dauer und Qualität, also eine gewisse Konstanz haben. Zugleich werden jetzt verschiedene Handlungsschemata auf den gleichen Gegenstand angewendet (z. B. wenn ein Ball mit einer Hand, mit beiden Händen hoch geworfen oder flach gerollt wird), womit das Kleinkind experimentierend auch den „Gebrauchswert" bestimmter Gegenstände erprobt.

e. Die tertiäre Kreisreaktion (12. – 18. Monat)
Ein neues Kompetenzniveau entsteht, wenn die Kleinst- bzw. Kleinkinder einerseits durch spontanes Experimentieren entdecken, dass man bestimmte Gegenstände zur Zielerreichung verwenden kann (z. B. ein Handtuch, um den Teddybär zu sich heranzuziehen) und wenn sie andererseits das Experimentieren so verselbständigen, dass die Entdeckung des Neuen ins Zentrum tritt (z. B. wie

und womit man mit dem Wasser spritzen kann – etwa mit den Händen oder einem Schiffchen).
f. Der Übergang von der sensomotorischen Intelligenz zur Vorstellung (18. – 24. Monat)
Das ist in gewisser Weise der Übergang von der Entdeckung des Vorhandenen zur Erfindung von etwas (individuell) Neuem und dies dadurch, dass die bisherigen Erfahrungen nicht nur für sich isoliert erinnert werden (wie man z. B. mit einem Löffel umgeht), sondern dass sie mit anderen kombiniert werden (z. B. Löffeln, Messern, Gabeln, ggf. auch schon Tellern und Tassen zu einem Gedeck). Dem liegt die Fähigkeit zugrunde, das Handlungsergebnis in einfacher Weise zu antizipieren und den Handlungsprozess in einfacher Form zu planen. Das ermöglicht auch die verbesserte Realisierung vorhandener oder die Herausbildung neuer Ziele (z. B. Tischdecken als eine Prozedur, wo man das gemeinsame Essen vorbereitet und antizipiert, dass dann die anderen geliebten Menschen kommen und man dann zusammen ist und isst und trinkt). Durch diese Verinnerlichung von Handlungsmustern vollzieht sich auch der Übergang zu präsenzentbundenen psychischen Aktivitäten, also dem Denken. Damit bilden sich auch die *Symbolfunktionen* aus, wobei hier unterschieden werden kann zwischen der *Objektpermanenz* (dabei werden z. B. vorher gesehene und dann versteckte Gegenstände gesucht), dem *aufgeschobenen Nachahmungsverhalten* (z. B. wird das Verhalten einer Person mit deutlicher zeitlicher Verzögerung und in einem anderen situativ-szenischen Zusammenhang reproduziert) und den *Symbolhandlungen* (wie sie besonders in den entsprechenden Spielen – z. B. den Mutter-Vater-Kind-Spielen – anzutreffen sind).

Mit dieser sechsten Unterstufe sind die psychomotorischen Lernprozesse biografisch keineswegs abgeschlossen, sondern immer dann, wenn sich die Menschen neue Gegenstände bzw. Gegenstandsdimensionen aneignen, beginnen sie mit diesen sensomotorischen Aktivitäten aufs Neue. Das verweist auf den grundlegenden Sachverhalt, dass *Bildungsprozesse* stets *unabschließbare Perspektiven* beinhalten, sie sind eine offene Richtungsbestimmung der pädagogisch zu fördernden Ontogenese, der immer weiter zu entwickelnden Handlungs-, Reflexion- und Genussfähigkeit der Subjekte – und das von Anfang an. Oder etwas pathetisch formuliert: Für Bildung ist es nie zu früh und nie zu spät.

2.1.3 Kontroverse Aspekte von Piagets Genetischer Psychologie

Nun hat es eine ganze Reihe von **Einwänden** bezüglich Piagets Theorie im allgemeinen und speziell zu seinem Stufenkonzept gegeben, die zwar bestimmte Annahmen relativieren, nicht aber die grundlegende Bedeutung dieser Theorie in Frage stellen. Bezüglich des Konzeptes der Bildungsaufgaben sind hier zu nennen (vgl. Braun 1983; Kesselring 1988, Kap. IV; Kohler 2008, Kap.10):

1. Die von Piaget ermittelten **Altersangaben** sind zumindest heute nur noch als recht vage und in jedem Fall unverbindliche Hinweise zu verstehen, insbesondere finden viele Prozesse heute bzw. nach aktuellen Erkenntnissen früher statt. In gewisser Weise scheint es so, dass Piaget die Fähigkeiten der (Kleinst-) Kinder in mancherlei Hinsicht unterschätzt hat (z. b. bezüglich des Erkennens der Objektpermanenz, der Differenzierung zwischen physikalischer und mentaler Welt oder dem Erkennen von symbolischen Bedeutungen). Das hat gewiss auch damit zu tun, dass er die Binnenorientierung, den Egozentrismus der Kinder stark betonte und deren aktiven Umweltausgriff, deren aktivierende sozialräumliche Aneignungsprozesse, deutlich unterschätzte.
2. Zwar verweist Piaget auf die **Relevanz der Umwelt**, aber er analysiert zu wenig die Veränderungen der gesellschaftlichen Kulturen wie überhaupt der gesellschaftlichen Lebensbedingungen und damit auch die *Inhalte*, an denen sich das *logische* Denken abarbeitet und entwickelt. – Er selbst hat einmal gesagt, dass er wissenschaftlich von sozialen Problemen nichts verstehe (vgl. Piaget 1999, S.129).
3. Zwar muss der Anspruch Piagets verteidigt werden, ein *universelles*, also anthropologisches Stufenmodell auszuarbeiten; davon relativ unabhängig ist aber jeweils genau zu prüfen, ob nicht bestimmte Stufenmerkmale aus den **sozialökologischen Besonderheiten der westlichen Gesellschaften** resultieren, in denen Piaget seine Untersuchungen durchgeführt hat. Darüber hinaus muss der Stellenwert der recht großen **milieubezogenen** und **individuellen** Entwicklungsunterschiede beachtet werden. In diesem Zusammenhang ist der Hinweis von Kohlberg (2007, S. 32ff) interessant, der das Stufenmodell von Piaget und sein eigenes den „harten" Modellen zurechnet und z. B. das psychoanalytisch fundierte von Erikson den *„weichen"*.
4. Es hat manchmal den Anschein, dass Piaget die Bedeutung der pädagogischen Anregungen, Unterstützungen und Absicherungen unterschätzt, dass also **Selbsttätigkeit** und **pädagogisch intendiertes Handeln** nicht hinreichend ausbalanciert werden. Das könnte auch mit der Paradoxie zu tun haben, dass er – wie schon erwähnt – die (Klein-) Kinder eher unterschätzte, aber die Jugendlichen

(11–15 Jahre) und besonders die Erwachsenen überschätzte, denn nur eine (kleine) Minderheit erreicht – als Folge der soziokulturellen Milieugrenzen! – das *wissenschaftliche* Erkenntnisniveau der Stufe III. Gleichwohl muss an dem gut begründeten bzw. auch bildungstheoretisch begründbaren universalistischen Anspruch festgehalten werden, weil es sich um eine sinnvolle, ja notwendige *Perspektive* in einer immer komplexer werdenden und sich immer mehr und schneller verändernden Welt handelt.

5. Zwar betont Piaget die *konstruktive* Seite aller Erkenntnisprozesse, aber das strukturalistische Konzept der Assimilation und Akkommodation geht von einer im Prinzip nicht zu verändernden, vielleicht sogar unveränderlichen Umgebung aus. Es läuft insofern Gefahr, die **Anpassung** an die gegebenen sozialen, kulturellen, institutionellen Bedingungen der pluralistischen (westlichen) Klassengesellschaften einseitig zu betonen und damit auch dem zentralen Entwicklungswiderspruch von *objektiver Bestimmtheit* und *subjektiver Bestimmung* der Entwicklungs- und Lernprozesse wie überhaupt der (kindlichen) Lebenspraxis einen passivistischen Zug zu verleihen. Es unterschätzt bzw. beachtet zu wenig die sehr unterschiedlichen Formen des kindlichen *Widerstands* gegen die verschiedensten Formen der Fremdbestimmung. Das hat gewiss auch damit zu tun, dass Piaget die Bedürfnis- und Emotionalitätsentwicklung (der Kinder) allenfalls randständig beachtet hat (darauf wird in Kap. 3 näher eingegangen). Die Prozesse der gesellschaftlich verursachten *Selbstentfremdung* sind bevorzugtes Thema der (klassischen) Psychoanalyse, weshalb bereits René Spitz (1887–1974) – der Pionier der psychoanalytischen Säuglingsforschung – den Vorschlag gemacht hatte, die genetische Psychologie von Piaget mit der psychoanalytischen Phasentheorie (der psychosexuellen Entwicklung) zu verknüpfen (vgl. Spitz 1983, Anhang). Für eine Kooperation plädiert in seinen späten Schriften auch Kohlberg (2007, S. 99ff, 169ff u. 203ff).

Wissensbaustein Nr. 2

Das *genetische* als das *allgemeine* Prinzip der Erkenntnis- und Wissenschaftstheorie bei Piaget

Es wurde in Kap. 1.3 darauf hingewiesen, dass der Entwicklungsgedanke für die neuere Erziehungswissenschaft nicht mehr konstitutiv ist, dass somit Allgemeine und Entwicklungs-Pädagogik getrennte Wege gehen. Der Ansatz von Piaget ist für die Entwicklungspädagogik auch deshalb interessant, weil er nicht nur die Allgemeine Psychologie ausdrücklich als Entwicklungs-Psychologie konzipierte, sondern allen wissenschaftlichen Disziplinen eine genetische Grundlage bieten wollte. Die

Intentionen seiner dreibändigen Studie "Die Entwicklung des Erkennens" (Piaget 1975) hat er in seinen Vorlesungen an der Columbia Universität zur "Genetischen Erkenntnistheorie" 1968 so zusammengefasst:

„Die genetische Erkenntnistheorie versucht, Erkennen, insbesondere wissenschaftliches Erkennen, durch seine Geschichte, seine Soziogenese und vor allem die psychologischen Ursprünge der Begriffe und Operationen, auf denen es beruht, zu erklären. Diese Begriffe und Operationen stammen zum großen Teil aus dem Alltagsbewusstsein, so dass ihre Ursprünge ihre Bedeutung für das und im Erkennen auf einer höheren Stufe erhellen können. Wo immer möglich, zieht die genetische Erkenntnistheorie auch Formalisierungen in Betracht – insbesondere logische Formalisierungen, die sich auf äquilibrierte Denkstrukturen und in bestimmten Fällen auf Transformationen von der einen zur nächsten Stufe in der Entwicklung des Denkens beziehen." (Piaget 1973, S. 7) Allerdings tritt Piaget dem Eindruck entgegen, „die genetische Erkenntnistheorie beruhe ausschließlich auf der Psychologie. Im Gegenteil, logische Formalisierung ist jedes Mal dann unbedingt notwendig, wenn wir einen Gegenstandsbereich überhaupt formalisieren können; jedes Mal, wenn wir auf eine vollendete Struktur im Prozess der Entwicklung des Denkens stoßen, versuchen wir in Zusammenarbeit mit Logikern oder Spezialisten auf dem von unserer Untersuchung betroffenen Gebiet, diese Struktur zu formalisieren. Dabei arbeiten wir mit der Hypothese, dass zwischen der psychologischen Entwicklung einerseits und der Formalisierung andererseits eine Korrespondenz besteht." (ebd., S. 17) Insofern hat es „die genetische Erkenntnistheorie … ebenso mit der Bildung wie mit der Bedeutung von Erkenntnis zu tun. Unser Problem lässt sich folgendermaßen formulieren: vermittels welcher Leistungen geht der menschliche Geist von einem Stand weniger befriedigender Erkenntnis zu einem Stand höherer Erkenntnis über? Die Entscheidung darüber, was niedrigere oder weniger adäquate Erkenntnis und was höhere Erkenntnis ist, impliziert natürlich formale und normative Aspekte. Es ist nicht Sache der Psychologen zu entscheiden, ob ein bestimmter Stand der Erkenntnis höher als ein anderer ist oder nicht. Diese Entscheidung haben Logiker oder die Spezialisten auf einem bestimmten Gebiet der Wissenschaft zu treffen. (…) Unser Problem in der Perspektive der Psychologie und der genetischen Erkenntnistheorie ist es zu klären, wie der Übergang von einer niederen Stufe der Erkenntnis zu einer Stufe, die als höher beurteilt wird, sich vollzieht. Die Frage nach der Natur solcher Übergänge ist eine Frage nach den Tatsachen. (…) Die genetische Erkenntnistheorie geht also von der Hypothese aus, dass zwischen dem Fortschritt in der logischen und rationalen Organisation der Erkenntnis und den entsprechenden psychologischen Formationsprozessen ein Parallelismus besteht." (ebd., S.20f)

Literaturnachweise (Kap. 2.1)

Bodenburg, Inga und I. Kollmann. 2014. Frühpädagogik – arbeiten mit Kindern von 0 bis 3 Jahre, Köln: Bildungsverlag Eins
Braun, Karl-Heinz. 1983. Überlegungen zur materialistischen Diskussion der genetischen Erkenntnistheorie von Jan Piaget und seiner Schule. In: Jahrbuch für Psychopathologie und Psychotherapie III/1983. Hrsg.: G. Feuser und W. Jantzen.61-86. Köln: Pahl-Rugenstein
Bringuier, 1996. Jean Piaget. Im Allgemeinen werde ich falsch verstanden, Hamburg: Europäische Verlagsanstalt
Garz, Detlev. 2008. Sozialpsychologische Entwicklungstheorien, Wiesbaden: VS-Verlag
Kesselring, Thomas. 1981. Entwicklung und Widerspruch. Ein Vergleich zwischen Piagets genetischer Erkenntnistheorie und Hegels Dialektik, Frankfurt/M.: Suhrkamp
Kohlberg, Lawrence. 2007. Die Psychologie der Lebensspanne, Frankfurt/M.: Suhrkamp
Kohler, Richard. 2008. Jean Piaget, Bern: Haupt
Piaget, Jean.1973. Einführung in die genetische Erkenntnistheorie, Frankfurt/M.: Suhrkamp
Piaget, Jean. 1974. Theorien und Methoden moderner Erziehung, Frankfurt/M.: Fischer Taschenbuch (darin: 1974a. Psychologie und Pädagogik. 7-149; 1974b: Die geistige Entwicklung des Kindes. 153-210)
Piaget, Jean. 1975. Die Entwicklung des Erkennens I – III. Gesammelte Werke Bd. 8–10, Stuttgart: Klett
Piaget, Jean. 1981. Jean Piaget über Jean Piaget. Sein Werk aus seiner Sicht, München: Kindler
Piaget, Jean. 1983. Das moralische Urteil beim Kind, Stuttgart: Klett-Cotta
Piaget, Jean. 1988. Das Weltbild des Kindes, München: dtv
Piaget, Jean. 1999. Über Pädagogik, Weinheim und Basel: Beltz
Piaget, Jean und B. Inhelder. 1977. Die Psychologie des Kindes, Frankfurt/M.: Fischer Taschenbuch
Spitz, René. 1983. Vom Säugling zum Kleinkind, Stuttgart: Klett-Cotta

Literaturempfehlungen (Kap. 2.1)

Furth, Hans G. 1981. Intelligenz und Erkennen. Die Grundlagen der genetischen Erkenntnistheorie Piaget
Piaget, Jean. 1999. Über Pädagogik, Weinheim und Basel: Beltz
Piaget, Jean und B. Inhelder. 1977. Die Psychologie des Kindes, Frankfurt/M.: Fischer Taschenbuch

2.2 Frühe Hilfen I: Familienhebammen als Beitrag zur Gesundheitsförderung

Es ist vielleicht für die meisten LeserInnen ganz selbstverständlich oder sogar banal festzuhalten, dass es zunächst einmal darum geht, dass ein Kind gesund zur Welt kommt und seine Gesundheit in den ersten Wochen nicht gefährdet wird. Nun wissen wir nicht zuletzt aus der Betreuung von noch nicht volljährigen schwangeren Müttern oder auch aus der Sozialpädagogischen Familienhilfe (SPFH), dass dies keine elementare Selbstverständlichkeit ist. Und die Ansprüche, gerade an die Soziale Arbeit, in diesem Bereich werden nochmals dadurch erhöht, dass die Weltgesundheitsorganisation in ihrer berühmten Ottawa-Erklärung (von 1986) mit vielen guten Gründen – nicht zuletzt mit Blick auf die Bildungschancen und -bedürfnisse – einen sehr weiten und insbesondere positiv ausgerichteten Gesundheitsbegriff favorisiert hat.

Danach zielt „Gesundheitsförderung ... auf einen *Prozess*, allen Menschen ein höheres Maß an Selbstbestimmung über ihre Gesundheit zu ermöglichen und sie zur Stärkung ihrer Gesundheit zu befähigen. Um ein umfassendes körperliches, seelisches und soziales Wohlbefinden zu erlangen, ist es notwendig, dass sowohl Einzelne als auch Gruppen ihre Bedürfnisse befriedigen, ihre Wünsche und Hoffnungen wahrnehmen und verwirklichen sowie ihre Umwelt meistern bzw. sie verändern können. In diesem Sinne ist die Gesundheit als ein wesentlicher Bestandteil des alltäglichen Lebens zu verstehen und nicht als vorrangiges Lebensziel. Gesundheit steht für ein positives Konzept, das in gleicher Weise die Bedeutung sozialer und individueller Ressourcen für die Gesundheit ebenso betont wie die körperlichen Fähigkeiten. Die Verantwortung der Gesundheitsförderung liegt deshalb nicht nur bei dem Gesundheitssektor, sondern bei allen Politikbereichen und zielt über die Entwicklung gesünderer Lebensweisen hinaus auf die Förderung von umfassendem Wohlbefinden." (Weltgesundheitsorganisation 1992, S.84/86)

Ein Ansatz bzw. *ein* Konzept der so verstandenen, an der primären und sekundären Prävention ausgerichteten und auf Freiwilligkeit beruhenden Gesundheitsförderung ist das Modell der Familienhebammen (es gibt in Deutschland ca. 1.200 hier tätige Fachkräfte). Es lässt sich von folgenden **methodischen Grundsätzen** und **Perspektiven** leiten (vgl. bes. Ayerle u. a. 2010; Mattern u. a. 2012; Nationales Zentrum Frühe Hilfen 2012; Spies/Stecklina 2015, Kap. 4.2.2 Wulff 2017; ergänzend auch Renner/Sann 2010):

1. Es **erweitert** zunächst einmal das **traditionelle, medizinisch** akzentuierte bzw. auch eingegrenzte, aber sozial breit akzeptierte Tätigkeitsfeld der Hebammen um die **psychosoziale** Komponente. Es will somit ein *niedrigschwelliges, regel-*

mäßiges und *ganzheitliches* Angebot sein für die Personengruppe, die während der Schwangerschaft und des 1. Lebensjahres des Kindes von besonderen Belastungen betroffen ist (die Tätigkeiten der Familienhebammen begrenzen sich vertragsmäßig auf diesen Zeitraum). Eine Fallstudie zu Sachsen-Anhalt (vgl. Ayerle u. a. 2010; Landtag von Sachsen-Anhalt 2015, S.126ff; auch alle weiter exemplarisch-veranschaulichend erwähnten Daten beziehen sich auf die sachsen-anhaltinischen Befunde) belegt diesen **spezifischen Bedarf**:
Die Lebenssituation derjenigen, die dieses Angebot annahmen zeichnet sich aus durch geringen sozioökonomischen Status (93,1 %), geringen Bildungsstand (46 %), Anzeichen von Überforderung und Vernachlässigung (42 %), Probleme bei der Alltagsbewältigung (41,6 %), mangelndes Wissen bezüglich der Säuglingspflege (38,4 %), Konflikte in der Partnerschaft (32,4 %); dabei waren 18,2 % der betreuten Mütter minderjährig. „Niedrigschwelligkeit" bedeutet damit aber nicht, dass schon (fast) alle AdressatInnen sich eigenständig an die entsprechenden Einrichtungen und Personen wenden; dies taten „nur" 35 %. Die deutliche Mehrheit wurde von anderen Diensten bzw. Personen darauf hingewiesen: 30 % vom Jugendamt, 11 % von Beratungsstellen, 13 % von anderen Hebammen, 11 % von SozialarbeiterInnen, 9,5 % von Kliniken, 7.4 % von MedizinerInnen, 7 % von Familienangehörigen, 2 % von anderen Klientinnen und 8,6 % von noch anderen Institutionen bzw. Personengruppen.
Schon diese Zahlen belegen die Notwendigkeit, dass die Familienhebammen in den Netzwerken der Frühen Hilfen gut verankert und präsent sein müssen, damit alle, die diese Unterstützungen benötigen, sie auch subjektiv kennenlernen und annehmen können.
2. Im **Zentrum** der unterstützenden und kompensatorischen Angebote stehen – außer bei unmittelbarer Gefährdung des Kindeswohls – **die Eltern**. Dabei ist dieses Handlungsfeld ziemlich komplex; gerade deshalb muss man die verschiedenen Seiten einerseits in ihren jeweiligen *Besonderheiten* beachten und darf zugleich nie die interaktiven, pädagogisch relevanten *Wechselbeziehungen* aus dem Blick verlieren. Unterscheidbar sind dabei die Perspektiven der körperlichen und psychosozialen Entwicklung des *Säuglings* einerseits und andererseits das Selbstverständnis der Erziehungsberechtigten und deshalb auch die Erhaltung (bzw. Wiederherstellung) des innerfamiliären psychosozialen Gleichgewichts und damit auch der Gesundheit sowie die Förderung der Erziehungskompetenzen (im ganz weiten Sinne) der primären *Bezugspersonen* (Mutter, Vater und anderer Personen im engen personalen Umfeld des Säuglings) (Pkt. 3). Ihre angemessene Realisierung erfordert sowohl die Förderung der familiären Ressourcen als auch die Gewährung bedarfsgerechter Hilfen und deshalb ein dichtes Geflecht von Arbeitsbeziehungen zu den verschiedensten informellen Netzwerken und pro-

2.2 Frühe Hilfen I: Familienhebammen

fessionellen Institutionen und Personen (Pkt. 4) und all dies bedarf immer auch einer kooperativ ausgelegten Selbstkontrolle der Familienhebammen (Pkt. 5).

3. Zunächst einmal hat auch die Familien-Hebamme die **medizinischen Aufgaben** der Schwangerschaftsbetreuung und die physiologischen Bedürfnisse der (werdenden) Babys und die körperliche Entwicklung bis zum 1. Geburtstag im Blick (sie machen etwa 50% des Gesamtarbeitsaufwandes aus). Das obliegt selbstverständlich vorrangig den ÄrztInnen. Aber die Familienhebammen achten darauf, dass die entsprechenden Termine vereinbart und auch eingehalten werden und manchmal begleiten sie die Mütter und ihre Kinder auch. Zu denken ist hier besonders an die üblichen Untersuchungen (z. B. Fruchtwasser- und Ultraschalluntersuchung, U 1-9-Untersuchungen [Größe, Gewicht, Bewegungsapparat, Hörscreening usw.]) und haben ein Augenmerk darauf, dass Impfungen tatsächlich durchgeführt und ihre möglicherweise bedenklichen Befunde (wie z. B. Allergien, Neurodermitis) bei der Pflege beachtet werden. Es geht aber auch darum, dass die Säuglinge einen in sachlicher und zwischenmenschlicher Hinsicht **angemessenen familiären pädagogischen Entwicklungsrahmen** erhalten (vgl. dazu das nachfolgende Kap. 3.2). Die emotional und sachlich respekt- und vertrauensvolle Kommunikation und Interaktion zwischen den Familienhebammen und der Eltern beinhaltet, dass die zentralen Bezugspersonen, in der Mehrzahl der Fälle die Mütter, manchmal auch die Väter, unterstützt und ergänzt auch durch andere Bezugspersonen (wie z. B. ältere Geschwister oder die Großeltern), entwicklungsoffene Bindungen aufbauen, die die emotionale Grundlage dafür bieten, dass sich der Säugling freudig seiner dinglichen und sozialen Umwelt zuwendet (vgl. dazu ausführlich Kap. 4). Für diese lebenslagen- und situationsabhängigen, partizipativ und deshalb zumeist kleinschrittig gestalteten Unterstützungsmaßnahmen – die zumeist bei Hausbesuchen, also in den privaten Wohnräumen stattfinden und für die die Familienhebammen ein flexibles Zeitkontingent zur Verfügung haben – stehen den Familienhebammen (ggf. unterstützt durch KinderpflegerInnen und/oder SozialpädagogInnen) ein reiches Methodenspektrum zur Verfügung; erwähnt seien nur:

a. Bei der *Anleitung* werden den Bezugspersonen wichtige Abläufe gezeigt (z. B. das Stillen oder die Art der Körperkontakte, die den Säugling beruhigen oder auch die angemessenen verbalen und mimischen Reaktionen auf das Kind), die sie dann eigenständig ausführen, dabei beobachtet und ggf. durch Ratschläge unterstützt werden.

b. Im Zentrum der *Beratung* stehen die mündliche Übermittlung von Informationen (z. B. über die angemessene Pflege und altersgerechte Ernährung sowie die notwendige Qualität des Schlafplatzes) und die Darstellung von Sachverhalten und Zusammenhängen (z. B. bezüglich der verschiedenen

Zeitrhythmen von Säuglingen: konzentrierte Beobachtung, ruhige Verarbeitung der Sinneseindrücke, Halbschlaf, ruhiger und tiefer Schlaf; oder auch die angemessene Reaktion auf Hungerschreie, Schmerz- oder Kälteschreie bzw. Schreie wegen Einsamkeit oder „Reizüberflutung"). Zu diesem Aufgabenfeld gehören auch Erläuterungen zu Rechtsansprüchen auf gesundheitssichernde/-fördernde und psychosoziale Leistungen und die Unterstützung bei ihrer Beantragung und besonders bei ihrer häufig recht konflikthaften administrativ-juristischen Durchsetzung.

c. Ein wichtiger Entlastungsfaktor ist die *Unterstützung* und *Hilfe*, bei der die professionell Tätigen den Bezugspersonen eine bestimmte Aufgabe für eine deutlich begrenzte Zeit abnehmen (z. B. die gesundheitsfördernde Zubereitung von Mahlzeiten oder den Arztbesuch mit dem Kind), damit sich die Bezugspersonen überhaupt um das Kind kümmern bzw. sich auch mal ausruhen können. Dazu gehört z. B. auch die Begleitung zu behördlichen oder gerichtlichen Terminen. Dies ist allerdings nicht die originäre Aufgabe der Familienhebammen, sondern sie vermitteln in diesem Fall entsprechende Hilfen.

d. Die *Stärkung* setzt an den erkennbaren bzw. vermuteten Ressourcen an (z. B. den sehr liebevollen Umgangsweisen des Vaters mit dem Säugling) und ermutigt dazu, diese als wichtige emotionale Annahme und Bestätigung der Elternrolle zu erleben (z. B. durch die Wochenbettbegleitung). Daraus entsteht dann im günstigen Fall die emotionale Anstrengungsbereitschaft, also *Motivation*, die mit der neuen Lebenssituation verbundenen Herausforderungen primär als eine Entwicklungs-*Möglichkeit* zu erleben und nicht vorrangig als ein Chaos, unter dem man in der Gefahr ist, zusammenzubrechen – oder dem man entfliehen möchte, um die jugend- bzw. erwachsenenbezogenen Interessen und Bedürfnisse zu befriedigen.

4. Die psychosozialen Herausforderungen der Familienhebammen wurden mit Blick auf die Lebenssituation der Rat- und Unterstützungssuchenden bereits in Pkt.1 erwähnt. Dabei können grob folgende **Belastungstypen** unterschieden werden:
    a. Dramatische Konflikt- bis hin zu Gewalterfahrungen/Deprivationen und psychische Erkrankungen;
    b. Überforderung und unzureichendes Ressourcenmanagement;
    c. mangelnde psychosoziale Unterstützung, speziell bei Minderjährigen bzw. unerwünschter Schwangerschaft;
    d. längerfristige Trennung des Kindes von der Mutter bzw. dem Vater (durch Frühgeburt oder Krankheit oder Mehrlingsgeburt).

Bezogen auf die **Sicherung des Kindeswohls** sind die Maßnahmen vorrangig *präventiv* ausgerichtet und sollen den Eltern bzw. auch anderen Bezugspersonen

2.2 Frühe Hilfen I: Familienhebammen

bei der möglichst günstigen Bewältigung ihrer eigenen Entwicklungsprobleme unterstützend helfen: durch Einzel- oder Gruppengespräche, durch Beobachtung der familiären Tagesabläufe und deren außerfamiliären Bedingungen (z. B. Einkaufsmöglichkeiten oder Arbeitszeiten und -orte), durch Erkundung des näheren und weiteren Umfeldes, um dort zusätzliche Unterstützungsmöglichkeiten kennenzulernen (z. B. ein Eltern-Kind-Zentrum oder einen Stadtteilladen). Hat das Belastungsniveau bereits den Charakter einer Deprivation oder gar psychischen Erkrankung angenommen, dann ist die Einbeziehung von anderen Fachdiensten notwendig, nicht zuletzt von Beratungsstellen (z. B. Suchtberatung oder Ehe- und Partnerschaftsberatung) bzw. psychotherapeutischen Diensten. Hier knapp ein wichtiger Hinweis: Der immer wieder auftauchenden Neigung eines Teils dieser Personengruppe, sich selber in eine Psychiatrie einzuweisen, ist einfühlsam entgegenzuarbeiten, weil eine solche Auszeit auch auf andere Weise erreicht werden kann (z. B. in einer Mutter-Kind-Kur) und weil damit die psychischen Probleme nicht gelöst sind und auch nicht gelöst werden können, weil so das konkrete Umfeld und damit die alltäglichen Interaktionsbeziehungen und -abläufe ausgeblendet werden. – In dem sachsen-anhaltinischen Modellprojekt haben 41 % der Familien solche Dienste, aber auch die des Jugendamtes bzw. der Sozialämter angenommen. Damit wird nochmals unterstrichen, wie wichtig die *interdisziplinär, informell* und *institutionsbezogen* ausgerichtete Lootsenfunktion an dieser Schnittstelle zwischen Gesundheitswesen und den Einrichtungen der Kinder- und Jugendhilfe ist.
5. Wie kompliziert und herausfordernd dieses Handlungsfeld ist, wird auch daran deutlich, dass trotz relativ günstiger Bedingungen und sehr intensiver multiprofessioneller Betreuung, Beratung und Hilfe in 9 % der Fälle die Säuglinge bzw. Kleinstkinder in Obhut genommen werden mussten (zumeist wegen unzureichender Ernährung) bzw. zur Adoption freigegeben wurden. Das verweist auf die Notwendigkeit einer kontinuierlichen kollegialen und individuellen **pädagogisch-sozialen Qualitätskontrolle**. Diese bezieht sich auf die übergreifenden *Leitziele* (z. B. befriedigende alltäglichen Lebensführung), die *strategischen* (z. B. Sicherung des Lebensunterhalts) und die *operativen* Ziele (z. B. die Fähigkeit/ Bereitschaft, Absprachen und Termine einzuhalten). Sie kann sich z. B. an den **SMART-Grundsätzen** ausrichten: **S**=suitable (passend) **M**=measurable (messbar); **A**=agreed (vereinbart/akzeptiert); **R**=reachable (erreichbar); **T**=time related (terminiert/auf eine Zeitspanne bezogen). Die besonderen Schwierigkeiten liegen hier einerseits darin, dass psychosoziale und bildungsrelevante Entwicklungsverläufe bei den (Kleinst-)Kindern wie ihren Bezugspersonen nicht gradlinig verlaufen und deshalb nur sehr begrenzt planbar sind; und dass andererseits hier die jeweiligen pädagogisch-sozialen Hilfs- und Unterstützungsangebote und

-pläne der anderen beteiligten Akteure ebenfalls berücksichtigt werden müssen. Diese enthalten aber ggf. nicht nur andere Zielvorstellungen (z. B. hinsichtlich des Umgangs mit Suchtproblemen und welcher Stellenwert dabei psychodynamischen Abwehrprozessen zuerkannt wird), sondern es gibt auch unterschiedliche Auffassungen hinsichtlich des Stellenwerts und der Reihenfolge der jeweils zu bearbeitenden Probleme (z. B. Vor- oder Nachrang bei der Bewältigung der finanziellen vs. der psychischen Probleme der Eltern oder der physischen vs. der psychischen Gesundheit der Säuglinge). So beklagten ein Teil der Eltern eine mangelnde Abstimmung der Dienste, 19 % fühlten sich unterversorgt und 13 % überbetreut, während sich ein Fünftel am Ende der Betreuungszeit allein gelassen fühlte. Notwendig ist also eine Überleitung zu längerfristigen Hilfesystemen (wie z. B. der SPFH) nach dem 1. Geburtstag (vgl. Kap.3.2.1).

Enge Definition: Frühe Hilfen

In einem engen Verständnis umfassen die Frühen Hilfen alle Maßnahmen zur Förderung der körperlichen, psychischen und geistigen Gesundheit während der pränatalen Phase sowie bis zum 1. Lebensjahr durch eine Vernetzung vielfältiger problem- und milieubezogener Angebote des Gesundheits-, Sozial- und Bildungswesens.

Literaturnachweise (Kap. 2.2)

Ayerle, Gertrud et al. 2010. Modellprojekt FrühStart – Evaluation der Familienhebammen in Sachsen-Anhalt. In: Bundesgesundheitsblatt. H.11. 1158-1165
Landtag von Sachsen-Anhalt. 2015. 6. Kinder- und Jugendbericht der Landesregierung Sachsen-Anhalt, Magdeburg: Landtag von Sachsen-Anhalt
Mattern, Elke et.al. 2012. Zieldefinitionen für das berufliche Handeln von Familienhebammen, Köln: Nationales Zentrum Frühe Hilfen
Nationales Zentrum Frühe Hilfen. 2012. Kompetenzprofil Familienhebammen, Köln: Nationales Zentrum Frühe Hilfen
Renner, Ilona und A. Sann. 2010. Forschung und Praxisentwicklung Früher Hilfen, Köln: Nationales Zentrum Frühe Hilfen
Spies, Anke und G. Stecklina. 2015. Pädagogik, München Basel: Reinhardt
Weltgesundheitsorganisation. 1992. Die Ottawa-Charta, in: *Gesundheit fördern statt kontrollieren*. Hrsg.: A. Trojan und B. Stumm. 82-88, Frankfurt/M.: Fischer Taschenbuch
Wulff, Pilar. 2017. Der Einsatz von Familienhebammen in Handlungsfeldern sozialer Organisationen. In: neue praxis (47. Jg.), H. 1. 23-38

Literaturempfehlungen (Kap. 2.2)

Renner, Ilona und A. Sann. 2012. Forschung und Praxisentwicklung Früher Hilfen, Köln: Nationales Zentrum Frühe Hilfen

Wulff, Pilar. 2017. Der Einsatz von Familienhebammen in Handlungsfeldern sozialer Organisationen. In: neue praxis (47.Jg.), H. 1. 23-38

2.3 Schon den kindlichen Entwicklungsrahmen als „aktiven Denkraum" gestalten

Piaget (z. B. 1999, S. 111f, 119f, 189f u. 215) hat stets eine Erziehung gefordert, die im Einklang mit den psychologischen Entwicklungstatsachen steht. Dabei haben er und seine SchülerInnen sich meist auf die Schule und speziell den Schulunterricht bezogen (vgl. Piaget 1974; Aebli 1983; Furth 1973). Gleichwohl enthält die *Kinder*-Psychologie von Piaget auch viele Anregungen für eine angemessene Gestaltung der *vorschulischen* Bildung und Erziehung (so auch Furth/Wachs 1978, S. 280f; vgl. auch Aebli 1983, Kap.I-IV). Dafür soll hier der Begriff „Denkschule" (von Furth 1973, Teil II bzw. Furth/Wachs 1978, Kap. 2, 3 u. 6-13) in modifizierter Weise aufgenommen werden. Für die Gestaltung eines kindgemäßen, bildungsfördernden Denkraumes sind folgende **Leitlinien** bedeutsam:

1. Im Anschluss an die Überlegungen in Kap. 2.2 ist es ein übergreifendes Ziel, die **geistige Gesundheit** der (Kleinst-)Kinder zu fördern, zu sichern und in schwierigen Fällen wieder herzustellen. Das bedeutet insbesondere, die Kinder von Anfang an als entwicklungsfähige und sich entwickelnde, somit bildbare Subjekte zu achten und ihnen verschiedenste motorische und psychische Aktivitäten zu ermöglichen und sie zu respektieren.
2. Auch die Vor- und Frühformen des Denkens, also der mentalen Umwelt- und Selbsterkundung sind wertvoll und begleitend zu fördern. Dabei ist der **Spontanität** der entsprechenden Aktivitäten besonders großer Raum zu geben; sie darf in keinem Fall durch intendiertes pädagogisches Handeln eingeschränkt oder gar verhindert werden. Das erfordert sehr viel Einfühlungsvermögen, also **„pädagogischen Takt"**. Deren zentraler Bezugspunkt sind die Eigeninitiativen der Kinder, also ihre – im weiten Sinne – *„forschenden" Suchbewegungen*.
3. Zwar ist das (Kleinst-)Kind in hohem Maße auf ältere Geschwister, andere Jugendliche, besonders aber auf die Erwachsenen, speziell die Eltern angewie-

sen, um seine Gesundheit erhalten zu können. Aber diese *Abhängigkeit* muss entsprechend den Entwicklungsstufen immer mehr abgebaut und der Selbstbestimmung, der **Autonomie**, immer mehr Entwicklungsspielraum gegeben werden, denn nur so kann sich schrittweise und über viele Widersprüche hinweg geistige Freiheit herausbilden.
4. (Klein-)Kinder leben aber nicht nur mit älteren Personen, speziell Erwachsenen, zusammen, sondern – darauf hat Piaget immer wieder hingewiesen – auch mit **Gleichaltrigen**. Das gilt faktisch in begrenztem Rahmen, wenn der Altersunterschied zwischen den Geschwistern nicht sehr groß ist. Das gilt in einem erweiterten Rahmen, wenn sich Kinder innerhalb von Wohn- bzw. Hausgemeinschaften oder auf Spielplätzen, insbesondere aber in öffentlichen Einrichtungen wie Krippen häufiger, ggf. sogar regelmäßig treffen (vgl. dazu ausführlich Kap. 6.3–6.5). Die Bedeutung dieser Kinderfreundschaften – auch für die sozialen Bildungsprozesse – wird immer noch unterschätzt, weil sie allenfalls für episodisch gehalten werden; wie aber empirische Untersuchungen zeigen, können daraus sehr wohl lang anhaltende Freundschaften entstehen (vgl. Krappmann 2013, S. 842). Deshalb sind sie zeitlich und räumlich zu ermöglichen und anzuregen.
5. Das Denken wird wesentlich durch gegenständliche und soziale **Handlungsprobleme** herausgefordert, die zugleich eine gewisse spontane „Ganzheitlichkeit" aufweisen, weil sie noch nicht in verschiedene Aspekte zerlegt werden (z. B. der Ball in seiner Farbe, sein Gewicht, seine äußere Form usw.) Diese Probleme werden in dem Maße „bearbeitet" und experimentierend gelöst, wie dem (Klein-)Kind das wichtig, also subjektiv bedeutsam ist, indem es faktisch und zum Teil auch mental antizipiert, dass ihm die Problemlösung gelingen kann und eine Befriedigung verschaffen wird (die Problemschwere muss also entwicklungsangemessen sein). Das gilt nicht nur für die *gegenstandsbestimmten* Probleme (wie ich z. B. einen bewachsenen Hügel erklimmen, einen Stuhl verschieben oder eine Schnur als Absperrung verwenden kann), sondern auch für soziale, *zwischenmenschliche* Probleme (wenn ich mich von älteren Personen eingeschränkt fühle oder wenn ich Unstimmigkeiten zwischen Gleichaltrigen bemerke – etwa wegen der emotionalen Bevorzugung anderer Gleichaltriger oder Konflikten um das Spielzeug). Hier besteht dann die Chance, erste, einfache Formen der *Solidarität* im Sinne des fairen Interessenausgleichs zu erproben, wozu etwa auch gehört, sich mit den Gleichaltrigen zu vertragen, wenn man sich gestritten und dann auf einen Kompromiss geeinigt hat (z. B. bei der Verteilung von Süßigkeiten). Damit bildet sich das Fundament für die später einsetzende *moralische* Entwicklung heraus.
6. Diese Hervorhebung der motorischen und mentalen Lernprozesse innerhalb der *Kindergruppen* steht nun selbstredend nicht im Gegensatz zu den **rein in-**

2.3 Kindlicher Entwicklungsrahmen als „aktiver Denkraum" 43

dividuellen Aktivitäten des Kindes (wenn es sich z. B. zurückzieht, weil es sich ausruhen möchte oder weil es ein technisches Problem – zunächst – versuchen möchte alleine zu lösen). Und es steht auch nicht im Widerspruch dazu, dass ältere Kinder oder *Erwachsene* ihnen bei der Lösung helfen (z. B. vormachen, wie man eine Leiter hochklettern und es bei den Selbstversuchen dann stützen und absichern kann und diesen Handlungsprozess erklärend und ermunternd kommentieren).

7. Bezüglich der **inneren Differenzierung** der Entwicklung des sensomotorischen Stadiums sind hier u. a. folgende Aufgabenstellungen zu bedenken (vgl. Bodenburg/Kollmann 2014, S. 111ff):
   a. Es ist darauf zu achten, dass die Kleinstkinder nicht zu lange auf der *Reflexstufe* verharren; darüber hinaus ist dem Hörsinn besondere Aufmerksamkeit zu schenken, weil die Kleinkinder durch ihn ihre ersten Umwelterlebnisse machen, nämlich mit Stimmen, Musik und der gesprochenen Sprache der Erwachsenen (vgl. dazu Kap. 5.2.1/5.2.2).
   b. Die Herausbildung *einfacher Gewohnheiten* wird gefördert durch eine situationsangemessene Kommentierung der genau und sensibel beobachteten vielfältigen Aktivtäten, welche gerade auch angeregt werden durch den Wechsel der Räume, der unmittelbar zugänglichen Alltags- oder auch Spielgegenstände und das großzügige Gewährenlassen.
   c. Die Kleinkinder werden besonders zu „*Effektensammlern*", nehmen also immer bewusster die Folgen eigener Handlungen mit Bezug auf bestimmte, konstante Objekte wahr, wie sie auf ihre dingliche Umwelt Einfluss nehmen und sie so auch verändern können (z. B. beim Mitmachen bei so alltäglichen Aktivitäten wie Vorbereitung von Mahlzeiten, beim Saubermachen in der Wohnung oder im Garten, beim Ein- und Ausschalten der verschiedenen Lampen, beim Aufräumen in der Krippe oder beim gemeinsamen Musikmachen mit so unterschiedlichen „Instrumenten" wie Kochtöpfen, Holzlöffeln oder der eigenen Stimme). Dabei bilden sie auch immer flexiblere Umgangsformen mit den Gegenständen in unterschiedlichen sozialen Situationen aus.
   d. Die Relationen zwischen *Zielen* und *Mitteln* werden immer handhabbarer dadurch, dass sie im Alltag entdeckt werden (dass man z. B. Wasser in einem Glas aufbewahren und später damit etwas „bewässern" kann; dass man durch das Öffnen einer Schranktür dahinter etwas verstecken und später wieder herausholen kann; oder dass entsprechende Gelegenheiten geschaffen werden (z. B. durch die verschiedenen Ball- oder Kuckuck-Spiele).
   e. Der *Experimentierfreude* dienlich sind auch haptisch abwechslungsreich und bewegungsförderlich gestaltete Gruppenräume, wo die Kleinkinder die verschiedenen Raumdimensionen (Höhe, Breite, Tiefe, Weite) durch die un-

terschiedlichen eigenen Bewegungsarten (z. B. Krabbeln, Hochziehen, Laufen, Stemmen und Stützen) auf diversen Untergründen (glatt, rau, flauschig, ein- oder mehrfarbig usw.) und mit unterschiedlichen Geräten (z. B. Sitzkissen, Stühlen oder Leitern) auf verschiedenen Ebenen, Verbindungswegen und Raumteilern (in der Mitte, in Nischen usw.) erkunden können. Dabei kann der sich gerade ausbildende Ordnungssinn angeregt werden (z. B. durch das Einräumen, Weglegen oder Sortieren der verschiedenen Materialien, z. B. aus Holz, Metall und Glas bzw. zum Ziehen, Schleppen oder Rollen) oder die Veränderung der Räume je nach „Zeitplan" und Aktivitätsschwerpunkt (z. B. Spielen, Essen, Sich-Ausruhen, Schlafen).

8. Für die erstmalige **Ablösung der Denkprozesse aus den unmittelbaren Handlungsprozessen** bedarf es entsprechender Lerngelegenheiten. Das kann geschehen durch die gemeinsame Strukturierung einzelner Phasen des Tagesablaufs (z. B. des Frühstücks) oder der über den ganzen Tag wiederkehrenden Aufgaben (z. B. vom Aufstehen und Anziehen bis zur Gute-Nacht-Geschichte in der Familie, in der Kindergruppe, in der Krippe). Dazu dient auch die Verwendung von Symbolen und Bildern (z. B. Porträtfotos für die Kennzeichnung der Garderobenfächer oder die Verwendung bestimmter Symbole für die sich in den Schränken befindlichen Küchengeräte). Eine besondere Bedeutung für die Lernschritte hat das Nachahmen entsprechender Aktivitäten von schon kompetenteren Kindern, von Jugendlichen und Erwachsenen, dessen sich gerade die Eltern und PädagogInnen bewusst sein sollten und sich dementsprechend sach- und personenangemessen, aber auch so eindeutig wie möglich verhalten sollten. Das erfordert eine respektvolle Balance zwischen Nähe und Distanz.

9. Nicht nur für die bildungsangemessene Förderung, sondern auch für die (frühst- und früh-)kindliche Subjektentwicklung sind unter kognitiven und emotional-motivationalen Aspekten zwei Überlegungen von Piaget (1999, z. B. S. 31ff u. 68ff) noch von Interesse:

    a. Bei der ersten geht es um die Frage des **Respekts**: Wenn dieser *einseitig* ist, also auf einem Zwangs- bzw. Abhängigkeitsverhältnis beruht, dann lässt er jene Art von Pflichtgefühl entstehen, das auf einer Verinnerlichung dieses Zwanges beruht (z. B. die Pflicht, seinen Eltern dankbar zu sein). Nur ein Respekt, der *zweiseitig* ist, der auf einer wie immer gearteten Kooperationsbeziehung beruht, kann ein Pflichtgefühl entstehen lassen, welches nicht im Widerspruch zur Selbstbestimmung besteht, weil es schon eine rudimentäre und dann immer mehr erweiterte *Symmetrie* der Rechte und Pflichten gibt (z. B. bezüglich der Entscheidung „Was wollen wir denn heute machen?"). Dem liegt die Perspektive der *entwicklungsangemessenen Verantwortungsübertragung* zugrunde. – Damit hängt

b. das Problem der **Belohnung** bzw. **Bestrafung** zusammen: Wenn die ihnen zugrundliegenden sachlichen und sozialen Regeln von anderen, meist mächtigeren Personen gesetzt werden, dann sind auch sie ebenfalls Ausdruck eines Zwangsverhältnisses. Nur wenn diese Regeln gemeinsam erarbeitet worden sind und möglichst egalitär umgesetzt werden, stärken sie die personale Freiheit. Oder positiv formuliert: Belohnungen wie Bestrafungen müssen „aus der Sache" resultieren, also dem eigenen Beitrag zur Lösung eines individuellen bzw. kollektiven Problems. So ist es eine Art von „*Selbstbestrafung*", wenn ich/wir ein bestimmtes Problem – etwa eine Konstruktionsaufgabe mit dem Legospielzeug – nicht lösen kann/können – und es ist „*Selbstbelohnung*", wenn es mir/uns gelingt. Nur wenn dieser zweiseitige, tendenziell egalitäre Respekt vorhanden ist, nur dann sind auch verbale Belohnungen und Bestrafungen sinnvoll, weil sie dann als Entwicklungsermutigung bzw. Entwicklungsherausforderung angenommen werden können. Das steht im Einklang mit der internen, selbstbestimmten Solidarität (vgl. Pkt. 5) und fördert nicht nur die (Selbst-)Kritikfähigkeit, sondern auch die vertiefte Erkenntnis des eigenen Selbst wie der objektiven Wirklichkeit.

Definition: Pädagogischer Denkraum

In einem nicht nur kindbezogenen Verständnis umfasst der Denkraum alle pädagogisch intendierten und durchdachten Angebote, eine Lernumgebung zu schaffen, die eine Vielfalt von motorischen und mentalen Erlebnissen nahelegt und zulässt, die zur verantwortungsvollen Selbsttätigkeit in „Einzelarbeit" sowie in den Gruppen von Gleichaltrigen anregt, die eine Selbstinterpretation der innerhalb, aber auch und besonders außerhalb, pädagogischer Kontexte gemachten Erlebnisse und Erfahrungen bei Bedarf pädagogisch unterstützt und so den alltagsbezogenen Erfahrungsbezug des Denkens und seine pragmatische Orientierungsfunktion fördert.

Literaturnachweise (Kap. 2.3)

Aebli, Hans .1983. Grundformen des Lehrens, Stuttgart: Klett-Cotta
Bodenburg, Inga und I. Kollmann. 2014. Frühpädagogik – arbeiten mit Kindern von 0 bis 3 Jahre, Köln: Bildungsverlag EINS
Furth, Hans G. 1973. Piaget für Lehrer, Düsseldorf: Schwann

Furth, Hans G. und H. Wachs. 1978. Denken geht zur Schule, Weinheim und Basel: Beltz
Krappmann, Lothar. 2013. Bindung in Kinderbeziehungen? In: Zeitschrift für Pädagogik (59.Jg.), H.6, 837-847
Piaget, Jean. 1974. Erziehung und Unterricht seit 1935. In: Ders.: Theorien und Methoden der modernen Erziehung, 9-111. Frankfurt/M.: Fischer Taschenbuch
Piaget, Jean. 1999. Über Pädagogik, Weinheim und Basel: Beltz

Literaturempfehlungen (Kap. 2.3)

Furth, Hans G. und H. Wachs. 1978. Denken geht zur Schule, Weinheim und Basel: Beltz

3 Soziale Intentionalität im Spannungsfeld von emotionaler Geborgenheit und motivierter Exploration

Zusammenfassung

Es gehört zu den grundlegenden Erfahrungen und Erkenntnissen des pädagogischen Handelns und Denkens, dass die vielfältigen unmittelbaren zwischenmenschlichen Begegnungsweisen Bildung und Erziehung überhaupt erst möglich machen, dass somit die verschiedenen Institutionalisierungsformen und deren sozial- und bildungspolitische Einrichtung und Existenzsicherung diese zwar ermöglichen und ihnen die notwendige Zuverlässigkeit bis zu einem gewissen Grade garantieren, dass sie sie aber in keinem Falle ersetzen können. Insofern ist die Formel vom „institutionellen Erzieher" eine objektivistische („metaphysische") Scheinkonstruktion. Demgegenüber bietet die Bindungstheorie in besonderer Weise die Chance, die klassische Formel vom „pädagogischen Bezug" (Nohl) weiter zu entwickeln, indem nun nicht nur die emotional-motivationale Seite allen, nicht nur des professionellen pädagogischen Handels in den Vordergrund gerückt wird (insofern also auch über Piagets Interaktionsverständnis hinauszugehen), sondern diese selber empirisch differenziert zu untersuchen (Kap. 3.1). Dabei erweist sich die Unterscheidung zwischen sicheren, unsicher-ambivalenten, vermeidenden und chaotischen Bindungsmustern, die sich im Spannungsfeld von Suche nach Geborgenheit und Entdeckung neuer Menschen, Lebenswelten und Sozialräumen entfalten, als sehr hilfreich, um Entwicklungseinschränkungen und -brüche zu erkennen und pädagogisch helfend zu überwinden. Dazu dient vorrangig die Sozialpädagogische Familienhilfe (SPFH), weil sie bemüht ist, den privilegierten Ort des Aufwachsens, nämlich die (Herkunfts-) Familie, soweit wie irgend möglich zu einem anregungsreichen und befriedigenden Lebensort werden zu lassen (Kap. 3.2.1). Da dies in einer begrenzten Anzahl von Fällen nicht gelingt, kommt hier erstmals in diesem Buch ein interaktiver und organisatorischer Übergangsprozess in den Blick, nämlich von der Herkunfts- in die Pflegefamilie (Kap. 3.2.2). Alle diese pädagogischen und sozialen

Angebote und Maßnahmen dienen letztlich der Sicherung und Verwirklichung des Kindeswohls. Dies ist aber nicht vorrangig ein passiver, im günstigeren Falle advokatorischer („stellvertretender") Vorgang des Schutzes der Kinder vor den „Unbilden dieser Welt", sondern das Bemühen, ihren Einfluss auf die Bedingungen und Verlaufsformen ihres Aufwachsens immer mehr zu stärken. Insofern verweist der Kinderschutz nicht nur auf die Kinderrechte, sondern auch auf die das pädagogische Handeln tragenden Bildungsperspektiven, die stets auch Bindungsperspektiven enthalten (Kap. 3.2.3).

Wir haben uns bisher vorrangig mit der *motorischen* Entwicklung des Säuglings bzw. Kleinstkindes beschäftigt. Zugleich wurde sie als *psycho*-motorische Bildungsaufgabe charakterisiert und die verschiedenen Konzepte und Methoden der pädagogischen Entwicklungsförderung machen auch hinreichend deutlich, dass es sich bereits hier um eine, wenn auch noch sehr elementare, *interaktive* Beziehung zwischen den Säuglingen/Kleinstkindern und der älteren Geschwistern, aber besonders auch den erwachsenen Personen handelt. Diese zwischenmenschliche Seite gewinnt aber sehr schnell eine eigenständige Dimension und damit eine *sozialintentionale* Qualität. Genau das ist das Thema dieses Kapitels.

3.1 Bildungsthema: Befriedigende und fragile Bindungen im Kontext modernen Lebensformen (Bowlby)

Die Ich-Du-Beziehungen im Kontext des Alltagslebens und ihre Eingebundenheit in die Problemstellungen der politischen und ökonomischen Systemstrukturen stellen eines der Themen der von Klafki als epochal typischen Schlüsselprobleme charakterisierten pädagogischen Aufgabenfelder dar. Dabei haben nicht nur die gegenwärtigen gesellschaftlichen Krisenprozesse vielfältige Auswirkungen auf die Chancen und Gefährdungen einer selbstbestimmten alltäglichen Lebensführung. Es ist vielmehr ein Merkmal der gesellschaftlichen, insbesondere der soziokulturellen Moderne, dass sie bestimmt wird von der Ambivalenz zwischen zunehmenden Freiheits- und Optionsspielräumen (z. B. der Befreiung von den feudalen Fesseln der Leibeigenschaft und der damit verbundenen Rechtlosigkeit) und neuen, z. T. offenen und brutalen, z. T. verdeckten Abhängigkeitsverhältnissen (z. B. durch psychische Zwänge in den Geschlechterbeziehungen und -verhältnissen, durch Konkurrenz- und Aufstiegszwänge, durch Arbeitslosigkeit und Armut, aber auch

3.1 Bildungsthema: Befriedigende und fragile Bindungen

direkte Bedrohung von Leib und Leben – nicht nur im deutschen und internationalen Faschismus). Es ist – wie immer man sie sonst wissenschaftlich und praktisch-pädagogisch bewerten mag – der bleibende Verdienst der von Sigmund Freud (1856-1939) begründeten **Psychoanalyse**, diese „pathologischen", diese „dunklen" Seiten der modernen Lebensführung immer wieder und in vielen Facetten analysiert zu haben (vgl. dazu auch den Wissensbaustein Nr.3, S. 57-59). Bezogen auf die Kindheitspädagogik bzw. die Soziale Arbeit mit Kindern (und Jugendlichen), als Teil- bzw. Unterdisziplinen der kritisch-konstruktiven Entwicklungspädagogik, hat die psychoanaltische Pädagogik zahlreiche Analysen vorgelegt, die **gescheiterte** psychosoziale Entwicklungen rekonstruieren. Allerdings bedarf das entwicklungspädagogische Handeln, wenn es tatsächlich im Interesse der Kinder und Jugendlichen (und ihrer Eltern) ist bzw. sein soll, einer wie immer gearteten und begründeten Vorstellung von einem **gelingenden** Leben, von befriedigender Entwicklung (darauf zielen ihre bildungstheoretischen Begründungen). Sie bewegt sich damit stets im Spannungsfeld von **Kinderleid** und **Kinderglück**. Es ist von daher nicht überraschend, dass es generell in der kindbezogenen Entwicklungspädagogik und speziell im Kontext der Frühen Hilfen eine breite Rezeption der psychoanalytisch begründeten Bindungstheorie von John Bowlby (1907–1990) und seiner Mitarbeiterin Mary D. Salter Ainsworth (1913–1999) gibt (vgl. u. a. Ahnert 2014, Suess/Pfeiffer 2003; Trost 2014).

Die Bedeutung von Bindungen wird auch – auf sehr allgemeine Weise – im Bürgerlichen Gesetzbuch im Kontext der Kindeswohlsicherung betont; die auch bei der Formulierung von § 1671 (2) des Bürgerlichen Gesetzbuches (BGB) Berücksichtigung finden. So heißt es bezüglich der „Elterlichen Sorge nach Scheidung der Eltern":

> „Das Gericht trifft die Regelung, die dem Wohle des Kindes am besten entspricht; hierbei sind die *Bindungen* des Kindes, insbesondere an seine Eltern und Geschwister zu berücksichtigen." (BGB § 1671(2); vgl. auch ebd., §§ 1632 (4), 1632, 1966, 1966a u. 1684f)

Sie wird aber im Familienrecht und der entsprechenden Rechtsprechung auf die Interaktionsbeziehungen in der *Herkunftsfamilie* eingeschränkt und verkürzt. Demgegenüber erlaubt die Bindungstheorie eine relevante Horizonterweiterung – auch bezogen auf Problemstellungen der psychosozialen und psychodynamischen Entwicklungspathologie. Diese Bezugnahme ist theorie- und erziehungsgeschichtlich kein Zufall, denn auch Bowlby (2010a) hatte sich zunächst im Auftrag der Weltgesundheitsorganisation (WHO) mit den psychosozialen Folgen der Heim- und Klinikaufenthalte von Kindern und Jugendlichen beschäftigt und schloss dabei an die fast gleichzeitig verfassten Arbeiten von Anna Freud (1895–1982) und Dorothey Burlingham (1891–1979) und René Spitz an (vgl. Freud/Burlingham 1982; Freud

u. a. 1982; Spitz 1983, 14. Kap.), die wiederum korrespondierten mit den früheren Arbeiten u. a. von August Aichhorn (1878–1949) und entsprechenden Reformprojekten im „Roten Wien" der Zwischenkriegszeit (vgl. insbesondere Aichhorn 2005). Im Unterschied zur klassischen Psychoanalyse von Sigmund Freud stellt er in seiner Theorie und Praxis den (kindlichen) *Phantasien* die *Realereignisse* an die Seite bzw. gegenüber, weshalb ihn besonders die Wechselbeziehungen zwischen *Innen-* und *Außenwelt* interessieren. Deshalb verbindet er die *Rekonstruktion* der intrapsychischen Entwicklung stets mit der *Beobachtung* des äußerlichen Verhaltens bzw. Handelns. Und zur Interpretation bezieht er Ergebnisse der tierischen Verhaltensforschung ein (vgl. Bowbly 1982, Kap.2; ders., 2006, II. Teil; und aktuell Ahnert 2014, Kap. 6, 11 u. 14).

3.1.1 Genese und Typologie der Bindungen

In unserem entwicklungspädagogischen Zusammenhang sind diesbezüglich drei Argumentationsstränge bzw. Denkfiguren von besonderem Interesse (vgl. Bowbly 2006, Teil IV; ders. 2010b):

1. Bowbly geht davon aus, dass Bindungen aufgebaut werden müssen, also erlernt werden. Sie sind den Menschen *nicht gegeben*, sondern *aufgegeben*. Das nennt er **Bindungsverhalten**. Dies beruht auf der Ausbildung von Absichten und ist eigenständig gegenüber dem Nahrungs- bzw. Sexualtrieb und beruht auf der Tatsache, dass die Kleinstkinder (aber nicht nur sie) hilflos sind, dass sie sich potentiell oder real bedroht fühlen (von der unbekannten Welt um sie herum, von Personen, denen sie noch nicht beggenet sind usw.) und sie deshalb *Schutz* und *Geborgenheit* suchen. Je besser ihnen das gelingt, je mehr die zunächst episodischen Sozialbeziehungen sich stabilisieren und dabei auch tatsächlich Zuwendung gewähren, desto mehr werden Ängste und Fremdheitsgefühle verhindert bzw. überwunden, ist die kindliche Befindlichkeit von Glück und Zufriedenheit bestimmt. Dabei können vier genetische Stufen zu solchen entwicklungsfördernden und -stabilisierenden Bindungen ausgemacht werden:
   a. In der ersten Stufe, der *vorbereitenden Anhänglichkeit* (0–3 Monate), bevorzugt das Baby menschliche Gesichter und Stimmen, wendet sich der personalen Umwelt aber noch ohne weitere Differenzierung zu.
   b. Auf der zweiten Stufe (3. – 6. Monat) der *entstehenden Bindung* beginnen sich seine interpersonalen Orientierungsaktivitäten und die von ihnen ausgehenden kommunikativen Äußerungen (im ganz weiten Sinne) auszudifferenzieren, das Kleinstkind wendet sich besonderen Personen (speziell der

3.1 Bildungsthema: Befriedigende und fragile Bindungen

Mutter) ansatzweise ausdrücklich, also absichtsvoll zu. Es sucht besonders den regelmäßigen Kontakt zu der Person, die die artikulierten Bedürfnisse schnell und zuverlässig befriedigt, also das Baby „bemuttert".

c. Auf der dritten Stufe entstehen die *ausgeprägten Bindungen*, bei denen die Kleinstkinder die unmittelbare Nähe zu bestimmten Menschen suchen – auch im ganz unmittelbaren Sinne: dass sie sich zu ihnen hinbewegen, z.B. zu ihnen krabbeln und den Körperkontakt suchen. Dabei kommt es – so die generelle Annahme der Bindungstheorie – zu einer Abnahme des Interesses und der Freundlichkeit gegenüber anderen Personen, also zu einer *dyadischen* Einschränkung der *sozialen* Seite der Intentionalitätsentwicklung. Das schließt aber Beziehungen zu „Nebenbindungspersonen" nicht grundsätzlich aus, äußert sich aber besonders im „Fremdeln", also dem Abwenden von Menschen, die ihnen nicht vertraut sind (sie können sogar Ängste hervorrufen).

d. Die *zielkorrigierte Partnerschaft* (12. – 36. Monat) beinhaltet die Fähigkeit und Bereitschaft des Klerinkindes, die Absichten und „Pläne" der anderen Menschen und des unmittelbaren sozialen Umfeldes zu verstehen und sich tendenziell auf sie einzulassen, sie von den eigenen zu unterscheiden und zugleich auf die der anderen Einfluss zu nehmen. Es korrigiert in diesem Sinne nicht nur seine eigenen Ziele, sondern auch die ihres Gegenübers. Es erreicht damit das Niveau der Sozialintentionalität, das dann die Grundlage der weiteren Beziehungsarbeit während der ganzen Biografie bildet.

e. Es dürfte schon aufgefallen sein, dass es zwischen diesen Entwicklungsstufen der Bindungen und denen der Interaktionsmuster und sozialen Kognitionen (nach Piaget) vielfältige Übereinstimmungen und Überlappungen gibt. Ergänzend ist hier auch auf die dabei ausgebildeten **exekutiven Funktionen** der **Problem-** und **Lebensbewältigung** zu verweisen, speziell die Ausbildung des *Arbeitsgedächtnisses* (Verhaltens- und Kognitionsmuster, kommunikative Sprachkompetenzen), der *motivationalen Anstrengungsbereitschaft* („Impulskontrolle") und der *kognitiven Flexibilität* (vgl. Ziegenhain/Gloger-Tippelt 2013, S. 796f).

2. Nun wissen viele Leserinnen auch aus eigenen beruflichen und/oder privaten Erfahrung bzw. aufgrund des Studiums der entsprechenden Literatur, gerade auch der klinischen Sozialarbeit (vgl. z.B. Gahleitner/Hahn 2012), wie häufig genau diese Bildungsaufgabe nicht angemessen realisiert wird. Und deshalb unterscheidet Bowlby auch zwischen folgenden drei **Bindungsmustern** (vgl. ergänzend auch Grossmann/Grossmann 2015, Teil III):

   a. Befriedigende und stabile Interaktionsmuster werden als **sicher** bezeichnet und diese Kinder sind optimistisch und selbstbewusst, weil sie sich bei der Hauptbeziehungsperson (für Bowlby meist die Mutter; dazu unten eine

Bemerkung) aufgehoben, respektiert und beachtet fühlen, weil auf ihre Wünsche und Bedürfnisse **feinfühlig**, personen- und situationsspezifisch eingegangen wird. Sie folgen z. B. der Person, wenn sie weggeht und begrüßen sie, wenn sie wieder da ist, mit einem Lächeln; sie klammern sich sanft an sie, lächeln sie an, nehmen dann auch andere Tätigkeiten (wie z. B. Spielen) wieder auf usw., weil sie das begründete Gefühl haben, sich jederzeit an die entsprechende Person wenden zu können. Sie erleben und kommunizieren spontan und präverbal, dass die Haupt-, aber auch die „Neben"bezugsperson(en) ihnen gerade in Stress- und Angstsituationen emotional zur Seite stehen, sie unterstützen und absichern und ggf. auch ermutigen, sich einer bestimmten Situation doch zu stellen (z. B. mit einem unbekannten Menschen doch Kontakt aufzunehmen).

b. Wenn Kinder in **unsicher-ambivalenten** Beziehungen leben, dann sind sie einer ständigen oder doch zumindest häufig wiederkehrenden Ungewissheit ausgesetzt, ob sie sich auf die Eltern bzw. die Geschwister oder andere Bezugspersonen tatsächlich verlassen können, ob sie tatsächlich da sind, wenn sie sie brauchen. Dabei haben sie solche negativen Erlebnisse auch, aber nicht nur gehabt. Sie entwickeln deshalb *Trennungsängste*, sie klammern, wollen die entsprechenden Personen nicht loslassen, bleiben stets in ihrer Nähe und entwickeln intensive Angstgefühle, wenn sie nicht zu sehen und zu hören sind oder sie manchmal oder häufiger nicht kommen, wenn sie sich in entsprechender Weise bemerkbar machen.

c. Die psychosoziale Lage verschärft sich für die Kinder, die vorrangig oder fast ausschließlich Ablehnung erfahren, die also in **unsicher-vermeidenden** Beziehungen groß werden, denen es an relevanter Unterstützung und Absicherung mangelt, die aufgrund der „hilflosen Freiräume" zwangsweise zur Selbstständigkeit verurteilt sind, die sich immer mehr von den Menschen in ihrer unmittelbaren Umgebung abkapseln, quasi in-sich-hinein-kriechen, sich verschließen und für andere immer weniger ansprechbar werden, was bis hin zur Verzweiflung gehen kann. Daraus entsteht als Folge ein erhebliches Unverständnis gegenüber den Bedürfnissen und Wünschen anderer Kinder, Jugendlichen und Erwachsenen, eine gewisse „Kälte" und Gefühllosigkeit auch und gerade gegenüber dem Leiden der anderen Familienmitglieder, FreundInnen u. ä.

d. Dem ist später von Ainsworth noch das **desorganisierte** Muster hinzugefügt worden, welches sich darin zeigt, dass die Kinder erstarren, wenn die Beziehungsperson(en) weggeht/-en. Sie haben dann extreme Verlustängste und verhalten sich deshalb „chaotisch" (vgl. dazu auch Ahnert 2014, Kap.15).

3.1 Bildungsthema: Befriedigende und fragile Bindungen

3. Als Gegenpol zum Bedürfnis nach Geborgenheit verweist Bowlby stets auf das **Neugierverhalten**, also das Bedürfnis nach Erkundung der ganz nahen, dann der nahen und dann der schon etwas weiter weg liegenden Umwelt (z. B. des eigenen Bettes, des Kinderzimmers, der Wohnung) und das Bedürfnis nach Kontaktaufnahme zu anderen Personen als den unmittelbaren Bezugspersonen (z. B. zu Oma und Opa, Verwandten, FreundInnen, Bekannten oder auch „wildfremden" Menschen). Die sicheren Bindungen geben dem (Kleinst- und Klein-) Kind, aber auch den Jugendlichen und Erwachsenen, den jeweils notwendigen emotionalen Rückhalt, dass sie nach solchen sozialräumlichen und zwischenmenschlichen „Entdeckungsreisen" in den sicheren Hafen der Geborgenheit zurückkehren können und dort wohlwollend aufgenommen werden. Und dieser reale bzw. antizipierte Rückhalt stärkt ihr **Selbstvertrauen**, solche „riskanten Entwicklungsabenteuer" bestehen zu können (vgl. Bowlby 1982, Kap.6). Das bedeutet umgekehrt, dass die unsicher-ambivalenten, unsicher-vermeidenden und desorganisierten Bindungsmuster das psychosoziale Vertrauen in die eigene Entwicklungs- und Bewältigungsfähigkeit einschränken, untergraben oder sogar weitgehend verhindern.

3.1.2 Die Familie als dominanter Interaktionskontext

Diese Bindungsmodi entwickeln sich zunächst vorrangig in familiären Kontexten; diesbezüglich sind zwei Sachverhalte von Interesse (vgl. Bowlby 2010a, Kap.6.8):

1. Diese verschiedenen Bindungsmuster sind als *Inter*-Aktionsmuster zunächst einmal Resultat und dann Voraussetzung der Beziehungen zu den Bezugspersonen (jetzt vereinfacht: zu den Eltern), sie sind Ausdruck und Element der jeweiligen **Familienatmosphäre** und damit auch der Beziehungen zu den älteren Geschwistern und besonders den Erwachsenen. Sind diese von starken psychosozialen Belastungen bestimmt (auch materiellen, wovon Bowlby aber seltener spricht), dann schränken sie die Förderungs- und Unterstützungsmöglichkeiten mehr oder weniger stark ein. Dabei können sich aktuelle Einschränkungen mit negativen früheren Erlebnissen der Erwachsenen quasi verbünden und dann entstehen Biografien, die von einem mehr oder weniger ausgeprägten **Scheitern** bei der **Bewältigung** der zentralen **Lebens-** und **Bildungsaufgaben** bestimmt sind (darauf werden wir im Sinne der Kumulation ungünstiger Entwicklungsbedingungen und -verläufe in diesem Buch noch mehrfach zu sprechen kommen). An dieser Stelle wird die *rekonstruktive* Seite der Bindungstheorie relevant, denn sie vermag dann bestimmte biografische Verlaufsmuster zu identifizieren,

die nachvollziehbar „verständlich" machen, warum diese Erwachsenen für ihre Kinder nicht die entwicklungsnotwendigen Beziehungen aufzubauen und entsprechende sichere Bindungsmuster zu fördern vermögen. Daraus resultiert für die Entwicklungspädagogik eine doppelte Aufgabe: Die Förderung sowohl der (Kleinst- und Klein-)Kinder wie auch ihrer Eltern (z. B. im Rahmen der Sozialpädagogischen Familienhilfe; vgl. Kap. 3.2.1). Das gilt besonders in den Fällen, wo es zu einer **„Rollenumkehr"** kommt: Wo also die Kinder quasi für das psychische Wohlergehen der Erwachsenen „zuständig" sind (z. B. als Partnerersatz fungieren) bzw. wo ältere Geschwister die Familie zusammenhalten, weil das den Erwachsenen nicht mehr gelingt.

2. Gerade im Zusammenhang mit der körperlichen und psychischen Gewalt sowie sexuellem Missbrauch sind **Familiengeheimnisse** ein besonders schwerwiegender Komplex. Diese bestehen darin, dass bestimmte dramatische Ereignisse verschwiegen werden (z. B. der Selbstmordversuch oder vollzogener Selbstmord eines Elternteils) oder dass den Kindern ausdrücklich verboten wird, von bestimmten Ereignisse zu erzählen (z. B. den gewalttätigen Auseinandersetzungen unter den Ehepartnern oder dem Fremdgehen eines Elternteils oder der Vergewaltigung der eigenen Kinder) und dass ihnen Liebesentzug angedroht wird, wenn sie es dennoch tun. Oder es wird ihnen einfach nicht geglaubt, wenn sie diese Vorgänge dem anderen Elternteil, den Geschwistern oder Außenstehenden erzählen. Oder es wird ihnen die Schuld zugeschoben oder sie schieben sie sich selber zu, wenn sich die Eltern trennen. Zugleich wird ihnen in bestimmten Fallkonstellationen das Recht auf Trauer bestritten („Sei keine Heulsuse! Hör' endlich mit der Jammerei auf!"), was das schon bestehende Misstrauen nochmals verdichtet und schließlich chronifiziert und damit das ohnehin angeschlagene Selbstvertrauen weiter aushöhlt (sie trauen dann häufig schon ihrer eigenen Wahrnehmung und Erinnerung nicht mehr). Da diese Enttäuschungserlebnisse aber nie vollständig unterdrückt und abgewehrt werden können, bahnen sie sich manchmal in scheinbar grundloser Aggressivität wieder den Weg an die psychosoziale und interaktive Oberfläche.

Definition: Bindungen

Bindungen sind mehr oder weniger zuverlässige Interaktionsmuster zwischen Ich und Du, zwischen zwei eigenständigen Subjekten, bei denen sich die Beteiligten jeweils als eigenständiger Ursprung ihrer Absichten, Ziele, Gefühle und Stimmungen erleben und immer reflexiver auch erfahren. Sie sind Grundlage der mehr oder weniger gelungenen und gelingenden unmittelbaren sozialen Integration – speziell in den Intim- und Familienbeziehungen – und Voraussetzung und Folge der erfolgreichen Aneignung der näheren und weiteren natürlichen, gegenständlich-materiellen, sozialen und zwischenmenschlichen Umgebung.

3.1.3 Kontroversen und Einwände zur Bindungstheorie

Gewiss ist die praktische Relevanz dieser Bindungstheorie für die Entwicklungspädagogik relativ offensichtlich. Es gibt nun allerdings auch einige **Unklarheiten und Widersprüche** in dem Ansatz vom Bowlby (u. a.), die überwunden werden können und sollten, damit dieses Konzept im Rahmen der Verwirklichung der Bildungsaufgaben seine Bedeutung voll entfalten kann. Hier sei nur auf folgende hingewiesen (vgl. dazu auch Tippelt 2013; Ulmann 2014, bes. S. 19ff):

1. Bereits im Kontext der Weiterentwicklung der Bindungstheorie ist auf die ebenfalls unverzichtbare Funktion der **Väter** als (Haupt-) Bezugspersonen hingewiesen worden (vgl. z. B. Ahnet 2014, Kap. 12); das entspricht auch der ständigen Rechtsprechung des Bundesverfassungsgerichtes.
2. Dass Bindungsverhalten und Umweltexploration *beide* für das Kind wichtig sind, wird anerkannt. Allerdings gibt es die deutliche Neigung, dem Bedürfnis nach Geborgenheit den Vorrang gegenüber der Erkundung unbekannter Sozialwelten zu geben. Das ist nicht einleuchtend. Vielmehr geht es hier um eine auch entwicklungspädagogisch zu fördernde **offene Balance zwischen Geborgenheit und Offenheit**, denn nur dann kann es zu einer schrittweisen Ausweitung der kindlichen Erlebnis-, Erfahrungs- und Handlungsräume und damit auch zu höheren Formen der Intentionalität und Interaktionsmuster kommen. Oder anders und etwas schärfer formuliert: Das Bedürfnis nach Umwelterkundung resultiert insbesondere daraus, dass damit die Heranwachsenden ihre Abhängigkeit von den älteren Geschwistern und besonders den Erwachsenen schrittweise abbauen (können), weil sie selber immer mehr Einfluss auf die Quellen der Bedürfnisbefriedigung erreichen, sie also immer mehr selber bestimmen können, wann und was sie essen und trinken wollen, mit wem sie zusammen sein wollen, was sie zu einer bestimmten Zeit machen wollen (z. B. allein sein oder mit anderen Kindern spielen oder auch nur herumstromern). Wirklich sichere Bindungen entfalten sich somit stets in der Spannung zwischen emotional bestimmter sozialer Integration und motivierter Zuwendung zu den näheren und weiteren Sozialwelten.
3. Die Bindungstheorie hebt recht einseitig die **emotionale Stabilisierungsfunktion** der Erwachsenen hervor, besonders der Eltern. Sie unterschätzt zumeist

die Bedeutung der **Paar-Beziehungen**. Sie *ergänzen* aber auch bei günstigen Entwicklungskonstellationen in wichtigen Aspekten das Bindungsverhalten schon der Kleinst- und Kleinkinder; sie *kompensieren* in ungünstigen Kontexten auch das unzureichende bzw. schädigende Verhalten der Erwachsenen (vgl. Krappmann 2013, S. 843f).

4. Die **entwicklungspädagogischen Interaktionsmuster** in der privaten, insbesondere aber in der öffentlichen Erziehung lassen sich in unterschiedlicher Weise ausdifferenzieren: Unter Beachtung der zentralen Aspekte der (kindlichen) Motivationsentwicklung (Allgemeine Motivation, Selbstmotivation und Aufmerksamkeit) bzw. der pädagogischen Qualitätsmerkmale (Nähe, Konfliktneigung, Abhängigkeit) können besonders folgende pädagogische Beziehungsformen unterschieden werden:
   - Die „*Proximal-Balances*": die Nähe steht in einer engen Beziehung zur ausbalancierten Abhängigkeit bei geringer Konflikttendenz;
   - die „*Proximal-Dependent*": sie weist einen hohen Grad sowohl an Nähe als auch an Abhängigkeit auf; und
   - die „*Distant-Dependent*": sie ist äußerst distanziert und unnahbar.

   Das unterstreicht die Relevanz der wesentlichen Beziehungskomponenten, nämlich der Zuwendung, der Sicherheit, der Stressreduktion, der Assistenz und der Explorationsunterstützung (vgl. Harwadt-Heinecke/Ahnert 2013, S. 819ff).

5. Auffällig ist auch, dass die Bezüge auf die soziale Umwelt eher vage sind. Im Sinne der **sozialökologischen** Weiterentwicklung und Ausrichtung müssen nicht nur der Bildungsstand und der sozialökonomische Status der relevanten Bezugspersonen, unter Beachtung sowohl des Geschlechts wie auch der möglichen Migrationshintergründe systematisch einbezogen werden. Dabei gilt es, der biografischen und interaktiven Genese der *Bildungsungleichheiten* als Ausprägungsform *gesellschaftlicher* Ungleichheiten besondere Aufmerksamkeit zu schenken. Das impliziert eine *milieupädagogische* Spezifizierung der Angebote der öffentlichen Erziehungseinrichtungen (von der Krippe bis zur Hochschule), denn nur so kann verhindert werden, dass die Kompensationsfunktion dieser Einrichtungen (die sie sehr häufig gar nicht wahrnehmen, sondern sogar zur Verschärfung der Bildungsungleichheiten beitragen!) nicht zu einer Anpassung an ein bestimmtes Lebensmodell (zumeist das der sog. „Mittelschichten") führen, sondern eine egalitäre Vielfalt der Lebensweisen und Sinnentwürfe ermöglichen und nahelegen. Gerade deshalb bedarf es einer nicht-linearen, flexiblen analytischen und praktischen Verknüpfung der, von der Bindungstheorie favorisierten, *Mikroebene* bzw. *informellen* Lernprozesse mit der *Meso-* und systemischen *Makroebene* bzw. den *nicht-formellen* und *formellen* Bildungsprozessen. Bei letzteren kann die Bindungstheorie auch entschieden gegen die in den PISA-Debatten

dominierenden Verkürzungen des schulischen Lernens auf Kognitionen – bzw. zutreffender: auf konkurrenzorientierte kognitive Leistungsprozesse – Stellung nehmen und die Bedeutung des Klassen- und Schulklimas hervorheben (vgl. Tippelt 2013, S.859ff).
6. Die biografische Bedeutung früherer Erlebnisse und Erfahrungen kann nicht beschritten werden (vgl. z. B. Trost 2014, S. 197-258). Die Frage ist nur, *welchen* Stellenwert sie haben, also inwieweit sie die weitere personale und interaktive Entwicklung mehr oder weniger stark *negativ* festlegen. Das ist aber aus theoretischen wie empirischen Gründen zu bestreiten: Denn die **Menschen** können sich zu sich selbst und damit auch zu ihren **früheren negativen Erlebnissen** bewusst verhalten, sie **be-** und **aufarbeiten** und entsprechende **Entwicklungsblockaden überwinden** (z. B. die mangelnde Empathiefähigkeit). Dazu müssen sie sich allerdings – ggf. unterstützt durch PädagogInnen, SozialarbeiterInnen und/oder TherapeutInnen – dieser psychosozialen Herausforderung auch stellen. Umgekehrt „garantieren" sichere Bindungen von Kleinkindern nicht mehr Selbstvertrauen beim Übergang in die Jugendphase. So haben in einer Zürcher Fallstudie 32 % der beteiligten (Kleinst- und Klein)Kinder ihre Bindungsklassifikation zwischen dem Kleinkindalter und dem frühen Schulalter gewechselt (vgl. Zulauf Logoz 2012, S. 793). – Wenn auf die Auseinandersetzung mit negativen Sozialisationserlebnissen und -erfahrungen allerdings – aus welchen objektiven Ursachen und/oder subjektiven Gründen auch immer – „verzichtet" wird, dann kommt es in der Tat zu einer Kumulation der Entwicklungsprobleme, zu einer Determination der *späteren* Entwicklungsstufen durch die *früheren*. Sie werden dann in relevantem Maße oder sogar weitgehend von den früheren Bindungsmustern bestimmt (z. B. einem bestimmten ängstlichen Verhalten oder der Tendenz zur Selbstisolation oder eine offene und/oder verdeckte Aggressivität). Solchen regressiv dominierten Mustern der Lebensbewältigung von Jugendlichen wie Erwachsenen begegnen wir in den Handlungsfeldern der entwicklungspädagogisch ausgerichteten Sozialen Arbeit und Erziehung an vielen Stellen (vgl. u. a. Ahnert 2014, Kap. 15; Schleiffer 2014, Kap. 4 u. 5; ders., 2015, Kap.3).

Wissensbaustein Nr. 3
Die psychoanalytische Kulturkritik als Rekonstruktion der sozialen Pathologien moderner Lebensformen
Der Begriff der „Sozialen Pathologien" wurde in die neuere sozialphilosophische Debatte eingeführt, um die „Schattenseiten" der Moderne, die bis hin zur Barbarei des

deutschen und internationalen Faschismus geführt hatten, in ihren Tiefendimensionen zu erfassen (vgl. Honneth 1994). Bei dieser kritischen Zeitdiagnose spielen psychoanalytische Denkmotive und Argumentationsmuster eine zentrale Rolle. Das hat Brumlik (2006, S.265-267) als Bilanz seiner Freud-Studie nochmals herausgestellt, wenn er schreibt:

„Freuds im ‚Unbehagen in der Kultur' vertretene Überzeugung vom Wesen des Menschen als Ausbeuters und Vergewaltigers von seinesgleichen dürfte zum Düstersten zählen, was die lange Reihe pessimistischer Anthropologien von den Theoretikern der christlichen Erbsünde über Machiavelli und Hobbes bis zu Schopenhauer jemals hervorgebracht hat. Ernst zu nehmen ist die Überlegung, daß diese so drastische Darstellung des Menschen als eines tragisch zerrissenen, auf Gemeinschaft mit anderen gegen seinen eigentlichen Willen angelegten Wesens nicht nur Ausfluß theoretischer Überlegungen, sondern das Resultat einer Erfahrung ist, die in der im Ersten Weltkrieg zerstörten bürgerlichen Welt ihren Ursprung hatte. Freud hat in seinem Werk … eine Anthropologie im Lichte der Erfahrungen des zwanzigsten Jahrhunderts verfaßt: Die neuen Erkenntnisse der (Natur-)Wissenschaft, die neu entdeckte Rolle der Kindheit, die Emanzipation, Assimilation und schließlich die drohende Vernichtung der europäischen Juden, die über ihre weltanschauliche Phase hinausgehende Kritik der Religion, die Einsicht in die zeichenhaft und sprachlich konstituierte Konstitution der Menschheit, die Auseinandersetzung mit dem Zeitalter der Massen und totalitären politischen Ideologien prägten dieses Werk ebenso wie die Erfahrung massenhaften Tötens und Sterbens und deren traumatische Nachwirkungen im ersten Krieg. Daß darüber hinaus in der populären Rezeption die von Freud selbst für essentiell gehaltene Annahme über die libidinöse, die sexuelle Natur menschlicher Existenz bis heute eine wenn auch erlahmende Rolle spielt, ist auch nicht anders als vor dem Hintergrund der prüden offiziellen bürgerlichen Moral des ausgehenden neunzehnten und anhebenden zwanzigsten Jahrhundert zu verstehen – nur hundert Jahre zuvor hätte der Hinweis auf die sexuelle Bedürftigkeit und Aktivität von Kindern jedenfalls nicht erstaunt, wenngleich sie allemal für strafwürdig gehalten worden wären.

(…)

Freud als den Denker des zwanzigsten Jahrhunderts zu lesen und zu beschreiben kann nicht ohne Auswirkungen auf eine Bildungstheorie bleiben. Demnach kann es einer zeitgemäßen Bildungstheorie nur um die Frage gehen, welche Bildung und Entwicklung des Menschengeschlechts auf der Basis von Freuds vorsichtigem, skeptischem Reformismus überhaupt noch formulierbar sind: Nach dem Abschied von allen Vervollkommnungsillusionen und allen falschen, die physische Natur des Menschen vernachlässigenden Idealismen bzw. Naturalismen, die die stets gebrochene, intersubjektive Sinnverarbeitung nicht anerkennen wollen, nach dem Abschied auch von den noch durch Marcuse und die Freudomarxisten gehegten Illusionen bleibt als Bildungsdanke der Wunsch übrig, eine Zivilisation aufrechtzuerhalten, die den Bedürfnissen der menschlichen Natur gemäß – in Anerkennung ihrer dunklen Seiten – Freiheit von Not ebenso zu garantieren vermag, wie sie allen in sinnvollen Arbeitszusammenhängen die Möglichkeit bietet, zur eigenen Realität und zur Realität von Welt und Mitwelt in eine kreative Beziehung zu treten."

Literaturnachweise (Kap. 3.1)

Ahnert, Lieselotte. Hrsg. 2014. Frühe Bindung. Entstehung und Entwicklung, München Basel: Reinhardt
Aichhorn, August. 2005. Verwahrloste Jugend. Die Psychoanalyse in der Fürsorgeerziehung, Bern: Huber
Bowlby, John. 1982. Das Glück und die Trauer. Herstellung und Lösung affektiver Bindungen, Stuttgart: Klett Cotta
Bowlby, John. 2006. Bindung, München Basel: Reinhardt
Bowlby, John. 2010a. Frühe Bindung und kindliche Entwicklung, München Basel: Reinhardt
Bowlby, John. 2010b. Bindung als sichere Basis, München: Reinhardt
Brumlik, Micha. 2006. Sigmund Freud. Der Denker des 20.Jahrhunderts, Weinheim und Basel: Beltz
Freud. Anna et al. 1982. Diesseits des Kindeswohls, Frankfurt/M.: Suhrkamp
Freud, Anna und D. Burlingham. 1982. Heimatlose Kinder. Zur Anwendung psychoanalytischen Wissens auf die Kindererziehung, Frankfurt/m: Fischer Taschenbuch
Gahleitner, Silke und G. Hahn. Hrsg. 2012. Klinische Sozialarbeit. Gefährdete Kindheit – Risiko, Resilienz und Hilfen, Bonn: Psychiatrieverlag
Grossmann, Klaus und K. Grossmann. Hrsg. 2015. Bindung und menschliche Entwicklung, Stuttgart: Klett-Cotta
Harwadt-Heinecke, Elena und L. Ahnert. 2013. Bindungserfahrungen in Kindergarten und Schule und ihre Wirkungen auf die Schulbewährung. In: Zeitschrift für Pädagogik (59. Jg.), H.6. 817-825
Honneth, Axel. Hrsg. 1994. Pathologien des Sozialen, Frankfurt/M.: Fischer Taschenbuch
Krappmann, Lothar. 2013. Bindung in Kinderbeziehungen? In: Zeitschrift für Pädagogik (59. Jg.), H. 6. 837-847
Suess, Gerhard J. und W.-K. P. Pfeiffer. Hrsg. 2003. Frühe Hilfen. Anwendung von Bindungs- und Kleinkindforschung in Erziehung, Beratung, Therapie und Vorbeugung, Gießen: Psychosozial

Schleiffer, Roland. 2014. Der heimliche Wunsch nach Nähe. Bindungstheorie und Heimerziehung, Weinheim und Basel: Beltz Juventa

Schleiffer, Roland. 2015. Fremdplatzierung und Bindungstheorie, Weinheim und Basel: Beltz Juventa

Spitz, René. 1983. Vom Säugling zum Kleinkind, Stuttgart: Klett-Cotta

Tippelt, Rudolf. 2013. Bildung und Bindung – eine ambivalente, unsicher-vermeidende oder sichere Beziehung. In: Zeitschrift für Pädagogik (59. Jg.), H.6. 858-867

Trost, Alexander. Hrsg. 2014. Bindungsorientierung in der Sozialen Arbeit, Basel: Borgmann

Ulmann, Gisela. 2014. Reflexionen zu Bindungstheorie und Bindungsforschung. In: Forum Kritische Psychologie. Bd. 58. 7-25. Hamburg: Argument

Ziegenhain, Ute und G. Gloger-Tippelt. 2013. Bindung und Handlungssteuerung als frühe emotionale und kognitive Voraussetzung von Bildung. In: Zeitschrift für Pädagogik (59. Jg.), H.6, 793-802

Zulauf Logoz, Marina . 20132 Bindung, Vertrauen und Selbstvertrauen. In: Zeitschrift für Pädagogik (59. Jg.), H. 6. 784-798

Literaturempfehlungen (Kap. 3.1)

Ahnert, Lieselotte. Hrsg. 2014. Frühe Bindung. Entstehung und Entwicklung, München Basel: Reinhardt

Bowlby, John. 2006. Bindung, München Basel: Reinhardt

Grossmann, Karl E. und K. Grossmann. Hrsg. 2015. Bindung und menschliche Entwicklung, Stuttgart: Klett-Cotta

Beiträge zum Schwerpunkt „Bildung und Bindung – verbindende und ambivalente Aspekte". In: Zeitschrift für Pädagogik 2013 (59. Jg.),H.6

3.2 Frühe Hilfen II

Wie schon zu Beginn von Kap. 2.2 angemerkt, gibt es eine ganze Reihe von Konzepten und Methoden in der Entwicklungspädagogik, speziell in der Sozialen Arbeit mit Kindern und Jugendlichen, die nicht nur den Frühen Hilfen zugeordnet werden können, sondern für das gesamte Spektrum des Lebenslaufs und der Biografie von Bedeutung sind. Das gilt auch für die nun darzustellende Sozialpädagogische Familienhilfe und die Pflegefamilien. Diese sind aber wiederum auch Teil der *Frühen* Hilfen und haben, gerade bei der Sicherung des Kindeswohls bzw. dem Schutz vor Kindeswohlgefährdungen, eine zentrale Bedeutung.

3.2.1 Sozialpädagogische Familienhilfe (SPFH)

Noch mehr als bei den Familienhebammen kommt hier die **Familie** als der **bevorzugte Ort des Aufwachsens** von **Kindern** und **Jugendlichen** in den Blick. Dem wird das KJHG schon dadurch gerecht, dass die §§ 16–21 SGB VIII generell „der Förderung der Erziehung in der Familie" gewidmet sind. Darüber hinaus gibt es zusätzliche Förder- und Unterstützungsmöglichkeiten für komplexe und verdichtete Problemkonstellationen. Dazu gehört auch die SPFH (ebd., § 31). Vordergründig wird diese Hilfe von Eltern in Anspruch genommen, die sich überfordert fühlen von *Erziehungsschwierigkeiten* (dies ist zu über 90 % der Fall). Während in der ehemaligen BRD bis in die späten 1960er/frühen 1970er Jahren (teil-)stationäre Angebote nahelagen bzw. nahegelegt wurden, hat es seit Mitte der 1970er Jahren eine nachhaltige Umorientierung und zunehmende Ausrichtung an den verschiedenen Formen der *ambulanten* Hilfen gegeben und diesbezüglich spielt die SPFH eine zentrale Rolle. Ihre entwicklungs- und sozialpädagogischen Besonderheiten lassen sich wie folgt bestimmen (vgl. die Gesamtdarstellungen in Bundesministerium für Familie, Senioren, Frauen und Jugend 1999, Kap.1–4 u. 10; Gadow et.al. 2013, Kap. 4.4 u. 7; Uhlendorff et.al. 2013, Kap. 4–7; Wolf 2015, Kap. 4–6):

1. Es wurde im Gang der Implementierung und Weiterentwicklung der SPFH, sehr schnell deutlich, dass die Erziehungsschwierigkeiten eher der Anlass, denn der subjektive Grund bzw. die objektive Ursache für den Wunsch nach dieser Hilfeleistung war und ist. Es lassen sich dabei vier **Problemdimensionen** bzw. **Aufgabenfelder** unterscheiden:
   a. Ganz im Sinne der Bindungstheorie gilt es **familiendynamische** Entwicklungsschwierigkeiten zu analysieren und zu bearbeiten und perspektivisch zu überwinden (vgl. Uhlendorff et.al. 2008, Kap. 5 u. 6). Das impliziert eine *systemische* bzw. *sozialökologische* Sichtweise, die die Familie als einen psychosozialen Mikrokosmos begreift und damit die einseitige Fixierung auf die Kinder überwindet, also sowohl die Paarbeziehungen der Eltern, ggf. auch die Beziehungen zu den Großeltern und/oder anderen Familienmitgliedern als auch die belasteten und belastenden Eltern-Kind-Beziehungen in den Blick nimmt (z. B. bei Trennung/Scheidung). Dabei ist zu berücksichtigen, dass überproportional viele der Familien drei und mehr Kinder haben bzw. Stieffamilien sind.
   b. Knapp 90 % der Familien wünschen sich einerseits eine Verbesserung ihrer **Kontakte** und **Beziehungen** zum *näheren* und *weiteren* **Sozialraum** und den dort etablierten **sozialen Gruppen** und **kulturellen Lebenswelten**, also eine Überwindung ihrer kollektiven und/oder individuellen Isolation in der

Familie. Andererseits geht es um die *Förderung der Kinder*, speziell mit Blick auf die Krippe, den Kindergarten bzw. später auch die Schule (sie werden dort zumeist als „entwicklungsverzögert" eingeschätzt, manchmal auch schlicht etikettiert). Damit wird schon auf die Notwendigkeit der Vernetzung der SPFH mit den verschiedenen informellen und formellen sozialen Gruppen bzw. mit entsprechenden Institutionen der Sozialen Arbeit und Erziehung sowie des Schulwesens verwiesen.

c. Auch wenn nur ca. 2/3 der Eltern die Verbesserung der **alltäglichen Lebensführung** wünscht, wird sie dennoch als belastend, z. T. auch krisenverursachend erlebt. Hier können unterschieden werden:
- Die unzureichende Abstimmung der synchron und zyklischen wiederkehrenden alltäglichen Anforderungen (vom Aufstehen und Frühstück bereiten über die Arbeits- und Erholphasen bis zur Nachtruhe);
- die auf die ökonomischen, sozialen und lebensweltlichen Anforderungen mangelhaft abgestimmten entsprechenden objektiven und subjektiven Relevanzstrukturen (Was ist mir wirklich wie wichtig und was ist unwichtig? Was wird von mir gefordert, was nehme ich davon bewusst wahr, was merke ich an untergründigen Schwerpunktsetzungen gar nicht und bin deshalb sehr unzufrieden bis überfordert?);
- die allenfalls brüchige Koordination der verschiedenen Abläufe (z. B. Essen zubereiten, Kinder versorgen, Arbeitszeiten einhalten, Besorgungen erledigen);
- die nicht gelungene Erarbeitung von realistischen, also bewältigbaren und befriedigenden Handlungsroutinen (z. B. bei der Erledigung der Hausarbeit oder des behördlichen „Schreibkrams"); und nicht zuletzt
- die Nichteinhaltung bestimmter Absprachen (z. B. wer erledigt im Haushalt wann was?).

Dies und vergleichbare Prozesse sind wesentliche Gründe für das Gefühl einer mehr oder weniger ausgeprägten Überlastung und Hilflosigkeit (vgl. Uhlendorff et al. 2013, Kap. 3).

d. Nicht zuletzt geht es um die Sicherung und Verbesserung der *sozialen Lebensbedingungen*, insbesondere um die Eindämmung, den Abbau und schließlich die Überwindung von **Armut** und **Deprivation**. Diese bezieht sich
- auf die problematische Einkommens- und Arbeitssituation (z. T. auch wegen unzureichender Berufsausbildung) und möglicherweise vorhandene Schulden;
- auf die beengten Wohnverhältnisse und das schlechte Wohnumfeld;
- die problematische gesundheitliche Verfassung einzelner bzw. aller Familienmitglieder;

3.2 Frühe Hilfen II

- die Überrepäsentanz der Heranwachsenden beim Nichtbesuch von Bildungsangeboten bzw. in den unteren Bildungsgängen;
- die mangelnde Verfügbarkeit sozialer und gesundheitlicher Dienste – sowie auch generell
- die deutliche bis krasse Einschränkung der kulturellen, sozialen und politischen Wahl- und Teilhabemöglichkeiten, die zu einem generellen sozialen Ausschluss, zu einer Art von „Zugehörigkeitsverbot" und/oder „verschämter Armut" führt.

In mehr als der Hälfte der Fälle haben wir es hier also mit einer komplexen **Unterversorgungslage** zu tun, die der Begriff der „Multiproblemfamilie" insofern nur unzureichend erfasst, als er sich stark am Binnenraum der jeweiligen Familie ausrichtet (vgl. dazu auch Kap. 3.2.3).
Nun ist es für die Herausforderungen der SPFH von besonderer Bedeutung, dass sie sich in fast der Hälfte ihrer Fälle mit allen vier Problemdimensionen auseinandersetzen muss; ansonsten dominiert eine Verschränkung von lebenspraktischen und erwachsenenzentriert-familiendynamischen Aufgaben. Das verweist auf eine sehr komplexe Herausforderung. Die Antwort darauf kann allerdings nicht sein, dass damit bestimmte Familientypen ausgeschlossen werden, besonders die mit *chronischen Strukturkrisen*. Bei ihnen gibt es in der Generation der Eltern und sogar der Großeltern bereits gravierende Einschränkungen der Sozialisations- und (formellen) Bildungs- und Ausbildungsprozesse und daraus folgend erheblichen (sozial-)pädagogischen Unterstützungsbedarf bzw. Abhängigkeiten von Transferleistungen. Vielmehr ist sie für alle Krisentypen zuständig und verantwortlich; neben dem erwähnten Typus auch für die Familien in **Einzelkrisen** (z. B. durch unerwartete Ereignisse wie Verkehrs- oder Arbeitsunfälle, schwere Krankheiten, Tod eines Ehe- oder Beziehungspartners) und in **Strukturkrisen** (wenn also Dauerbelastungen existieren, wie schwierige Paarbeziehungen, dauerhafte Diskrepanz zwischen Einkünften und Ausgaben, Sucht- bzw. Gewalttendenzen). Allerdings wäre sie alleine damit überfordert, weshalb gerade hier ein komplexes Netzwerk von sozialen und entwicklungspädagogischen Arbeits-*Teilungen* und Arbeits-*Verbünden* notwendig ist – und das kann dann auch in sehr schwierigen Fällen „Erfolge" aufweisen. In diesem Zusammenhang haben sich die *Integrierten ambulanten Erziehungshilfen*, etwa in Form von Sozialpädagogischen Zentren oder Jugendhilfestationen, besonders bewährt, deren Aktivitäten dann ggf. auch mit denen des Allgemeinen Sozialen Dienstes (ASD) abgesprochen und koordiniert werden.
2. Für die Gewährung der SPFH, auf die die Familien einen Rechtsanspruch haben, ist die Eröffnung eines **Hilfeplanprozesses** notwendig. An dieser Stelle soll auf folgende Konzeptelemente hingewiesen werden:

a. Aus dem bisher Gesagten ergeben sich schon die generellen **Aufträge** zur *Entlastung* (gerade in zugespitzten Krisensituationen), zur *Betreuung* – etwa der Kleinst- und Kleinkinder (wenn zunächst überhaupt nach Lösungsperspektiven gesucht werden muss) und zur *Unterstützung* bei entsprechenden *Veränderungsanstrengungen* (etwa bezüglich der Vater-Kind-Beziehungen). Letzteres ist zumeist auch eine *Herausforderung,* auf die selbstredend nicht verzichtet werden kann – und dennoch dürfen die Familienmitglieder auch nicht überfordert werden. Es bedarf also des Anschlusses an die Ressourcen, an die offen oder „schlummernden" Empowermentpotentiale der Familie und damit die Überwindung der einseitigen Defizitorientierung (gerade in Bezug auf Familien in den deklassierten Milieus und die Einbeziehung der dort von ihnen entwickelten und z. T. beeindruckenden „Überlebensstrategien" [vgl. dazu Vester et.al. 2001, S. 42f, 83ff u. 92ff]). Vielmehr ist von Anfang an eine Balance zwischen vorhandenen Lebensbewältigungsfähigkeiten und -bereitschaften anzustreben, also den deutlich werdenden Möglichkeiten zur *Selbsthilfe* und ihrer *professionellen* und *institutionalisierten* Unterstützung, Absicherung und Förderung. Häufig sind diese Aufträge aber sehr unklar und beschränken sich z. B. darauf, dass sich Krisen nicht weiter zuspitzen oder gar etwas „ganz Schlimmes passiert" (wie z. B. extreme Vernachlässigung der Kinder). Diese Ungenauigkeit ist allerdings nicht (vorrangig) Ausdruck professioneller Inkompetenz, sondern hat mit einem weiteren Aspekt zu tun.
b. Die sich aus den Aufträgen ergebenden **Zielsetzungen** können nur *fallspezifisch* bestimmt werden (vgl. Uhlendorff et.al. 2013, Kap. 3 u. 7). In diesem offenen, kasuistischen Prozess stehen **Diagnosen** und sozialpädagogische initiierte und begleitete **Problemlösungsprozesse** in – häufig recht widersprüchlichen – Wechselwirkungen: Am Anfang dieses Prozesses können Diagnosen – auch wenn sie sinnvollerweise Thema von Teambesprechungen u. ä. sind – nur begründete Vermutungen, also *Hypothesen* sein (ggf. gibt es auch mehrere – z. B. welche der o. g. Problembereiche die Hauptursache bilden), die dann im Gang der mehr oder weniger erfolgreichen Problemlösung überprüft, also ergänzt oder mehr oder weniger grundsätzlich korrigiert werden. Wir haben es bei der SPFH
    - mit einem *Kommunikationsprozess,* in den auch individuelles und kollektives alltägliches und professionelles Wissen eingeht;
    - mit einem *Handlungsprozess* und quasi als Brücke und Vermittlung zwischen beiden
    - mit einem Prozess der Verarbeitung von Erlebnissen, also einem *Erfahrungsprozess* zu tun.

Insofern bemüht sich die SPFH um Arbeitsbündnisse, die eine möglichst gleichberechtigte, kooperative Problemlösung realistisch machen. Das erfordert aber auch, dass auf allen diesen Ebenen ein konsequenter *Milieubezug* realisiert wird, also die besonderen und häufig ungewohnten und unerwarteten, manchmal auch schwer nachvollziehbaren Kommunikationsweisen, Handlungsmuster und Erfahrungsweisen der „KlientInnen" beachtet werden, auf sie eingegangen wird, sie also „dort abgeholt werden, wo sie tatsächlich gerade stehen" (vgl. dazu generell Bourdieu 1997; Lange-Vester/Vester 2017).

c. Das möglichst freiwillig eingegangene **Setting** ist zunächst einmal davon bestimmt, dass SPFH vorrangig in der Wohnung der „KlientInnen" stattfindet. Das erfordert von Seiten der (Sozial-)PädagogInnen eine offene Balance von „privater" Höflichkeit/Zurückhaltung/Zuneigung und professioneller Haltung/Distanz/reflektierter Betroffenheit. Ergänzend zu dieser *Geh-Struktur* können auch bestimmte Gespräche (z. B. über Erziehungs- und Partnerschaftsprobleme) außerhalb stattfinden, etwa in einer Beratungsstelle; ferner können die Familienmitglieder auch bei Behördengängen oder Gerichtsterminen begleitet werden. Das verweist auf die ergänzende *Komm-Struktur*. Die SPFH ist sehr zeitintensiv (bis zu 20 Stunden die Woche), findet zumeist in den Abendstunden statt (manchmal auch an den Wochenenden und Feiertagen, Nachtzeiten sind sehr selten), erfolgt über einen längeren Zeitraum (zumeist bis zu 2 Jahren) und entfaltet sich flexibel zwischen den Probe-, Intensiv- und Ablösephasen, wobei es im günstigen Fall auch noch eine Nachbetreuung gibt und auch Auszeiten entwicklungsfördernd sein können. Dieser zuverlässige Zeitrahmen ist in zahlreichen Fallkonstellationen schon an sich beruhigend und krisenentschärfend, so dass sich diese Familien – ggf. nach einer gewissen Gewöhnungszeit, die bei den einzelnen Familienmitgliedern unterschiedlich lange dauern kann – auf sie einstellen und ihr vertrauen.

3. Hinsichtlich der **institutionellen Einbindung** gibt es generell zwei Möglichkeiten:
   a. Die Fachkräfte können bei einem **freien Träger** angestellt sein, sie sind dann Teil eines entwicklungspädagogischen bzw. entwicklungspädagogisch vernetzten Teams von SozialarbeiterInnen/SozialpädagogInnen, manchmal auch von ErzieherInnen mit entsprechenden Zusatzqualifikationen bzw. Weiterbildungen oder von Diplom-PädagogInnen sowie Diplom-PsychologInnen und häufig ergänzt um qualifizierte Honorarkräfte. Das ermöglicht nicht nur einen flexiblen Einsatz, sondern auch die Einbeziehung zusätzlicher Angebote des gleichen Trägers (z. B. Tagesgruppe, soziale Gruppenarbeit, Erlebnispädagogik für die Kinder, Erziehungsbeistand für die Jugendlichen, sozialpädagogische Beratung bzw. psychologische Therapie für die Eltern) und fließende Übergänge zwischen den verschiedenen Angeboten und gene-

rell zwischen den Geh- und Komm-Strukturen. Die Form der Finanzierung reicht von der Einzel- bis zur Pauschalfinanzierung. Der große Vorteil ist, dass die freien Träger von hoheitlichen Aufgaben entbunden sind, also keine Eingriffsrechte haben.

b. Das ist in gewisser Weise der Nachteil der öffentlichen Träger, hier also besonders des Jugendamtes bzw. des ASD. Sie verfügen nicht nur über alle fallbezogenen Daten, sondern üben auch die *Kontrolle* über die Bedingungen und Verlaufsformen der Erziehung aus, speziell die Wahrung des Kindeswohls. Zwar gibt es auch bei den freien Trägern den Widerspruch zwischen Hilfe und Kontrolle und auch sie müssen z. B. Gefährdungen des Kindeswohls melden und auch sind sie dem Jugendamt gegenüber rechenschaftspflichtig, aber sie fällen bezüglich möglicher Interventionen (etwa beim Sorgenrechtsentzug) keine Entscheidungen. Das wird von den „KlientInnen" sehr, sehr sensibel wahrgenommen, zumal die meisten diesen Unterschied nicht kennen bzw. mit entsprechenden Diensten für sie negative Erfahrungen gesammelt haben. Deshalb setzen sie auch die FamilienhelferInnen der Freien Träger zunächst einmal mit der staatlichen Kinder- und Jugendhilfe gleich und es bedarf eines erheblichen Kommunikationsaufwandes, dieses Missverständnis abzubauen. Das gelingt aber natürlich nur dann, wenn sich die FamilienhelferInnen nicht als verlängerten (repressiven) Arm des Jugendamtes verstehen und präsentieren – im Sinne des „heimsuchenden Aufsuchens" und „einfühlenden Aushorchens".

4. Nicht verschwiegen werden darf aber die Gefahr der **Individualisierung** und **Familialisierung** systemisch (durch Arbeitsmarkt- und Sozialpolitik) erzeugter **gesellschaftlicher Problemlagen.** Nicht nur die betroffenen Familien, sondern auch die Personen und Institutionen der Sozialen Arbeit, als professionellem und disziplinärem Teilbereich der Entwicklungspädagogik, wären strukturell überfordert mit der Bewältigung des nationalen, internationalen und zunehmend auch globalen Strukturwandels, den epochalen Umbrüchen in allen gesellschaftlichen Bereichen (von den Natur- und Arbeitsverhältnissen über die politische Steuerung der Finanzmärkte sowie der sozialen Lagen und Sicherungssysteme bis hin zur Digitalisierung, kulturellen und ethnischen Pluralisierungen und Polarisierungen sowie den demografischen Neuformierungen). Besonders ist hier zu verweisen auf die Flexibilisierung der Arbeitszeiten, -orte und -verträge, den Bedeutungsverlust einfacher Arbeit, die drastische Zunahme der sozialen Ungleichheiten bei gleichzeitiger Abschottung der sozialen Milieus, die Ausweitung und Vertiefung gesellschaftlicher und psychosozialer Risikolagen und die damit verbundene Zunahme prekärer und deklassierter Lebensverhältnisse. Es ist jeweils fall-, institutions- und bereichsspezifisch zu klären, *welche*

Gestaltungsmöglichkeiten die SPFH hat und *wie* sie dieser Verantwortung soweit wie irgend möglich gerecht werden kann. Und es ist zu klären, welcher entgegenkommenden, „freundlichen", ökonomischen, sozialen, politischen und kulturellen Bedingungen sie bedarf, um den betroffenen konkreten Menschen und Personengruppen nachhaltig zu helfen. Dabei ist eine so verstandene Entwicklungspädagogik – das ist ein zentrales Implikat ihrer bildungstheoretischen Fundierung (vgl. Kap. 1.4) – immer auch in dem Sinne **politisch**, als sie das in der professionellen Arbeit gewonnene Wissen in die verschiedenen sozialen und politischen Bewegungen und Institutionen einbringen kann, ja sollte, die sich um die *gesellschaftliche* Bewältigung und perspektivische Überwindung dieser psychosozialen Problemlagen bemühen. Damit leistet sie auch einen Beitrag, die zunehmende **Schere** zwischen **Sozialintegration** und **Systemintegration** schrittweise wieder **zu schließen** (vgl. dazu Beckmann et.al. 2009, Teil II).

2.2.2 Übergänge I: *Pflegefamilien*

Nun ist es selbstredend möglich, dass die verschiedensten Formen der direkten Unterstützung einer Familie unzureichend bleiben, sich die soziale Lage und/oder die Interaktions- und Bindungsmuster und daraus resultierende Befindlichkeiten in der Familie nicht verbessern. In diesem Fall steht das Jugendamt vor der Frage, wie es weitergehen soll. Der Handlungsdruck nimmt nochmals drastisch zu, wenn es Hinweise zur Kindeswohlgefährdung gibt; dann *muss* das Jugendamt handeln (vgl. Kap. 3.2.3). Entsprechend der juristisch normierten alltäglichen, auch wissenschaftlich bestätigten Einsicht, dass in der Mehrzahl der Fälle familiäre bzw. familienähnliche Strukturen für das Aufwachsen und Wohlbefinden der Kinder und Jugendlichen am günstigsten sind, werden in der Regel Handlungsansätze bevorzugt, die dieser **Familienorientierung** am ehesten gerecht werden. Und das sind dann solche Modelle, die selber Familien sind. Hier sehen § 1666 BGB und § 33 SGB VIII auch den Status der Pflegeeltern vor (dort wachsen in Deutschland aktuell ca. 60.000 Kinder auf). Als **Handlungsansätze zwischen Herkunfts-** und **Pflegefamilie** können angesehen werden (vgl. Schleiffer 2015, S. 150ff):

- die *Kurzzeitpflege*: das Kind kehrt nach einer kurzen Zeit in die Herkunftsfamilie zurück;
- die *Tages-* oder *Wochenpflege:* das Kind kehrt regelmäßig in die eigene Familie zurück.
- die *Bereitschaftspflege* in Krisensituation, besonders bei Inobhutnahme nach § 42 SGB VIII u. § 1666 BGB;

- die *Bereitschaftspflegefamilie:* der Aufenthalt ist auf wenige Monate beschränkt;
- die *Verwandtschaftspflege* – zumeist von den Großeltern ausgeübt; und
- die *Sonderpflegestellen:* hier muss ein Elternteil eine pädagogische Ausbildung nachweisen – und insofern sind sie eigentlich schon eine Variante der Heimerziehung, ähnlich wie die *Familiengruppe* (die JugendarbeiterInnen bzw. PädagogInnen wohnen mit den Kindern/Jugendlichen in einer Wohnung/einem Haus in einer Lebensgemeinschaft).

Die **juristisch-institutionellen, entwicklungspädagogischen** und **biografischen Besonderheiten** der Pflegefamilie können so bestimmt werden (vgl. Braches-Chyrek et.al. 2010; Schleiffer 2014, Kap. 2.3.1; ders, 2015, Kap. 6):

1. Die mehr oder weniger freiwillige bzw. zwangsweise **Herausnahme** der Kinder (ca. 3/4 der in Pflegefamilien lebenden Heranwachsenden sind zwischen 1 und 6 Jahre alt) aus der **Herkunftsfamilie** ist für die betroffenen Heranwachsenden zunächst einmal ein *Bruch in ihrer bisherigen Biografie,* der – soweit uns das bekannt ist – nur von einer kleinen Minderheit vorrangig oder sogar ausschließlich als Entlastung oder gar als Befreiung erlebt wird. Ihre Gefühlslage ist meist zumindest ambivalent, weil sie häufig trotz schwerer psychosozialer Belastungen in der Herkunftsfamilie Bindungen aufgebaut haben. Sie hängen an ihren Eltern, manchmal lieben sie sie sogar regelrecht, obwohl sie ihnen viel „Böses" angetan haben (das ist für viele [Sozial-]PädagogInnen schwer zu *verstehen* und noch schwerer zu *akzeptieren*). Zum anderen – und damit zusammenhängend – geben sich die Kinder häufig die Schuld für die familiären Auseinandersetzungen und dass sie nun die Familie verlassen sollen bzw. müssen. Insofern haben wir es hier mit einer emotional sehr schwierigen Übergangskonstellation zu tun – und zwar sowohl in interaktiver Hinsicht (sie werden nun in einem anderen zwischenmenschlichen Beziehungskontext leben), wie auch institutioneller Hinsicht: Das **Jugendamt** wird nun (ggf. neben dem ASD, der für die Herkunftsfamilie zuständig ist) zu einer, ja der zentralen **Machtinstanz**, welches – im Rahmen der Hilfeplanung – in alle relevanten Entscheidungen einbezogen ist bzw. welches ganz wesentlich bestimmt, welche Angebote für welche Zeit unter welchen Bedingungen gemacht und aufrechterhalten werden. Das impliziert Konflikte sowohl zwischen den leiblichen bzw. den Pflegeltern und dem Jugendamt sowie zwischen dem Jugendamt und den Heranwachsenden (speziell wenn diese das Jugendalter erreicht haben). Dies führt in nicht wenigen Fällen dazu, dass ein „Feindbild Jugendamt" entsteht und die MitarbeiterInnen als „böse" oder sogar „bösartige" Menschen erlebt und bezeichnet werden, was zumindest teilweise eine Projektion ist. Dabei

erhalten solche negative Deutungen durch z. T. undurchsichtige, z. T. willkürliche Entscheidungen ohne wirkliche Beteiligung aller Betroffenen ggf. immer wieder neue Plausibiltät.
2. Mit dem Übergang von der Herkunfts- in die Pflegefamilie sind speziell folgende Aufgaben verbunden:
   a. Zunächst einmal muss eine **geeignete Familie** gefunden werden, die diese sozialen und pädagogischen Aufgaben in der Weise bereit und in der Lage ist zu übernehmen, dass sich damit die Lage und das psychosoziale Wohlbefinden des Kindes verbessert. In der Zwischenzeit befindet sich das Kind in einer Art Warteschleife, zumeist in einem Heim, dessen Kosten ca. 70 % über denen einer Pflegefamilie liegen. Bevor diese Frage geklärt werden kann, müssen aber entsprechende (Ehe-)Paare bzw. Familien eine grundsätzliche Bereitschaft dazu bekunden und dies muss dem zuständigen Pflegekinderdienst bzw. ASD und Jugendamt auch bekannt sein (hier sind sie neben offiziellen Informationen auch und gerade auf informelle Netzwerke angewiesen). Diesbezüglich ist die Auswahl häufig nicht hinreichend groß bzw. der Bedarf des Jugendamtes situativ oder phasenweise besonders hoch. Das impliziert die Gefahr, dass entsprechende „Angebote" nicht hinreichend genau geprüft werden. Zugleich ist es für die potenziellen Pflegeltern häufig schwierig abzuschätzen, auf „was für ein Kind sie sich da einlassen" bzw. welche Folgen das für die Beziehungs- bzw. Familiendynamik hat. Deshalb sind die vorgeschriebenen „Elternkurse" und die Angebote des Kinderpflegedienstes gewiss eine begrenzte Hilfe und Stütze, wenn sie sensibel und ehrlich die Probleme ansprechen.
   b. Letzteres ist gar nicht so einfach wie es klingt, denn die Familienvorstellungen haben sich in den letzten 20 bis 25 Jahren erheblich verändert und auch pluralisiert. Die Frage, was eine **„gute Familie"** ist (in Abgrenzung zur „schrecklichen" Herkunftsfamilie) und welche Bedeutung für die Kinder auch und gerade eine **„gute Mutter"** hat, das ist sehr kontrovers. Und hier begegnen gerade Erwachsene, die *nicht-patriarchalische* und *alternative* Beziehungs- und Familienvorstellungen haben und (aus-)leben, häufig dem Unverständnis, ja auch der Ablehnung durch die entscheidenden MitarbeiterInnen des Jugendamtes. Solche Kontroversen reichen von der divergierenden Einschätzung der sozialen Lage, der Folgen der Arbeitszeiten und -orte für das Familienleben, über die des baulichen Zustands und der Sauberkeit der Wohnung sowie der politischen und religiösen Orientierungen und deren ethnischen Hintergründe bis hin zu den sexuellen Lebensformen und Präferenzen (man denke hier – zugespitzt – etwa an die Frage, ob Kinder von gleichgeschlechtlichen – weiblichen oder männlichen – Paaren genauso gut,

vielleicht sogar besser umsorgt, betreut, erzogen und gebildet werden können als von heterosexuellen).
c. Schwierig im Voraus abzuschätzen ist auch die **Dauer** des Pflegeverhältnisses. Dem Willen des Gesetzgebers nach (§§ 33[1] u. 37 SGB VIII bzw. § 1632[4] BGB) soll die Option der *Rückkehr in die Herkunftsfamilie* (zumindest) offen gehalten, wenn nicht sogar angestrebt werden. Daraus ergibt sich normativ die Priorität der **Ergänzungsfamilie** (auf Zeit). Diese ist aber faktisch unrealistisch, denn in der Mehrheit der Fälle findet diese nicht statt. Gleichwohl ist dies für die potentiellen oder dann auch realen Pflegeeltern ein emotionaler Unsicherheitsfaktor, zumal sie dort letztlich von den Entscheidungen des Jugendamtes abhängig sind, dass sie als **Ersatzfamilie** (auf Dauer) anerkannt werden. Dabei ist auch zu bedenken, dass für einen Teil der Pflegeeltern die **Adoption** eine Option darstellt, die manchmal von Anfang an besteht oder sich während des Pflegeverhältnisses herausbildet.
d. Wenn die Konflikte zwischen der Herkunftsfamilie, der potentiellen Pflegefamilie, dem Jugendamt unter möglichst intensiver entwicklungsangemessener Beteiligung des betroffenen Kindes (was eher selten geschieht!) und im Sinne des Kindeswohl (einigermaßen) geklärt sind, dann steht den betreuenden und begleitenden (Sozial-)PädagogInnen die eigentliche Arbeit noch bevor: Nämlich die Eltern der beiden Familien bei der Bewältigung dieses biografischen Übergangs angemessenen sozial und emotional zu unterstützen. Denn es handelt sich gerade für die Kinder einerseits um einen **Abschied** von bisher Vertrautem und andererseits um **Ankunft** in einer „neuen Welt", meist einem unbekannten, in gewisser Weise fremden Sozialraum und sozialen Milieu. Das betrifft nun aber nicht nur die Eltern-Kind-Beziehungen, sondern auch die **Geschwisterbeziehungen** – und zwar sowohl in der Herkunfts- wie ggf. auch in der Pflegefamilie. Dabei ist zu unterscheiden,
- ob alle Kinder aus der Herkunftsfamilie herausgenommen werden sollen bzw. müssen oder nur eines;
- welche Position in der „Kinderreihe" sie einerseits in der Herkunftsfamilie (besonders bei Patchworkfamilien) und andererseits ggf. auch der Pflegefamilie sowohl hinsichtlich der leiblichen wie ggf. auch der angenommenen Kinder einnehmen;
- ob die Kinder auf verschiedene Pflegefamilien oder nur eine bzw. auch verschiedene Formen (etwa auch Heime) verteilt werden – hier sollte der Grundsatz gelten, dass die gewünschten Geschwisterbindungen möglichst erhalten bleiben sollten);
- und inwieweit in den Pflegefamilie auch schon Kinder sind, d. h. dass dort bereits Geschwisterbeziehungen existieren. Dann besteht die Aufgabe

darin, die nunmehr möglicherweise auftretenden Rivalitäten, Ängste, Abneigungen usw. möglichst offen zu thematisieren und nach tragfähigen Lösungen (häufig natürlich „nur" nach Kompromissen) zu suchen, diese zu erproben und ggf. auch wieder zu korrigieren. Gerade Pflegekinder, die Bindungen wollen und suchen, können in den sozialen Geschwistern einen wichtigen emotionalen Rückhalt finden.

Damit dürfte hinreichend deutlich sein, dass diese meist mehrmonatige **Eingewöhnung** alles andere als ein Selbstläufer ist. Mehr noch: dass realistischerweise auch damit gerechnet werden muss, dass sie *scheitert*. Dann dürfen die zwischenmenschlichen Gründe dafür nicht einseitig verteilt werden (indem meist das „fremde" Kind als hauptsächlich oder allein schuldig angesehen, ja etikettiert wird). Dabei muss dieses Scheitern nicht sofort deutlich werden, sondern erst in zugespitzten Konfliktsituationen.

3. Hinsichtlich der **sozialen** und **interaktiven Konfliktbearbeitung** ist es nur ein schwacher Trost zu sagen: „Konflikte gibt es in den besten Familien". Zutreffender ist es festzuhalten, dass Pflegefamilien in ein besonders „minenreiches" soziales und interaktives Feld eingebunden sind: nämlich in das Spannungsverhältnis von Herkunfts- und Pflegefamilie, welches unter der Kontrolle und Entscheidungsgewalt des Jugendamtes steht, welches zu sichern hat, dass das Recht der Kinder auf menschenwürdiges Aufwachsen gewahrt ist und bleibt (vgl. dazu auch Kap. 3.2.3). Hier ist bei der Betreuung der Familien zweierlei zu beachten:
   a. Viele Konflikte sind nicht offensichtlich bzw. werden nicht offen ausgetragen, sondern sind **verdeckte Konflikte**. Dabei spielen folgende eine besondere Rolle:
   - So wollen viele Pflegeeltern nicht, dass die Konflikte nach außen, besonders nicht zum Jugendamt, dringen, weil sie auf jeweils ihre Art das Pflegekind lieben, sie zumindest ein freundschaftliches Verhältnis zu ihm und mit ihm aufgebaut haben und diese *Bindung* nicht gefährden wollen. Das gilt besonders dann, wenn aufgrund des Verhaltens des Kindes (z. B. Kleindiebstahl oder auch Rangeleien) außerfamiliäre Instanzen (im Extremfall die Polizei) eingeschaltet worden sind.
   - Sollten die leiblichen Eltern tatsächlich ein Interesse an der Rückkehr ihres Kindes/ihrer Kinder haben, dann werden auch sie sich gegenüber dem Jugendamt möglichst bedeckt halten. Beide Eltern erleben das Jugendamt gegebenenfalls vorrangig als übermächtige Instanz, der sie ohnmächtig ausgesetzt sind und sich deshalb von ihr bedroht fühlen („Wenn ich mich nicht so und so verhalte wie die das wollen, dann nehmen sie mir mein Kind weg bzw. geben es mir nicht wieder."). Oder sie erleben es zumindest als eine bürokratische Einrichtung, der es weniger um die tatsächlichen Lebens- und Erziehungsprobleme der Beteiligten geht, sondern darum, dass

sie alle Vorschriften einhalten und deshalb auch möglichst kostengünstige Lösungen favorisieren bzw. für krisenhafte Zuspitzungen nicht verantwortlich gemacht werden wollen. Darin spiegelt sich auch der generelle Konflikt zwischen der (bürokratischen) Öffentlichkeit des Jugendamtes und der *Privatheit* der Familienbeziehungen.
- Die Kinder sind selber zwischen beiden Familien hin- und hergerissen. Das wird speziell bei den regelmäßigen Besuchen in der Herkunftsfamilie deutlich: Viele Pflegeeltern berichten davon, dass ihre Pflegekinder nach solchen Wochenenden beunruhigt bis verstört zurückkehren und es einer intensiven emotionalen Betreuung und Nähe bedarf, sie „wieder zu beruhigen", ihnen zu helfen, dass „sie wieder zu sich kommen können". Dennoch wollen diese Kinder immer wieder ihre Herkunftsfamilie aufsuchen, zumindest aber verweigern sie die Besuche nicht (was sie in Absprache mit dem Jugendamt durchaus könnten). Sie werden also in ihren Erwartungen regelmäßig enttäuscht und wollen dennoch keine Konsequenzen aus dem Abbruch der fragilen, meist chaotischen Bindungen ziehen; und in einer solchen psychischen Konstellation müssen sie zumindest einen Teil ihrer Enttäuschungen psychodynamisch abwehren.

b. Hier ist ferner die Tatsache relevant, dass auch die Ein- bis Sechsjährigen **faktisch** schon eine **Biografie** haben, auch wenn ihnen das noch nicht wirklich bewusst ist. Dabei können Kinder unterschieden werden,
- die aus Patchworkfamilien stammen (mit mehreren und wechselnden Bezugspersonen);
- die schon sehr früh aus der Herkunftsfamilie herausgenommen worden sind (ca. 20 % der vermittelten Säuglinge haben schon mindestens zwei Lebensortwechsel hinter sich);
- ferner solche, deren psychisch kranke Eltern nicht erziehungsfähig sind bzw. inhaftierte Eltern, die nicht anwesend sein können; und schließlich solche,
- die von zu Hause weggelaufen sind (sog. „Straßenkinder"), weil sie es dort einfach nicht mehr ausgehalten haben.

Sowohl wegen des allgemeinen kognitiven Entwicklungsstandes, aber auch wegen der enormen psychischen Belastungen ist es nicht verwunderlich, dass viele Jugendliche bzw. Erwachsene, die Pflegekinder waren, über die ersten Lebensjahre nur sehr wenig erzählen und sich erinnern können (was als „Vergessenskurve" bezeichnet wird). Das darf aber nicht dazu führen, die *psychodynamischen* Prozesse in dieser Phase zu unterschätzen. Vielmehr sind die positiven, negativen und ambivalenten Bewertungen der verschiedenen bedeutsamen Ereignisse, Bindungskonstellationen, Situationen und Stimmungslagen ein wesentliches

Moment des kindlichen Selbstwertgefühls, wobei es keinen linear-eindeutigen Zusammenhang zwischen objektiver *Betroffenheit* und subjektiver *Befindlichkeit* gibt, weshalb immer nach den individuellen Selbst-*Deutungen* der objektiven Sachverhalte zu fragen ist. Die wünschenswerte und eigentlich sogar dringend gebotene **Biografiearbeit** mit diesen Kindern – die in wichtigen Aspekten auch *Trauerarbeit* ist – benötigt personelle, zeitliche und räumliche Kontinuität, sie muss verlässlich und vertraulich sein, sie erfordert Einfühlungsvermögen und (sehr viel) Geduld, Gelassenheit und Frustrationstoleranz, Wachsamkeit und aktives Zuhören. Sie zielt auf ein personenzentriertes und ganzheitliches Verständnis des Kindes, wobei sich verbale, non- und paraverbale Kommunikationselemente vielschichtig überlagern. Die „Ergebnisse" können z. B. in einem *Lebensbuch* mit allen relevanten offiziellen Dokumenten, Fotos, Erzählungen usw. festgehalten und zusammengefasst werden. Und sie können – ggf. nur auszugsweise – auch Teil der *Entwicklungsberichte* werden, die im Rahmen der Hilfeplanung erarbeitet werden (vgl. dazu auch Homfeldt 2004).

Bezüglich der Biografiearbeit ist es gewiss von Vorteil, dass die meisten Pflegeeltern den Mittelschichten, z. t. sogar dem Bildungsbürgertum angehören und von daher über die entsprechenden Kommunikationsfähigkeiten verfügen. Zugleich können die Unterschiede und Brüche zwischen den sozialen Milieus der Herkunfts- und der Pflegefamilie auch zu Kommunikationsproblemen und vielschichtigen Missverständnissen und psychischen Verletzungen führen, die immer auch seelische „Narben" hinterlassen.

c. Werden diese sozialen und interaktiven Konflikte zu lange unterschätzt, gedeckelt, die Ursachen und Gründe dafür nicht an der richtigen Stelle gesucht (wenn es z. B. vorrangig um einen tiefgreifenden Konflikt zwischen den Eltern geht, bei dem die eigenen vs. Pflegekinder „als Waffen" missbraucht werden), dann brechen sie an einer bestimmten Stelle, in einer – ggf. ganz harmlosen – Situation auf (wenn jemand z. B. nur einen kleinen Fehler gemacht hat) und es kommt dann zu einer **Krisenkonstellation**. Sofern die nachfolgende Konfliktthematisierung und -bearbeitung gelingt – am besten unterstützt durch Fachkräfte, die in der SPFH erfahren sind –, dann können sie im günstigen Fall bewältigt werden. Damit sollten aber nur Personen betraut werden, die keine Entscheidungs- und Eingriffsbefugnisse haben; *Kontrolle* und *Begleitung/Beratung* sollten personell und institutionell strikt getrennt werden. Gelingt die Konfliktbewältigung nicht, dann kommt es in vielen Fallkonstellationen zum Abbruch des Pflegeverhältnisses.

4. Hinsichtlich der **Beendigung** des Pflegschaftsverhältnisses sind folgende Aspekte zu beachten:

a. Zunächst einmal ist zu unterscheiden, *wer und warum* diese Beziehungs- und Bindungskonstellation endet:
   - Sind es die Pflegeeltern, die „mit dem Kind nicht mehr klar kommen"?
   - Ist es das Pflegekind, das nicht mehr bei dieser Familie bleiben will?
   - Sind es beide, so dass die Trennung in gewisser Weise einvernehmlich vollzogen wird?
   - Geschieht dies auf Betreiben der Herkunftsfamilie und kann das Jugendamt sich dem Recht der Eltern auf Erziehung ihrer Kinder nicht verweigern; oder aber sieht es die Möglichkeit einer Kostensenkung?
   - Was sind die Optionen des betroffenen Kindes und welchen Stellenwert haben sie in dem Entscheidungsprozess des Jugendamtes? Da es hier die Schiedsstellenfunktion übernimmt, wird von den MitarbeiterInnen Achtsamkeit, Feinfühligkeit und Fachlichkeit erwartet (was von manchen Beteiligten und Außenstehenden zu Recht vermisst wird).
   - Die unproblematischste Form ist zweifellos, wenn die Kinder volljährig werden und sie bzw. ihre Eltern damit keinen Rechtsanspruch mehr auf diese Form der „Hilfe zur Erziehung" haben.
b. Auch in günstigen Fällen ist ein solcher Abschied schwer, ja „herzzerreißend"; und selbst in ungünstigen Fällen geht er nicht ohne *Trennungs-* und *Verlustgefühlen* ab. Für den befriedigenden, zumindest aber entlastenden Umgang mit ihnen und einer daraus resultierenden emotional bejahenden Loslösung benötigen die Eltern sowie die sie begleitenden und betreuenden (Sozial-) PädagogInnen die Fähigkeit und Bereitschaft, mit den starken Gefühlen im Spannungsfeld von *Bindung* und *Ablösung* umzugehen sowie in empathischer Weise die individuelle, sozial eingebundene Vergangenheit, Gegenwart und Zukunft miteinander zu verknüpfen, wozu durch die Biografiearbeit schon wichtige „Vorarbeit" geleistet worden ist. Geeignete *Abschiedszeremonien* sind u. a. Familienfeste, Ausflüge, das Aufsuchen von Lieblingsorten und/oder das Treffen mit FreudInnen und Bekannten aus dieser Zeit, Kurzurlaube usw.

3.2.3 Nachhaltiger Kinderschutz durch Verwirklichung der Kinderrechte

Der **Kinderschutz** wurde in Deutschland zunächst durch das „Kinder- und Jugendhilfeweiterentwicklungsgesetz" (KICK) mit Wirkung vom 1.10.2005 neu geregelt (vgl. Fegert/Besier 2010): Besonders mit der Einfügung des § 8a SGB VIII wurde diesbezüglich die Verantwortung des Jugendamtes – über den schon bestehenden § 1 (3), Nr. 3 SGB VIII – erweitert und es zugleich zu einer entsprechenden vertraglichen Kooperation mit den freien Trägern verpflichtet und auf diese Weise auch die vorläufigen Maßnahmen bei krisenhaften Zuspitzungen neu geregelt (§ 42 SGB VIII) sowie die Kontrolle des pädagogischen Personals verschärft (§ 72a SGB VIII). Sie fanden dann auch Eingang in das am 1.1.2012 in Kraft getretene umfassende „Bundeskinderschutzgesetz" mit den Schwerpunkten:

- „Frühe Hilfen und verlässliche Netzwerke schon für werdende Eltern",
- „Nachhaltige Stärkung des Einsatzes von Familienhebammen und der Netzwerke ‚Frühe Hilfen'‚
- „Ausschluss einschlägig Vorbestrafter von Tätigkeiten in der Kinder- und Jugendhilfe",
- „Verhinderung des ‚Jugendamt-Hoppings'",
- „Befugnisnorm für Berufsgeheimnisträger zur Informationsweitergabe an das Jugendamt",
- „Regelung zum Hausbesuch",
- „Verbindliche Standards in der Kinder- und Jugendhilfe" und
- „Evaluation" (zum letzteren vgl. den Bericht der Bundesregierung 2015).

Damit wird schon deutlich, dass der Kinderschutz, also die Verhinderung bzw. Abwehr der Kindeswohlgefährdung, nicht nur ein zentrales Aufgabenfeld der öffentlichen, sondern auch der freien Träger darstellt, also auch für alle Akteure, die im Bereich der Frühen Hilfen tätig sind. Neben der erwähnten gesetzlichen Normierung der entsprechenden Verantwortlichkeiten bieten die **Kinderrechte** eine noch übergreifendere Orientierung für alle Maßnahmen der primären und sekundären Prävention (die dann auch im Einklang stehen mit den in Kap. 1.4 skizierten Bildungsansprüchen). Diesbezüglich ist zunächst daran zu erinnern, dass das Bundesverfassungsgericht in seiner folgenreichen Grundsatzentscheidung vom 29.7.1968 erstmals ausdrücklich die *Kinder als Grundrechtsträger* anerkannt hatte (vgl. BVerfGE 24, 119). Diese Tendenz ist durch die Verabschiedung der UN-Kinderrechtskonvention (vom 20.11.1989) und dadurch, dass die Bundesregierung sie mit Beschluss vom 3.5.2010 ohne Vorbehalte anerkannt hat, verstärkt und stabilisiert worden. Dabei sind Kinderrechte immer auch Rechte der Kinder auf *aktiven Schutz der förderlichen Bedingungen des Aufwachsens* und als solche haben sie für die übergreifende Ausrichtung generell in der Entwicklungspädagogik eine zentrale Bedeutung, denn sie sind ein Teil der *Menschenrechte* und damit auch der *Menschenrechtsbildung* (vgl. Liebel 2007). Nun werden manche LeserInnen vielleicht erstaunt fragen: Ja, aber sind sie denn auch für die Frühen Hilfen relevant? Die Antwort darauf kann – im völligen Einklang mit dem Kap. 1.4 skizierten Bildungsverständnis nur lauten: **Wahrung** und **Förderung** der **Kinderrechte von**

Anfang an (vgl. dazu auch Braches-Chyrek 2014)! Und das beinhaltet in unserem jetzigen Argumentationsgang besonders:

1. Verwirklichung der **Kinderrechte auf elementare soziale Sicherheit und Bildung** (vgl. Kerber-Ganse 2009, Teil IV). Dies betrifft drei verschiedene soziale Konstellationen (vgl. Krüger et.al. 2013, Kap. II):
   a. Zunächst einmal – als klassisches Thema der Sozialen Arbeit und damit auch der Entwicklungspädagogik – die **alte** und **neue Armut**. Gewiss hat sich in den hoch entwickelten Ländern des Westens in den letzten 50 Jahren die soziale Lage für die meisten Kinder und ihren Familien nachhaltig verbessert. Es darf aber keineswegs übersehen werden, dass es – wie in Kap.3.2.1 dargestellt – nicht nur die alte Armut stets weiterhin gegeben hat und gibt, sondern dass in den letzten 15 bis 20 Jahren neue Formen hinzugekommen sind (z. B. bei geschiedenen und alleinerziehenden Müttern oder bei Menschen, die trotz Erwerbsarbeit unterhalb der Armutsgrenze leben müssen) – und dass die Armut der Erwachsenen innerhalb der Familien besonders die Kinder trifft. So sind gegenwärtig nach EU-Kriterien (60 % des gewichteten Medianeinkommens) ca. 15 % als arm einzustufen; nimmt man den Bezug von Sozialgeldern (Hartz IV u. a.) als Bezugspunkt, dann sind es ca. 10 %. Insgesamt sind ca. 2,5 Mill. Kinder davon betroffen. Bei den Kindern unter 15 Jahren ist es ca. jedes 7. Kind (nämlich über 1,5 Mill.) – mit steigender Tendenz. Bei ihnen liegt die regionale Spannweite zwischen 31,5 % (in Berlin und Bremen) und 6,5 % (in Bayern) bzw. 20,3 % in Ostdeutschland und 13 % in Westdeutschland. Die größten Gruppen sind die Kleinkinder (unter 3 Jahren) und die kleinen Kinder (unter 6 Jahre). Von den Familienformen trifft es besonders die Alleinerziehenden, die kinderreichen Familien (mit 3 und mehr Kindern) sowie die mit Migrationshintergrund. Dabei gibt es eine gewisse sozialräumliche und lebensweltliche Konzentration in den „Stadtteilen mit besonderem Entwicklungsbedarf". Sie sind zumeist charakterisiert durch negative soziale Entmischung, ungünstige Verkehrsanbindungen, symbolische Ausgrenzung, eher höhere Kriminalitätsrate (es handelt sich häufig allerdings um eine selektive Kriminalisierung, bei hoher polizeilicher Kontrolle und Verfolgung der Delikte), wenig Spiel- und Sportmöglichkeiten und eher geringer politischer Aktivierungsbereitschaft. Dieses dominant negative soziale Klima hat vielschichtige, wenn auch nicht einlinige Folgen für das Familienleben und damit auch für das Kinderleben, also die kindbezogenen Chancen auf Bindungen, emotionale Stabilität, soziale Handlungsweisen und Integrationsfähigkeiten und -bereitschaften, Aufbau von Freundschafts- und Paargruppenbeziehungen, Erhalt der Gesundheit, sozialräumliche Gestal-

tung, informelle, formelle und nichtformelle Bildung und damit auch auf eine befriedigende Lebensführung (vgl. Chassé 2014; Lanfranchi/Burgener Woeffray 2013; Zander 2015, Kap. 2).

b. Eine psychosoziale Vernachlässigung kennen wir selbstverständlich auch in den ökonomischen, politischen und kulturellen Elitemilieus. Diese **„Wohlstandsverwahrlosung"** ist charakterisiert durch die Schere zwischen der sehr günstigen sozialen Lage und der weitgehenden zwischenmenschlichen und psychischen Verarmung und daraus folgender „Bindungslosigkeit" der Heranwachsenden (wenn z. b. statt Zuwendung, Verstehen, Liebe und Unterstützung, also Bindungen, Geld und andere Formen der materiellen Absicherung treten) – worüber KindergärtnerInnen und LehrerInnen in den sozialräumlichen Zonen des Reichtums immer häufiger klagen. In solchen Fällen wird das Kindeswohl durch das Fehlen einer bindungsrelevanten elementaren Sozial- und Gefühlsbildung eingeschränkt bzw. gefährdet. Allerdings bleibt dies meist verdeckt bzw. werden in solchen Fällen private Dienstleistungen zu ihrer Bearbeitung herangezogen, die dann nicht im engen Sinne der Kinder- und Jugendhilfe, wohl aber der Entwicklungspädagogik zuzuordnen sind.

c. Die (in Kap. 3.2.1) bereits erwähnte Ausweitung und Vertiefung der psychosozialen Risikolagen hat dazu geführt, dass die etablierten Volksmilieus der Facharbeiter sowie des Kleinbürgertums, also die **gesellschaftliche „Mitte"**, zunehmend unter Druck geraten ist (vgl. Burzan/Berger 2010, Teil II; Koppetsch 2011). Dort nimmt der Leistungsdruck zu und die soziale Sicherheit und Aufstiegschancen ab – und zwar aufgrund der immer noch voranschreitenden und durch die Europäisierung und Globalisierung besonders der ökonomischen Strukturen forcierte Flexibilisierung der Arbeitszeiten, -orte und -verträge. Zugleich steigen die auch konkurrenzverursachten (demonstrativen) Konsumansprüche an und gerade innerhalb der Geschlechterverhältnisse nehmen die Selbstbestimmungsansprüche der Frauen zu (speziell ihr Anspruch auf eine eigene Berufstätigkeit und -karriere), während das Sozialmodell des „Mannes als Haupt- oder alleiniger Ernährer der Familie" zunehmend erodiert. Es mehren sich Tendenzen der psychosozialen Erschöpfung bei den Erwachsenen („Burn-out-Generation"), also auch den Eltern, durch die die Familienarbeit, speziell die Beziehungs- und Bildungsarbeit mit den Kindern eingeschränkt, manchmal sogar weitgehend eingestellt wird, die dann häufig als Belastung oder gar als Karrierehindernis wahrgenommen oder sogar behandelt werden. Dabei benötigen gerade die Familien, deren Lebensweise bereits unmittelbar von der Prekarisierung betroffen sind, die Unterstützung durch die Soziale Arbeit; in einem Teil der Fälle ersuchen sie auch nach ihr

(was vielen schwer fällt, weil das ein Bruch mit ihren Familientraditionen und ihrem Selbstverständnis darstellt).
2. Alle diese Tendenzen hat Lutz (2012) mit der prägnanten Formulierung von der „**erschöpften Familie**" auf den Begriff gebracht. Die Bedeutung dieses zeitdiagnostischen Befundes wird nochmals dadurch unterstrichen – und dies wurde bereits erwähnt –, dass es eine innere Beziehung zwischen den *Kinderrechtsperspektiven* und dem in Kap. 1.3 dargestellten *Bildungsverständnis* gibt: Denn die Kinderrechte können nur schrittweise und nachhaltig verwirklicht werden, wenn das individuelle und kollektive Recht auf Selbst- und Mitbestimmung in solidarischer Weise artikuliert und durchgesetzt wird und die einzelnen Personen und Gruppen für eine so verstandene sozialpädagogische und sozialpolitische Präventionsstrategie auch die Verantwortung übernehmen. Dabei kommt den Frühen Hilfen die spezielle Aufgabe zu, diesen Mangel an elementarer Bindung, sozialer Sicherheit und Bildung innerhalb und außerhalb der Familien möglichst frühzeitig zu erkennen. Dabei lassen sich für die **Stufen der fallbezogenen Gefährdungsabschätzung** folgende Verfahrenselemente unterscheiden:

a. Am Anfang steht die meist noch intuitive und unsystematische *Gefährdungswahrnehmung* (z. B. aufgrund des Erscheinungsbildes und der Handlungsweisen der [Kleinst- und Klein-]Kinder – oder auch ihrer Eltern [wenn zu ihnen Kontakte bestehen bzw. Dritte – z. B. Familienhebammen – über sie berichten]).

b. Es folgt dann – im günstigen bzw. notwendigen Fall – die kontinuierliche und geschlechtssensible Beobachtung von Gefährdungssymptomen und -prozessen im Sinne des *Gefährdungsmonitorings*.

c. Dazu ist auch erforderlich die – möglichst vorurteilsfreie! – Einschätzung der Gefährdungswahrscheinlichkeiten in bestimmten sozialen Milieus und psychosozialen Entwicklungskonstellationen (z. B. in prekären Milieus oder in Familien mit dominantem „patriarchalischem Befehlshaushalt"), was als *Gefährdungsscreening* bezeichnet werden kann.

d. Wenn die Befürchtungen sich bestätigen, erfordert dies die Einleitung und Durchführung bzw. Begleitung von Maßnahmen zur Verhinderung krisenhafter Zuspitzungen bzw. zu ihrer Überwindung, wenn sie bereits eingetreten sind. Das ist die Aufgabe des *Gefährdungsmanagements*. Wichtig ist an dieser Stelle – entgegen einer durchaus verbreiteten Praxis – allerdings, dass mit der nun zwingend vorgeschriebenen Verantwortungsübernahme durch das Jugendamt der „Fall" für die freien Träger der Frühen Hilfen keinesfalls „erledigt" sein darf (was aber sehr häufig der Fall ist!), sondern sie müssen weiterhin *ein*, wenn nicht sogar *der* zentrale Bezugspunkt der weiteren sozial- und entwicklungspädagogischen Arbeit sein und bleiben.

Erweiterte Definition: Frühe Hilfen

Frühe Hilfen dienen der universellen/primären und selektiven/sekundären Prävention und damit auch dem Kinderschutz, indem sie flächendeckend lokale und regionale Unterstützungssysteme für Kinder von der pränatalen Phase bis zum dritten Lebensjahr und ihre Eltern aufbauen und vorhalten, die selber systematisch vernetzt sind und deren Angebote und Maßnahmen sich so wechselseitig ergänzen. Dazu gehören insbesondere die Schwangerschafts- und Eheberatung, die Gesundheitsberatung, die interdisziplinäre Frühförderung und verschiedene Soziale Dienste. Ihr übergreifendes Ziel ist die nachhaltige Sicherung des Kindeswohls durch Förderung der Lebensbewältigungs-, Beziehungs- und Erziehungskompetenzen der Mütter und Väter sowie der Verbesserung ihrer Lebenslage.

Literaturnachweise (Kap. 3.2)

Beckmann, Christoph et al. Hrsg. 2009. Neue Familialität als Herausforderung der Jugendhilfe, Neue praxis – Sonderheft 9, Lahnstein: neue praxis
Bericht der Bundesregierung. 2015. Evaluation des Bundeskinderschutzgesetzes, Berlin: Bundesregierung
Bourdieu, Pierre. 1997. Verstehen. In. Ders. u. a. Das Elend der Welt. Zeugnisse und Diagnosen alltäglichen Leidens an der Gesellschaft, Konstanz: UVK
Braches-Chyrek, Rita 2014. Kinderrechte. In: Dies. u. a. 2014. 419-428
Braches-Chyrek, Rita u. a. 2010. Kindheit in Pflegefamilien, Opladen & Farmington Hills, MI: Barbara Budrich
Braches-Chyrek, Rita et al. Hrsg. 2014. Handbuch Frühe Kindheit, Opladen et.al.: Barbara Budrich
Bundesministerium für Familie, Senioren, Frauen und Jugend. 1999. Handbuch Sozialpädagogische Familienhilfe, Stuttgart u. a.: Kohlhammer
Chassé, Karl August. 2014. Kindheit und Armut. In: Braches-Chyrek et.al. 2014.409-418
Fegert, Jörg M. und T. Basier. 2010. Psychisch belastete Kinder und Jugendliche an der Schnittstelle zwischen Kinder- und Jugendhilfe und Gesundheitssystem. In: Mehr Chancen für gesundes Aufwachsen. Hrsg. L. Behringer et.al. 987-1110, München DJI
Gadow. Tina et.al. 2013. Wie geht's der Kinder- und Jugendhilfe. Empirische Befunde und Analysen, Weinheim und Basel: Beltz Juventa
Homfeldt, Hans Günther. 2004. Erziehungshilfe als Biographiearbeit. In: Biographie und Soziale Arbeit. Hrsg. A. Hanses. 29-46. Baltmannsweiler: Schneider
Kerber-Ganse, Waltraut. 2009. Die Menschenrechte des Kindes, Opladen & Farmington Hills: Barbara Budrich
Koppetsch, Cornelia. 2013.Die Wiederkehr der Konformität. Streifzüge durch die gefährdete Mitte, Frankfurt/M.: Campus
Krüger, Dorothea Christa et al. Hrsg. Familie(n) heute, Weinheim und Basel: Beltz Juventa

Lanfranchi, Andrea und A. Burgener Woeffray. 2013. Familien in Risikosituationen durch frühkindliche Bildung erreichen. In: *Handbuch frühkindliche Bildungsforschung*, Hrsg. V. M. Stamm und D. Edelmann. 603-616 Wiesbaden: VS Springer

Lange-Vester, Andrea und M. Vester. 2017. Lehrpersonen, Habitus und soziale Ungleichheit in schulischen Bildungsprozessen. In: *Erziehungswissenschaftliche Reflexion und pädagogisch-politisches Engagement – Wolfgang Klafki weiter denken*. Hrsg. K.-H. Braun, F. Stübig, H. Stübig. XV. Wiesbaden: Springer VS, 135-159

Liebel, Manfred. 2007. Wozu Kinderrechte, Weinheim und München: Juventa

Lutz, Ronald. Hrsg. 2012. Erschöpfte Familien, Wiesbaden: VS-Verlag

Schleiffer, Roland. 2014. Der heimliche Wunsch nach Nähe. Bindungstheorie und Heimerziehung, Weinheim und Basel: Beltz Juventa

Schleiffer, Roland. 2015. Fremdplatzierung und Bindungstheorie, Weinheim und Basel: Beltz Juventa

Uhlendorff, Uwe et al. 2013. Soziale Arbeit mit Familien, München Basel. Reinhardt

Vester, Michael et al. 2001. Soziale Milieus im gesellschaftlichen Strukturwandel, Frankfurt/M.: Suhrkamp

Wolf, Klaus. 2015. Sozialpädagogische Interventionen in Familien, Weinheim und Basel: Beltz Juventa

Zander, Margherita. 2015. Laut gegen Armut – leise für Resilienz, Weinheim und Basel. Beltz Juventa

Literaturempfehlungen (Kap. 3.2)

Fegert, Jörg M. et.al. Hrsg. 2010. Problematische Kinderschutzverläufe, Weinheim und München: Juventa

Krüger, Dorothea Christa et.al. Hrsg. 2013. Familie(n) heute, Weinheim und München: Juventa

Liebel, Manfred. 2009. Kinderrechte – aus Kindersicht, Münster: LIT

Meysen, Thomas et.al. 2009. Frühe Hilfen im Kinderschutz, Weinheim und München: Juventa

Uhlendorff, Uwe et.al. 2013. Soziale Arbeit mit Familien, München Basel: Reinhardt

Wolf, Klaus. 2015. Sozialpädagogische Interventionen in Familien, Weinheim und München: Beltz Juventa

Alltagsverankerte gegenständlich-materielle und soziale Bedeutungsstrukturen 4

> **Zusammenfassung**
>
> Gegenüber den bisherigen Argumentationsschwerpunkten erfolgt in diesem Kapitel eine doppelte Erweiterung: Zunächst einmal wird mit der Kritischen Psychologie ein Ansatz vorgestellt, der den Anspruch hat, mit der Argumentationsfigur *„gesamtgesellschaftliche Vermitteltheit der individuellen Existenz"* die individualgeschichtliche Rekonstruktion der alltagsbezogenen Lebenspraxis der Menschen universaltheoretisch und epochenspezifisch zu verknüpfen mit einer umfassenden Analyse der gesellschaftlich-historischen Lebensbedingungen einschließlich ihrer Naturgrundlagen (Kap. 4.1). Darüber hinaus wird die Engführung auf Entwicklungs-*Probleme* der Kinder (und Jugendlichen) und ihrer Familien dahingehend überwunden, dass nunmehr die sozialen Bedingungen, zwischenmenschlichen Interaktionsmuster und psychodynamischen Entwicklungen *gelingender* Familienerziehung in den Focus gerückt werden. Das geschieht in drei Argumentationsschritten: Zunächst werden die Prozesse der aktiven und immer selbstreflexiveren Auseinandersetzungen der Kinder mit den gegenständlichen Bedeutungsstrukturen dargestellt (Kap. 4.2.1); dann die Bemühungen um eine immer gleichberechtigtere Verständigung über die Ziele und Wege des befriedigenden Zusammenlebens in der Familie (Kap. 4.2.2); und schließlich die Öffnung der privaten Erziehungsräume und -beziehungen für öffentliche Anregungs- und Unterstützungsangebote – hier in Form der Eltern-Kind- bzw. Mütter-Zentren (Kap. 4.2.3). Mit all dem ist das Plädoyer für ein Verständnis von Familienbildung verbunden, welches im pädagogischen Alltagshandeln sein Fundament und seinen zentralen Bezugspunkt hat und in das dann auch die Aneignung von semiprofessionellem und professionellem Wissen integriert ist.

In den Darstellungen von Kap. 2 und 3 gab es eine gewisse Kluft zwischen den eher abstrakten und bezogen auf die gesellschaftlichen Bedingungen eher vagen Darstellungen der *Bildungsthemen* (wenn diese z. B. kognitive Schemata und Bindungsmuster ins Zentrum stellen) und den sehr konkreten entwicklungspädagogisch-sozialen Aufgabenstellungen der verschiedenen pädagogischen *Konzepte* und *Methoden*. Aber auch ontogenetisch wird das **systemisch eingebundene Alltagsleben**, und damit die **konkrete unmittelbare Gesellschaftlichkeit**, für die Kinder zunehmend zu einem bedeutenden Erlebnis- und Erfahrungsfeld und markiert somit eine neue Entwicklungsstufe ihrer Handlungs-, Reflexions- und Genussfähigkeiten.

4.1 Bildungsthema: Aktive Aneignung der gesellschaftlich hervorgebrachten unmittelbaren sachlichen und interpersonalen Bedeutungsstrukturen (Holzkamp)

Die Überschrift dieses Unterkapitels werden viele LeserInnen vielleicht etwas umständlich oder holprig finden; das ist aber nicht ganz zufällig, denn nun soll ein Ansatz vorgestellt werden, der die **Bildungsaufgaben** dezidiert und systematisch in einem **gesamtgesellschaftlichen Kontext** stellt (wie dies ja auch die Allgemeinbildungskonzepte tun; vgl. Kap. 1.4). Es handelt sich dabei um den wesentlich von Klaus Holzkamp (1927–1995) begründeten und entfalteten Ansatz der Kritischen Psychologie. Er ist hervorgegangen aus einer immer schärferen Kritik an der *traditionellen*, der Mainstream-Psychologie (später als „bürgerliche" Psychologie bezeichnet), die sich dem Wissenschaftsparadigma des Neopositivismus oder Kritischen Rationalismus verpflichtet fühlte (vgl. den Sammelband von Holzkamp 1972) und der Suche nach einem *alternativen* Ansatz. Der wurde weder in einer Spielart der genetischen Psychologie von Piaget noch in den verschiedenen Ansätzen der Psychoanalyse gesehen, sondern in einem *dialektisch-materialistischen* Konzept. Dabei wurde auf der *gesellschaftstheoretischen* Ebene an den klassischen Marxismus und seine Kapitalismuskritik angeschlossen; und auf der *psychologischen* Ebene an die „kulturhistorische Schule" der sowjetischen Psychologie, wie sie von Lew Semjonowitsch Wygotski (1896–1934) begründet und dann von Alexejew Nikolajew Leontjew (1903–1979) weiter entwickelt worden ist, besonders in seinem Standardwerk „Probleme der Entwicklung des Psychischen" (vgl. Wygotski 1974; Leontjew 1973). Zugleich setzte die Kritische Psychologie zunehmend auch eigene Akzente und Schwerpunkte (vgl. Holzkamp 1973, 1983, 1993; ergänzend auch Holzkamp-Osterkamp 1975/76; Schurig 1975, 1976).

4.1.1 Psychophylogenese der Mensch-Welt-Relationen

Charakteristisch ist zunächst die **historische Herangehensweise**, also das Anliegen, die *Strukturen* und die *Funktionen* der menschlichen Subjektivität aus ihrer *Entstehung* zu erklären. Das bedeutet dreierlei:

1. Zunächst einmal wird die Besonderheit der menschlichen Lebenspraxis aus ihrer **naturgeschichtlichen** Gewordenheit erklärt. Dabei stehen im Vordergrund die Lebensformen der Tiere, die den Menschen besonders nahe stehen, die Primaten sowie die Prozesse des Tier-Mensch-Übergangsfeld (TMÜ), in dem aus den Organismus-Umwelt-Beziehungen die Mensch-Welt-Zusammenhänge entstehen.
2. Die **Gesamtgesellschaft** wird als ein komplexer Strukturzusammenhang verstanden, der einerseits durch den qualitativen Unterschied zwischen der **alltäglichen Lebensführung** und den **systemischen Strukturen** (der Arbeits- und Politikbzw. Staatsverhältnisse) bestimmt ist; und andererseits dadurch, dass diese Strukturen das *Resultat*, aber auch die *Voraussetzung* des individuell-kollektiven Handelns der Menschen sind. Dabei lassen sich qualitative Unterschiede der Gesellschaftsstrukturen im Laufe der Menschheitsgeschichte unterscheiden, die auch als *Epochenabfolge* gedeutet werden kann.
3. Die menschlichen **Individuen** entwickeln sich in die konkret-historische Gesellschaft mit ihrer jeweiligen **Epochenspezifik** hinein, setzten sich mit ihr auseinander – und verändern dabei auch sich, ihre sozialen Beziehungen und ihr Verhältnis zu den übergreifenden Systemstrukturen – und können diese auch bis zu einem gewissen Grade verändern (z. B. durch Engagement in einer NGO). Dies verweist auf das grundlegende Spannungsverhältnis von *objektiver Bestimmtheit* und subjektiver *Bestimmung* der individuell-kollektiven menschlichen Lebenspraxis.
4. Daraus ergeben sich nun schon die zentralen **Spezifika des Mensch-Welt-Zusammenhangs**:
    a. Die Menschen verobjektivieren individuell und kollektiv ihre Absichten, Wünsche, Erfahrungen und Erkenntnisse, so dass sie ihren individuellen und kollektiven Tod überleben können (was wir z. B. an den antiken Ruinenlandschaften oder Schriftdokumenten staunend bewundern). Sie schaffen damit einerseits **sachliche** (z. B. in Form von Werkzeugen) und **symbolische** (z. B. in Form von Büchern oder Bildern) **Bedeutungsstrukturen**, die andererseits ein bestimmtes Verhältnis der Menschen zueinander, also **soziale** Bedeutungsstrukturen, beinhalten (man denke hier an Prozesse der Arbeitsteilung, z. B. in einer Fabrik oder einem Büro oder an die Beziehungen zwischen Kindern und ihren Eltern bzw. ErzieherInnen im Zusammenhang mit dem Erlernen

der Sprache). Es handelt sich bei diesen Bedeutungsstrukturen also um materielle und symbolische **Vergegenständlichungen**, die die nachfolgenden Generationen sich **aneignen** können und sollen, um das jeweils schon erreichte Lebensniveau individuell und/oder kollektiv zu erhalten, ja mehr noch: um das Niveau dieser *verallgemeinerten* Lebens-*Vorsorge* zu erhöhen. Dies beinhaltet das auch biografisch bedeutsame Spannungsverhältnis von Geschichte, Gegenwart und Zukunft – und schließt drastische Einbrüche in den Prozess der menschlichen Zivilisation zwingend ein (das zeigt schon der oberflächliche Blick auf die neuere europäische Geschichte – man denke nur an das Massenelend im Ersten und Zweiten Weltkrieg, die Barbarei des deutschen und internationalen Faschismus und die aktuellen Terrorregime im Nahen Osten).

b. Die personale Teilhabe an den alltäglichen und systemischen gesellschaftlichen Reproduktionsprozessen erfordert auf der **kognitiven** Ebene – wie anhand des Ansatzes von Piaget schon angesprochen (vgl. Kap. 2.1) – einerseits die Fähigkeit zu verschiedenen *Wahrnehmungstätigkeiten* (einfache Orientierungsaktivtäten, aktive Gliederung des Wahrnehmungsfeldes und wahrnehmungszentrierte Lernprozesse) und andererseits *Denktätigkeiten*, also präsenzentbundene Auseinandersetzungen mit den sachlichen und personalen Gegenstandsbedeutungen. Dabei kann unterschieden werden zwischen *anschaulichem* Denken (dies ist eng an die Wahrnehmung geknüpft), *instrumentellem* Denken (dies wählt die optimalen Mittel aus, wenn das Ziel klar ist) und *dialektischem* Denken (dies versteht die historische Entwicklung) als die Auseinandersetzung mit und Bewältigung von Widersprüchen bzw. Widerspruchsverhältnissen (z. B. zwischen Lohnarbeit und Kapital, zwischen technischen Produktionsmitteln und privaten Eigentumsformen).

c. Wie schon im Zusammenhang mit der Bindungstheorie thematisiert (vgl. Kap. 3.1) äußert sich die Sozialität der Menschen nicht zuletzt auch darin, dass sie das **Bedürfnis** einerseits nach sozialer Integration und emotionaler Aufgehobenheit in zuverlässigen zwischenmenschlichen Beziehungen haben; und andererseits wollen sie Einfluss nehmen auf die Bedingungen ihrer Lebensführung, also die Möglichkeiten der Bedürfnisbefriedigung. Dieses Gestaltungsbedürfnis ist eine eigenständige psychische Qualität gegenüber den sexuellen und sinnlich-vitalen Bedürfnissen (wie Essen und Trinken). Oder anders ausgedrückt: Die Befriedigung der sexuellen und sinnlich-vitalen Bedürfnisse ist in der Befriedigung der Gestaltungsbedürfnisse insofern *aufgehoben* als sie den Rahmen schaffen, dass diese Bedürfnisse möglichst angstfrei befriedigt werden können, weil die Menschen sich nicht bedroht fühlen und daher Angst haben (müssen).

d. Mit der Einsicht, dass Angst der größte Feind der Sinnlichkeit darstellt, ist schon das Verhältnis von **Subjektivität** und **Entfremdung** angesprochen. Unter den Bedingungen von gesellschaftlichen Herrschafts- und Machtverhältnissen, also in *Klassengesellschaften*, die in den *sozialen Milieus* ihren alltagspraktischen Ausdruck finden, werden die Menschen nicht nur von der *Natur* entfremdet (das hat die Ökologiedebatte der letzten 30 Jahre hinreichend deutlich gemacht), sondern auch von gesellschaftlichen Entscheidungsprozessen mehr oder weniger drastisch ausgeschlossen, was zu einer Entfremdung von der *Gesellschaft* führt (aktuell als Alternative „Kapitalismus oder Demokratie?" diskutiert). Indem so der Natur- und Gesellschaftbezug mehr oder weniger massiv eingeschränkt wird, werden die Menschen auch von sich selbst entfremdet. Diese *Selbstentfremdung* äußert sich nicht nur z. B. in einem rabiaten, die Gesundheit gefährdenden Umgang mit dem eigenen Körper, sondern auch in dem anti-sozialen Verhältnis zu anderen Menschen (wenn diese z. B. nur noch als Konkurrenten erlebt werden oder man sie fast ausschließlich als „Instrumente" benutzt, um die eigenen Interessen durchzusetzen).

4.1.2 Strukturen der menschlichen Ontogenese

Für die kritisch-psychologisch ausgerichtete Deutung der Bildungsaufgaben ist von besonderem Interesse das Konzept der **individuellen Entwicklungszüge als logische Stufen der Ontogenese** (vgl. dazu auch den Wissensbaustein Nr. 4; S. 91-93). Hier sind folgende Aspekte relevant:

1. Zunächst einmal wird die Ontogenese als **individueller Vergesellschaftungsprozess** verstanden (hier bestehen wichtige Gemeinsamkeiten mit dem sozialökologischen Konzept und natürlich besonders mit dem Verständnis von Bildung als einem *doppelseitig* aufschließenden Prozess; vgl. Kap. 1.3/1.4) – und zwar in folgender Hinsicht:
    a. Individuum und Gesellschaft stehen nicht in einem einseitigen Abhängigkeitsverhältnis und „das Individuelle" kann nicht einfach auf „das Gesellschaftliche" zurückgeführt, aus ihm „abgeleitet" werden. Vielmehr existiert eine *Gleichursprünglichkeit* von objektiven und subjektiven Strukturen, von *gesellschaftlichen Ursachen* und *subjektiven Gründen* der jeweiligen personalen Entwicklung.
    b. Insofern ist auch – was entwicklungspädagogisch sehr bedeutsam ist – von einer Gleichursprünglichkeit von institutionell über den Lebenslauf ver-

mittelten gesellschaftlichen *Anforderungen* und in Interaktionsprozessen verankerten *Bedürfnissen* auszugehen. Das führt deshalb nicht – wie gerade autoritäre Erziehungskonzepte immer wieder unterstellen – zum Individualismus oder gar zur Asozialität, weil die Menschen etwa ihrer – im Tier-Mensch-Übergangsfeld entstandenen – *biologischen Ausstattung* (im streng naturwissenschaftlichen Sinne!) *auf die Gesellschaft hin „angelegt"* sind, also ein „unstillbares" Bedürfnis nach sozialer und systemischer Integration haben. In dem Maße, wie sie die Bedingungen der Bedürfnisbefriedigung – auch durch motivierte Anstrengung – gestalten können, bewerten sie diese Situation und Perspektive emotional positiv und entwickeln so *Glückserwartungen*; in dem Maße, wie sie davon – mehr oder weniger radikal – ausgeschlossen werden, bewerten sie das emotional negativ und entwickeln so latente oder manifeste Ängste (die sie ggf. psychodynamisch abwehren, so dass sie vor- oder unbewusst werden). Daraus resultiert die grundsätzliche Möglichkeit der Menschen, *objektive* gesellschaftliche *Anforderungen* dann *begründet zu subjektivieren*, wenn sie tatsächlich ihre Handlungs-, Reflexions- und Genussfähigkeiten und -bereitschaften auszuweiten vermögen, also dadurch Kompetenzentwicklung und Identitätsbildung so miteinander verschränkt werden können, das einfache und höherstufige Intersubjektivitätsbeziehungen und Anerkennungsverhältnisse begründet werden. Deshalb ist es entwicklungspädagogisch uneinsichtig, die Kinder und Jugendlichen zu etwas *zwingen* zu wollen, was ohnehin *in ihrem Interesse* ist (genau das unterstellen bestimmte Erziehungskonzepte).

c. Insofern beinhaltet die Formulierung von Bildungsaufgaben immer eine *normative* Perspektive nicht nur *möglicher*, sondern auch *wünschenswerter* personaler Entwicklungen (hier gibt es wiederum wichtige Übereinstimmungen mit der Bildungstheorie; vgl. Kap. 1.4), wie auch eine übergreifende Ausrichtung der *kritischen* empirischen Erforschung der *faktisch* sich vollziehenden Prozesse des Aufwachsens von Kindern und Jugendlichen an diesen Perspektiven (worauf schon mehrfach eingegangen worden ist und weiterhin wird).

d. Die so verstandenen individuellen Vergesellschaftungs- bzw. Bildungsprozesse sind – wie mehrfach erwähnt – stets *doppelseitig aufschließende* Entwicklungs- und Lernprozesse, die sowohl Einsichten in die objektiven Oberflächen- und Tiefenstrukturen der gesellschaftlichen Wirklichkeit wie auch die Verarbeitung der subjektiven Erfahrung mit ihnen anregen und unterstützen (z. B. zu gefühlsdominierter Einstellung und Überzeugung, zu reinem Erfahrungswissen, zur verallgemeinerter Erfahrung, zu reflektierter, mit wissenschaftlichem Wissen legierter Erfahrung). Gerade in diesem Zusammenhang ist die Auseinandersetzung mit der objektiven Seite der *epochal*

4.1 Bildungsthema: Aktive Aneignung Bedeutungsstrukturen

typischen Schlusselprobleme stets mit den Glücks- und Leidenserfahrungen der Subjekte zu verschränken (was zu Erfahrungskrisen führen kann, die neue Perspektiven eröffnen).
e. Entgegen den traditionellen Konzepten kann ein zeitgemäßes Verständnis der Bildungsaufgaben nur von der *Unabschließbarkeit* ihrer Realisierung ausgehen. Darauf verweisen nicht nur pragmatische Begriffe wie „lebenslanges Lernen", sondern auch die Tatsache, dass das „Projekt Moderne" (Habermas) selber nicht abschließbar ist, es also gesellschaftlicher und personaler Reflexivität bedarf, um schrittweise verwirklicht werden zu können.
2. Aus dieser prinzipiellen Entwicklungsoffenheit der Ontogenese folgt auch, dass es keine altersmäßig festlegbaren *Phasen* geben kann; darauf ist in den verschiedenen Sozialisationstheorien insofern eingegangen worden, dass dort das Konzept der *Stufen* favorisiert wird. Um aber auch diesbezüglich nicht einen gradlinigen Aufbauprozess der subjektiven Strukturen zu unterstellen, spricht Holzkamp (1983, Kap. 8) von **Entwicklungszügen** – und zwar besonders von vieren:
   a. Die in Kap. 2 und 3 dargestellten Entwicklungen werden in diesem Zusammenhang als **ontogenetischer Vorlauf** verstanden, in dem die Fähigkeiten, Fertigkeiten und Bereitschaften erworben werden, die dann die biografischen Voraussetzungen darstellen, um sich eine erste zentrale, spezifisch menschliche Besonderheit der Gesellschaft aneignen zu können: Dass nämlich die Vergegenständlichungs-Aneignungs-Verhältnisse nicht natürlich im Sinne von unveränderbar, sondern historisch und somit gestalt- und veränderbar sind.
   b. Beim Entwicklungszug zur **Bedeutungsverallgemeinerung** stehen die *objektiv* vorhandenen sachlichen und zwischenmenschlichen Sinnzusammenhänge im Vordergrund. Zwar hat das (Klein-)Kind bisher schon gelernt, mit bestimmten Alltagsgegenständen (wie z. B. Tasse, Stuhl und Papier) umzugehen, aber diese Umgangsweisen hat es entweder nachgeahmt (z. B. von den älteren Geschwistern) und aber durch experimentelles „Forschen" entwickelt (vgl. Kap. 2.1 u. 2.3). Jetzt geht es aber um das Erlebnis und die zunehmende Einsicht, dass es die Gegenstände mehr oder weniger *sachgerecht* verwenden kann und dass in dem Maße, wie es ihm gelingt, auch bestimmte Absichten und Zwecke besser zu erreichen (z. B. mit dem Löffel Flüssigkeiten zu sich zu nehmen und mit dem Messer bestimmte Lebensmittel zu zerkleinern). Allerdings entdeckt das (Klein-)Kind erst im nächsten Entwicklungsschritt, dass dieser Gebrauchswert der Gegenstände nicht zufällig ist, sondern dass es eine *Sachlogik* in den Gegenständen gibt, die sie für die Verwirklichung *bestimmter* Absichten besonders geeignet macht und warum es sinnvoll ist, sie in einer bestimmten Weise zu verwenden (z. B. die Schüssel, um darin etwas aufzubewahren). In einem weiteren Entwicklungsschritt lernt es dann,

warum die Gegenstände *so* beschaffen sind (dass es z. b. verschiedene Papiersorten gibt – etwa Zeitungs-, Schreib- und Geschenkpapier), nämlich um bestimmte Funktionen am besten zu erfüllen (z. B. buntes Geschenkpapier, um Geburtstagsgeschenke schön zu verpacken und Schreibpapier, um darauf was zu malen, was beides beim Zeitungspapier nicht so gut gelingt). Darüber hinaus erlebt und erkennt es auch, dass man Gegenstände auch für Zwecke nutzen kann, für die sie eigentlich nicht gemacht sind (z. B. einen Stuhl, um auf ihn zu klettern, um an „verbotene" Süßigkeiten zu gelangen). Dieses vertiefte Eindringen in die Sachlogik gelingt allerdings nur in dem Maße, wie das Kind – wiederum in experimenteller und insofern „chaotischer" Weise – vorhandene Gegenstände *verändert* (z. B. Schnüre zusammenknotet, um eine längere Schnur zu haben, mit der es im Wohnzimmer einen Bezirk absperren kann) oder selber welche *herstellt* (z. B. aus Klötzen einen Turm baut). Damit erschließt sich ihm – besonders gefördert durch das Medium des Spiels und die verschiedensten Spielformen (vgl. Kap. 6.1.) – eine elementare Dimension der Vergegenständlichungs-Aneignungs-Relationen. Sie ist aber insofern noch begrenzt, als dass es sich um rein *individuelle* Zweck-Mittel-Relationen handelt. Erst im nächsten Entwicklungsschritt entdeckt das Kind, dass es mit diesen Aneignungsaktivitäten an *gesellschaftlichen* Zweck-Mittel-Relationen teilhat (dass es z. B. nicht nur zu Hause und bei Omi und Opi Gabeln, Teller, Lichtschalter usw. gibt, sondern auch in der Krippe oder im Eltern-Kind-Zentrum). Damit ist die Voraussetzung zu einem ganz entscheidenden Lernschritt geschaffen, der als *Zweck-Mittel-Umkehrung* gedeutet wird: Weil die Mittel nicht nur individuelle, sondern auch gesellschaftliche und insofern *verallgemeinerte* Zwecksetzungen enthalten, deshalb entstehen in der Auseinandersetzung mit ihnen auch neue individuelle Absichten und Zwecksetzungen. D. h. die in den Mitteln enthaltenen verallgemeinerten Zwecksetzungen legen die Entdeckung und aktive und immer anspruchsvollere Teilhabe an immer neuen objektiven Sinnstrukturen nahe.
Nun werden manche LeserInnen vielleicht den Einwand haben, dass die bisherige Darstellung reichlich sachborniert sei. Das ist in gewisser Weise zutreffend, denn bisher wurde davon abstrahiert, dass alle diese Prozesse zwischenmenschlich vermittelt sind. Allerdings ist dabei zu beachten, dass die sachlichen Bedeutungsstrukturen zunächst einmal bis zu einem gewissen Grade festlegen, *wie* sich die Menschen zueinander verhalten (wenn z. B. ein Tisch zu schwer ist, um ihn alleine zu verschieben, dann braucht man die Hilfe anderer Menschen und muss sich beim Verschieben zugleich mit ihnen absprechen). Die Sachlogik legt bis zu einem gewissen Grade auch den angemessenen Gebrauch fest, so dass das Kind *inhaltlich* prüfen kann, ob

4.1 Bildungsthema: Aktive Aneignung Bedeutungsstrukturen

bestimmte, von den Erwachsenen (oder älteren Geschwistern) formulierte Anforderungen und Erwartungen sachangemessen sind, bzw. diese begründet abzulehnen sind (wenn sie z. B. das falsche Papier zum Einpacken eines Geschenks für eine Freundin verwenden). Darüber hinaus gibt es zwischen den Menschen soziale Bedeutungsunterschiede auch dahingehend, was sie besonders gut bzw. nur sehr mäßig können (so kennt sich z. b. die Omi besonders gut mit Playmobil aus, während der Opi handwerklich besonders gut drauf ist) und die Kinder suchen sich dann die jeweils sachkompetenteren Personen (auch unter Geschwistern oder Gleichaltrigen) aus, wenn sie bestimmte Sachen machen wollen (z. B. einen Sandkasten im eigenen Garten bauen). In dem Maße, wie diese Prozesse voranschreiten, überwinden die (Klein-)Kinder ihre bisherige „Mittellosigkeit". Es verschränkt sich dann die *Sachverfügung* über die gegenständliche Welt mit der weiteren Spezifizierung der *Sozialintentionalität* hin zu elementaren Formen der alltagspraktischen *Kooperation* als erweiterte Grundlage der sozialen Integration und emotionalen Abgesichertheit und Geborgenheit. Dies bildet dann auch die Voraussetzung zur Aneignung der Kommunikationsfunktion der Sprache (vgl. Kap. 5).

c. Über das kindliche Entwicklungsniveau deutlich hinaus geht der Entwicklungszug zur **Unmittelbarkeitsüberschreitung**, indem über die eigene, mit anderen geteilte Alltagswelt hinausgegangen wird und Zusammenhänge hergestellt werden zwischen dem *Alltagsleben* und den übergreifenden ökonomischen sowie politisch-staatlichen *Systemstrukturen* (diese vollzieht sich besonders in der Jugend und wird daher in Band 2 ausführlich thematisiert).

d. Mit dem Entwicklungszug zur **voll entwickelten, verallgemeinerten Handlungsfähigkeit** wird in der gesellschaftlich vermittelten Ontogenese die subjektive Sinnperspektive des handlungs-, reflexions- und genussfähigen Erwachsenendaseins eröffnet, deren Realisierung genauso unabschliessbar ist wie die der Bildungsperspektiven, womit pointiert gesagt ist, dass die Menschen in allen Phasen ihrer Biografie immer noch die Qualität ihres systemisch eingebundenen Alltagsleben verbessern können, weil sie nie genügend gebildet sein können.

4.1.3 Kritisch-konstruktive Anmerkungen zum Intersubjektivitätsverständnis der Kritischen Psychologie

Nun hat es auch gegenüber dem Subjektivitäts- und Ontogenesekonzept der Kritischen Psychologie eine Reihe von grundlegenden **Einwände** gegeben; an dieser

Stelle seien nur folgende erwähnt (sie sind auch *selbstkritisch* gemeint, wie Braun 2004, 2012, 2014 zu entnehmen ist):

1. Zwar wird von der Kritischen Psychologie die **Gleichursprünglichkeit** und damit der Eigensinn von objektiven Handlungsbedingungen und interpersonal vermittelten subjektiven Handlungsgründen anerkannt, aber die sprachliche **Kommunikation** wird *abgeleitet* aus den Erfordernissen der gesellschaftlichen **Produktion** und den Strukturen der staatlich gesicherten ökonomischen Herrschaftsverhältnisse (vgl. Wissensbaustein Nr. 6, S. 125-128). Schon dadurch entsteht die Neigung, *alle* gesellschaftlichen Teilbereiche von den *spezifischen* ökonomischen Strukturen her zu deuten, weil sie ihnen angeblich *unterworfen* sind.
2. Obwohl die *historische* Methode für diesen Forschungsansatz charakteristisch sein soll, ist auf seine Anwendung in den Arbeiten seit ca. 1985 weitgehend verzichtet worden (wie man besonders an Holzkamps umfassender Monografie zum Lernen von 1993 prägnant erkennen kann). Schwerer wiegt der Hinweis, dass im Widerspruch zu dem Anspruch alle Prozesse in ihrer Entwicklung, also auch Veränderung zu betrachten, die **Kapitalismuskritik** der Kritischen Psychologie eine weitgehend **statische Gesellschaftsformation** unterstellt, deren wesentliche Züge bereits hinreichend im klassischen Marxismus von Karl Marx (1818–1883) und Friedrich Engels (1820–1895) erkannt worden sein sollen. Weder die vielfältigen Transformationen der technologisch-energetischen Produktionsgrundlagen, der gesellschaftlichen Klassenstrukturen und Milieuverhältnisse sowie die Etablierung und krisenhafte Weiterentwicklung des Sozialstaates noch die breiten Debatten innerhalb des internationalen, besonders des westlichen Marxismus finden in den entsprechenden Analysen einen relevanten Niederschlag (vgl. Holzkamp 1983, Kap. 7.5; ders, 1993, Kap. 4). Damit bekommen – ganz entgegen dem eigenen Anspruch – die Gesellschaftsbezüge etwas Vages und der Subjektanalyse Äußerliches, Zusätzliches. Dies hängt mit einem weiteren Problem zusammen:
3. Obwohl deutlich unterschieden wird zwischen den *allgemeintheoretischen*, kategorial genannten Grundlagen und den gegenstandsbestimmten *Einzeltheorien* (vgl. Holzkamp 1983, Kap. 9.4/9.5), sind dafür notwendige **aktualempirische Untersuchungen** allenfalls **randständig** durchgeführt und veröffentlicht worden. Es gibt also eine große Diskrepanz zwischen *Begründung* und *Anwendung*. Bezogen auf die Bildungsaufgaben zeigt sich dieser Mangel besonders darin, dass der Fragestellung fast überhaupt nicht nachgegangen wurde, wie sich die universaltheoretisch ausgelegten *Entwicklungszüge*, die bis zu einem hohen Grad auch als begründet, zumindest aber als plausibel anzuerkennen sind, in bestimmten biografischen *Etappen* und *Phasen* unter jeweils konkret-histori-

4.1 Bildungsthema: Aktive Aneignung Bedeutungsstrukturen

schen Bedingungen realisieren (z. B. den aktuellen in den hochentwickelten westlichen Gesellschaften des digitalisierten Risikokapitalismus). Es ist von daher auch nicht verwunderlich, dass von Seiten der Kritischen Psychologie allenfalls punktuelle und vereinzelte Vorschläge erarbeitet und präsentiert worden sind, wie bestimmte gesellschaftliche, alltägliche und zwischenmenschliche Entwicklungsprobleme bewältigt werden können. Eine Überführung der *kritischen* Analysen in *konstruktive* Reformperspektiven und -konzepte fehlt weitgehend, was als *Utopieverlust* interpretiert werden kann. Auch das verweist auf ein weiteres Problem:

4. Die Kritik der Kritischen Psychologie an der Unterwerfung unter die kapitalistische Formbestimmtheit auch des professionellen pädagogischen Alltagshandelns ist in vielerlei Hinsicht überzeugend. Sie stimmt in wichtigen Aspekten mit den Analysen überein, die der „Kolonialisierung der Lebenswelten durch die Systemimperative des Geldes und der Macht" nachgegangen sind (vgl. im Nachgang von Habermas 1988, Kap. VIII.2). Allerdings wird von dieser entfremdenden **Normalisierung** des Handelns (z. B. in der SPFH) nicht hinreichend unterschieden die **Normativität** auch des professionellen (pädagogischen) Handelns, also die Begründung und alltagspraktische Beachtung der Kriterien, die dieser Kritik überhaupt erst ein disziplinäres und professionellen Fundament verleihen.

Daraus ergibt sich – ähnlich wie bei den anderen Theorieansätzen, die in diesem und dem folgenden Buch vorgestellt werden – die Notwendigkeit, die die für ein angemessenes Verständnis der jeweiligen Bildungsaufgaben relevanten Erkenntnisse zu bewahren, indem sie in einem entwickelteren Konzept *aufgehoben* werden. Das wird auch hier versucht.

Wissensbaustein Nr. 4
Das rekonstruktive Verfahren zur Begründung der individuellen Entwicklungszüge von Holzkamp
Für die kritisch-konstruktive Entwicklungspädagogik ist Holzkamps Verständnis der logischen Strukturiertheit der Ontogenese von besonderem wissenschaftstheoretisch-methodologischen Interesse; es enthält drei Komponenten:

a. Der erste Rekonstruktionsschritt
„Da die psychischen Aspekte der *gesamtgesellschaftlichen Vermitteltheit* individueller Existenz ... dem Individuum nicht einfach zukommen, sondern in Überschreitung der *unmittelbaren* Lebenslage/Lebenspraxis im Reproduktions-

bereich immer wieder neu realisiert werden müssen, kann man auch bei der Thematisierung der *ontogenetischen* Dimension nicht davon ausgehen, dass die Charakteristika gesamtgesellschaftlicher Vermitteltheit des Psychischen dem sich entwickelnden Individuum *von allem Anfang an zukommen*: Vielmehr muss dem Prozess der individualgeschichtlichen Reproduktion (gesamtgesellschaftlich vermittelter) Handlungsfähigkeit *entwicklungslogisch notwendig ein ontogenetischer Prozess vorhergehen*, durch welchen in Überschreitung der Unmittelbarkeit die *gesamtgesellschaftlich vermittelte Handlungsfähigkeit allererst erreicht* wird. Dabei ist dieser ontogenetische Entwicklungsprozess als *Weg* von der individualgeschichtlichen Unmittelbarkeit zur Vermitteltheit von anderer Natur als der Reproduktionsprozess der gesamtgesellschaftlich vermittelten Handlungsfähigkeit selbst, der dadurch ermöglicht wird. Die Differenz zwischen dem ‚Ausgangspunkt' und dem ‚Endpunkt' dieses speziellen Entwicklungszugs darf dabei unter kategorial-entwicklungslogischen Kriterien durch nichts anderes charakterisiert werden als durch das Begriffspaar ‚*Unmittelbarkeit-Vermitteltheit*', d. h., dass dem ‚Ausgangspunkt' dieses Prozesstyps *alle von uns früher herausgearbeiteten Kennzeichen der individuellen Handlungsfähigkeit abzüglich ihrer gesamtgesellschaftlichen Vermitteltheit* zugesprochen werden müssen. Damit wäre der *Ausgangspunkt* des *Entwicklungszuges der Unmittelbarkeitsüberschreitung* global zu charakterisieren durch die Merkmale der *lediglich ‚kooperativen' Weise gesellschaftlich-individueller Lebensgewinnung* ..."(Holzkamp 1983, S.421f)

b. Der zweite Rekonstruktionsschritt

Dieser zielt auf die Herausarbeitung *zusätzlicher* Bestimmungen, die sich im „Hinblick darauf ergeben, ob eine bestimmte Erscheinung im jeweils höheren Prozesstyp als *spezifisch aufgehoben*, als nur *sekundär mitentwickelt*, oder als lediglich *unspezifisch überformt* zu charakterisieren ist. In diesem Zusammenhang ist auch zu klären, wieweit sich *innerhalb* eines ... Prozesstyps noch weitere, *nachgeordnete entwicklungslogische Sequenzen* als *Zwischensequenzen vom Ausgangspunkt zum Resultat des Entwicklungszugs* herausheben lassen. Generell muss darin fassbar werden, wie weit eine gewisse psychische Erscheinung mit einem Prozesstyp in der besonderen Qualität *neu entsteht* (Funktionswechsel) bzw. wie weit sie schon vorher sich herausgebildet hatte und sich nun im neuen Zusammenhang lediglich *spezifiziert* und schließlich durchsetzt (Dominanzwechsel). (...) Die zentrale übergeordnete Frage solcher individualgeschichtlichen Kategorialanalysen ist die nach den *Bewegungsmomenten*, durch welche es jeweils zu *Differenzierungen, Spezifizierungen, qualitativen Sprüngen* des individualgeschichtlichen Prozesses kommen kann." (ebd., S. 426)

c. Abgrenzung von Phasen- bzw. Stufenmodellen

„Außer der Bestimmung eines unumkehrbaren Voraussetzungsverhältnisses ist in der ‚entwicklungslogischen Sequenz' über den realen ontogenetischen Prozess *keine weitere Bestimmung* getroffen. Die Sequenz impliziert damit keine *chronologischen* Festlegungen darüber, wann, in *welchem Lebensalter*, der jeweils folgende Prozesstyp erreicht wird. Ebenso wenig sind darin Vorstellungen über jeweils die Gesamtentwicklung bestimmende, zeitlich voneinander absehbare *Entwicklungsstufen oder -phasen* enthalten. Schließlich ist hier nicht einmal festgelegt, dass der *Entwicklungszug des jeweils vorgeordneten Prozesstyps vollständig abgeschlossen* sein muss, ehe der *nächste Prozesstyp einsetzen* kann. Man muss vielmehr ... auch hier ... zwischen dem *ersten Auftreten* einer neuen Funktion (Funktionswechsel) und ihrer *Durchsetzung* gegenüber der früheren Funktion (Dominanzwechsel) unterscheiden. Demnach können z.B. innerhalb des Entwicklungszuges der Bedeutungsverallgemeinerung – nach Maßgabe der Entfaltung der dazu nötigen Voraussetzungen – bereits *Vorformen der Unmittelbarkeitsüberschreitung* auftreten, die aber erst, wenn die *Bedeutungsverallgemeinerung ein entsprechendes Niveau* erreicht hat, *dominant* zu werden vermögen." (ebd., S. 424)

Literaturnachweise (Kap. 4.1)

Braun, Karl-Heinz. 2004. Raumentwicklung als Aneignungsprozess. Zu einer raumbezogenen Problemgesichte des Aneignungskonzeptes in der „Kritischen Psychologie" und darüber hinaus. In: *Aneignung – Bildungskonzept der Sozialpädagogik*. Hrsg.: U. Deinet, Ulrich und Chr. Reutlinger. 20-48, Wiesbaden: VS-Verlag

Braun, Karl-Heinz. 2012. Lebensweltorientierte Soziale Arbeit und Kritische Psychologie: Herausforderungen in theoriegeschichtlicher Perspektive. In: *Soziale Arbeit*. Hrsg.: U. Eichinger und K. Weber. 122-158, Hamburg: Argument

Braun, Karl-Heinz. 2014. Der aneignungstheoretische Blick auf die systemisch vermittelten Sozialräume. Theoriesystematische Anregungen der Kritischen Psychologie für die Sozialraumforschung und Sozialraumarbeit. In: *Tätigkeit – Aneignung – Bildung*. Hrsg.: U. Deinet und Chr. Reutlinger. 33-65. Wiesbaden: Sprinfer VS

Habermas, Jürgen. 1988. Theorie des kommunikativen Handelns. Zweiter Band, Frankfurt/M.: Suhrkamp

Holzkamp, Klaus. 1972. Kritische Psychologie. Vorbereitende Arbeiten, Frankfurt/M.: Fischer Taschenbuch

Holzkamp, Klaus. 1973. Sinnliche Erkenntnis – Historischer Ursprung und gesellschaftliche Funktion der Wahrnehmung, Frankfurt/M.: Fischer Athenäum

Holzkamp, Klaus. 1983. Grundlegung der Psychologie, Frankfurt/New York: Campus

Holzkamp, Klaus. 1993. Lernen. Subjektwissenschaftliche Grundlegung, Frankfurt/ New York: Campus
Holzkamp-Osterkamp, Ute. 1975/76. Grundlagen der psychologischen Motivationsforschung. 2 Bde, Frankfurt/New York: Campus
Leontjew, Alexej Nikolajewitsch. 1973. Probleme der Entwicklung des Psychischen. Mit einer Einführung von Klaus Holzkamp und Volker Schurig, Frankfurt: Fischer Athenäum
Schurig, Volker. 1975. Naturgeschichte des Psychischen. 2 Bde, Frankfurt/New York: Campus
Schurig, Volker. 1976. Die Entstehung des Bewusstseins, Frankfurt/ New York: Campus
Wygotski, Lew Semjonowitsch. 1974. Denken und Sprechen, Frankfurt/M.: Fischer

Literaturempfehlungen (Kap. 4.1)

Deinet, Ulrich und Chr. Reutlinger. Hrsg. 2012. Tätigkeit – Aneignung – Bildung, Wiesbaden: Springer VS
Eichinger, Ulrike und K. Wolf. Hrsg. 2014. Soziale Arbeit, Hamburg: Argument.
Holzkamp, Klaus. 1983. Grundlegung der Psychologie, Frankfurt/New York: Campus
Holzkamp, Klaus. 1997. Schriften I: Normierung – Ausgrenzung – Widerstand, Hamburg: Argument

4.2 Familienbildung

Es dürfte schon aufgefallen sein, dass besonders in den Kap. 2.2 u. 3.2 hauptsächlich vom *Scheitern* des Zusammenlebens in den Familien die Rede war. Das ist insofern nicht überraschend, denn ein relevanter Teilbereich der Entwicklungspädagogik, die Soziale Arbeit, muss sich zumindest auch faktisch meist sogar vorrangig um solche Familien besonders kümmern, in denen die individuelle und kollektive Lebensbewältigung zumindest zu scheitern droht. Allerdings beinhaltet diese problemzentrierte Betrachtungsweise – so zu Recht Winkler (2012, S. 12f u. 61f) – auch die professionelle und disziplinäre Gefahr eines einseitig negativen Verständnisses von der Bedeutung der Familie für das Aufwachsen. Das widerspricht auch wichtigen empirischen Befunden, wie sie gerade von den Word Vision Studien zur „Lage der Kinder in Deutschland" erarbeitet worden sind. Danach machen zwar ca. 20 % der Kinder schon in der Familie Deprivationserfahrungen, aber ca. 80 % fühlen sich in der eigenen Familie wohl, die deutliche Mehrheit sogar sehr wohl (vgl. Andresen/Hurrelmann 2013, Kap.3). Die argumentativen Schwächen einer reinen Defizitanalyse werden darüber hinaus spätestens dann deutlich, wenn es um eine nachhaltige *präventive* Unterstützung und Absicherung des familiären Zusammen-

4.2 Familienbildung

lebens geht. Dann sind nämlich „*positive*" Entwürfe, also *normativ* wünschenswerte Perspektiven gefragt. Diese sind nun keine gut gemeinten Spekulationen, sondern Konzepte, die die *realen* Funktionen und Potenzen in den Vordergrund stellen und dabei an empirische Befunde anschließen. So kann gesichert davon ausgegangen werden, dass die Kinder und Jugendlichen in den Familien die wesentlichen *elementaren* Kompetenzen, Fähigkeiten, Bereitschaften und Einstellungen erwerben, die die Basis ihrer weiteren Entwicklung darstellen (vgl. Winkler 2012, S. 69ff u. 83ff). Zugleich ist zu beachten, dass die einzelne **Familie** einen **relativ autonomen Raum** mit einer spezifischen *Eigenlogik* und einem fühlbaren *Eigensinn* darstellt, der sich auch in den erzählten *Familiengeschichten* niederschlägt und so tradiert wird. Sie ist einerseits von anderen gesellschaftlichen Teilbereichen (wie z. B. Kindergarten, Schule, Verein, Betrieb/Büro) erkennbar abgegrenzt und zugleich in die gesellschaftlichen und sozialen Prozesse eingelassen. Oder anders ausgedrückt: Die komplexen ökonomischen, sozialen, politischen und kulturellen Einflussfaktoren wirken – wenn auch gefiltert – in die Familie hinein, sie ist der soziale Raum, in dem sich die Kinder (und Jugendlichen) sowie ihre Eltern und andere Erwachsene mit diesen Anforderungen auseinandersetzen und versuchen, sie so gut wie möglich zu bewältigen. In diesem Sinn ist das *Alltagsleben* in der Familie ein mehr oder weniger aktiv gestaltetes und interpretiertes „Spiegelbild" der gesellschaftlichen Verhältnisse und Beziehungen. Und die Familie ist insofern auch zumindest *ein*, wenn nicht phasenweise sogar *der* zentrale *Bildungsort* für die Kinder und Jugendlichen. Dabei ist allerdings Bildung – wie bereits deutlich geworden sein dürfte – nicht auf ein bestimmtes kulturelles Wissen oder gar schulrelevante Kompetenzen zu reduzieren. Vielmehr umfasst sie – wie in Kap. 1.4 erläutert – jenes vielschichtige Wechselverhältnis von selbstbestimmter Mitbestimmung und solidarischer Verantwortungsübernahme, welches auf einer perspektivischen Symmetrie von Rechten und Pflichten aufbaut. Und genau dies ist der weitreichende, normative Anspruch an eine präventive entwicklungspädagogische Förderung und Absicherung der Familien: dass sie nämlich aufgrund ihrer Lebenslage und ihren Interaktionsmustern in die Lage versetzt wird, ein solcher **Bildungsort** zu bleiben bzw. zu werden (vgl. Bird/Hübner 2013, Kap. 3 u. 4; Correll/Lepperhoff 2013, Kap.2). Darauf zielt die Unterstützung der Familienerziehung (auch) durch die Fachkräfte, generell der Entwicklungspädagogik und speziell der Sozialen Arbeit. Und der zuvor dargestellte Ansatz der Kritischen Psychologie enthält dazu eine ganze Reihe von expliziten, häufig auch nur impliziten Argumentationsmustern und Anregungen.

4.2.1 Von der Psychomotorik zu den handwerklichen Kompetenzen

Es wurde in Kap. 2.3 schon darauf hingewiesen, dass es zur Förderung der Psychomotorik einer anregungsreichen Umgebung bedarf. Im Kontext der vorliegenden Lernaufgabe geht es nun um die kindlichen Erlebnisse und Erfahrungen, dass diese Umgebung keineswegs natürlich im Sinne von unveränderlich ist, sondern dass sie von Menschen *hergestellt* wurde und deshalb *verändert* werden kann. Dieser Aneignungsprozess ist zum einen ein *aktiver* Prozess und zum anderen gibt es einen engen Zusammenhang zwischen dem *motorischen* Lernen und der Auseinandersetzung mit den *sachlichen* Qualitäten der Umgebung. Dabei können zwei Entwicklungsschwerpunkte und -schritte unterschieden werden: ob nämlich die einfache Reproduktion der sachlichen Bedeutungen im Vordergrund steht oder ob – darauf aufbauend – eine konstruktive Veränderung der Sachstrukturen stattfindet.

1. Die **„einfache"** Reproduktion der **sachlichen** Bedeutungsstrukturen erfordert zunächst einmal eine körperzentrierte Auseinandersetzung mit Gegenständen (wie in Kap. 2.1 ansatzweise schon erläutert). Das sollten vorrangig *Alltagsgegenstände* sein (wie z. B. Löffel, Stühle, Kochtöpfe, Flaschen, Dosen, Handtücher), deren praktische Bedeutung das Kind durch ihren *angemessenen* Gebrauch *beobachten* und ggf. *nachahmen* kann (wozu etwa die verschiedenen Kochtöpfe verwendet werden – eben nicht nur zum „Musik" machen …). Wenn es dann selbst mit ihnen umgehen will, dann merkt es erst, dass das gar nicht so einfach ist (z. B. in eine Flasche Wasser einzufüllen und es später aus der Flasche in einen Trinkbecher umzufüllen. Es unterschätzt vielleicht, wie viel Wasser in die Flasche geht oder – was jetzt wichtiger ist – wie schwer es ist, den Wasserhahn auf- und dann wieder zuzudrehen). Es erlebt – ggf. erstmalig oder ähnlich wie bei sportiven Aktivitäten –, dass ihm sein eigener Körper nicht „gehorchen" will, dass das, was bei den anderen so einfach aussieht, weil sie es selbstverständlich und routiniert machen, für es selber ganz schwierig zu machen ist. Es bemerkt also die Widerständigkeit seines eigenen Körpers – hier besonders der Arme und der Hände – in Bezug auf den angemessenen Umgang mit einem spezifischen Gegenstand. Wenn ihm nun aber dieser sachangemessene Umgang weiterhin wichtig ist, dann stellt es sich selbst die Aufgabe, ihn zu erlernen (weil es z. B. dem Papa beim Umfüllen des Olivenöls aus einem Kanister in verschiedene Flaschen helfen will). Das geschieht z.T. durch experimentelle Versuch-Irrtums-Folgen, zum Teil durch Nachahmung und zum Teil durch „handgreifliche" Unterstützung durch kompetentere Personen. Letztere werden – möglichst unmerklich – versuchen, die ggf. zu komplexe Handlungsfolge in verschiedene

Lernschritte zu zerlegen: z. B. einen Topf aus dem Schrank nehmen, ihn zum Waschbecken tragen und dort absetzen, den Hahn aufdrehen, den Topf mit Wasser auffüllen – er wird bestimmt noch häufiger überlaufen –, den Hahn zudrehen, den – nunmehr sehr schweren – Topf gemeinsam zum Herd tragen, dort auf eine Kochplatte stellen; das Ceranfeld anzuschalten überfordert wahrscheinlich zunächst noch seine kognitive Abstraktionsfähigkeit. Durch diese Zergliederung entsteht eine Art **Lernschleife** mit verschiedenen **Lernschritten**, deren Bewältigung kleine Lernerfolge ermöglichen; und gleichzeitig sind diese so aufeinander abgestimmt, dass das Kind schließlich diesen Gesamtprozess motorisch, kognitiv und emotional-motivational beherrscht und ihn eigenständig und als Beitrag zum gemeinsamen Alltag realisieren kann. Es lernt dabei auch, dass bestimmte Sachen aufeinander bezogen sind. Im Beispiel: Der Schrank, in dem der Topf steht, das Spülbecken, wo sich nicht zufällig in der Nähe der Wasserhahn befindet und der ganze Raum, in dem noch viele andere Sachen sind, die man zum Kochen braucht und die sich nur in *diesem* Raum befinden und nicht in anderen. Damit bekommt es erstmalig einen Eindruck davon, dass die verschiedenen Räume in der Wohnung verschiedene Gegenstände beherbergen, weil sie verschiedene Aufgaben zu erfüllen haben (das Schlafzimmer ist zum Schlafen für die Eltern da, das Kind schläft aber nicht nur in seinem Kinderzimmer, sondern hat dort auch seine persönlichen Sachen wie Kleidung, Spielzeug, Bilder, bunte Schnüre und lustige Kugeln). Es erlebt und erfährt also im praktisch-motorischen Umgang mit den Alltagsgegenständen, dass es **zwischen den einzelnen Sachen Verweisungszusammenhänge** gibt, dass sie also aufeinander bezogene besondere Qualitäten haben (dass z. B. Handtücher dazu da sind, Wasser und andere Flüssigkeiten von einer Tasse zu entfernen, sie also abzutrocknen).
2. Die so verstandene Partizipation der Kinder am Alltagsleben – gerade in der Familie (vgl. dazu Kap. 3.2.2) – ist selbstverständlich „zeitraubend" und sie kann auch „nervend" sein, sie ist aber in jedem Falle notwendig, wenn das Kind die Chance haben soll, diese Seite der *Sinnhaftigkeit* des gemeinsamen Lebens mit den Eltern, den Geschwistern und ggf. auch anderen Menschen zu verstehen und zu erkennen und sich dementsprechend zu verhalten (was für alle Beteiligten auch sehr *entlastend* ist!). Gebote bzw. Verbote („Das musst du so und so machen!" bzw. „Das macht man so nicht!") helfen da wenig, meist sind sie sogar kontraproduktiv und (nachhaltig) demotivierend. Dabei ist nicht zu verleugnen, dass die fortschreitende *Technisierung* der familiären Haushalte (im Beispiel; das erwähnte Ceranfeld) es den (Klein-)Kindern schwer macht, sich mit diesen sachlichen Anforderungen auf seinem jeweiligen Lernniveau auseinandersetzen zu können. Deshalb hat es sich in entsprechenden Lernarrangements auch au-

ßerhalb der Familien bewährt, so etwas wie eine „Doppelstruktur" einzurichten: Also den Kindern z. B. ausgediente Schneebesen, Eierschneider oder auch so etwas anspruchsvolles wie eine Schreibmaschine zur Verfügung zu stellen, wo sie nach Herzenslust experimentieren können und zugleich ihre Erfolgserlebnisse haben, die Ergebnisse vorweisen können und so Selbstwirksamkeit und soziale Anerkennung erfahren. Das eröffnet dann auch die Chance und setzt die Motivation frei, dass sie sich an komplexere motorische und kognitive Aufgaben heranwagen. Hier ist selbstverständlich besonders an die Benutzung eines Handys oder eines PCs zu denken, was eine besondere Feinmotorik erfordert und zugleich eine elementare Erkenntnis des unsichtbaren Zusammenhanges zwischen den motorischen Aktivitäten und ihren Ergebnissen bedeutet – hier in Form von Tönen oder Bildern (vgl. dazu auch ausführlicher die Skizzierung der entwicklungspädagogischen Bedeutung der Computerspiele in Kap. 6.1.3). Dabei erlernen sie primär den funktionalen Umgang mit den Bildsymbolen der Startseiten oder auch der Fernbedienung des Fernsehapparates und verdeutlichen u. U. den Eltern die Grenzen *ihrer* Medienkompetenz. Interessant sind hier auch solche PC-Programme, mit denen die Kinder inhaltlich und technisch selber Trickfilme herstellen können (z. B. über ein Fußballtraining).

3. Eine neue Aneignungsstufe wird erreicht, wenn die **Sachstrukturen** der Gegenstände selbsttätig **verändert** werden, wenn die Kinder also anfangen, etwas umzugestalten, etwas zu konstruieren, also etwas relativ *Neues* zu schaffen. Dann tritt die *aktive*, die in gewisser Weise *handwerkliche* Seite des Aneignungsprozesses in den Vordergrund und sie lernen schrittweise, *warum* bestimmte Gegenstände die und keine anderen Merkmale haben (warum z. B. unter dem einen Tisch Räder sind und unter dem anderen nicht – und warum die Räder am Auto ganz anders sind als die am Dreirad). Dabei ist es eine motorisch und kognitiv neue Anforderung, *vorhandene* Gegenstände *neu zu kombinieren* (z. B. mit Hilfe von Stangen, Tüchern, Klammern und Schnüren eine Art Schirm zu bauen, in dem es sich vor der Sonne schützen kann). Hierbei müssen nicht nur die einzelnen Gegenstände sachangemessen verwendet werden, sondern es müssen auch andere physikalische Gegebenheiten beachtet werden (im Beispiel: der Sonnenstand und die [Zerstörungs-]Kraft von Winden). Noch einen Schritt weiter, noch tiefer in die Sachmaterie dringen die Kinder ein, wenn sie eine besondere Gruppe von Gegenständen entdecken, die eigentlich gar keinen Selbstzweck haben, sondern die gemacht wurden, damit man mit ihnen etwas bestimmtes herstellen kann: die **Werkzeuge**: So kann man natürlich einen Hammer auch zum Beschweren benutzen (damit einem etwa das Papier nicht wegfliegt), aber er ist vorrangig dazu da und nur deshalb gibt es ihn, weil man damit einen Gegenstand mit einem anderen verbinden kann (z. B. zwei Holz-

4.2 Familienbildung

latten durch einen Nagel), was einem ohne dieses Werkzeug nur sehr schwer und meist gar nicht gelingt. Damit erleben, erfahren und erkennen die Kinder einen doppelten pragmatischen Verallgemeinerungsprozess: Zum einen wurden die Gegenstände (wie z. B. die Einzelteile eines Lattenzauns) so und nicht (viel) anders gemacht, damit sie diese Funktion erfüllen können. Und die Werkzeuge wurden wiederum so und nicht (viel) anders gemacht, damit man damit andere Gegenstände angemessen bearbeiten kann (es gibt also verschieden große Hämmer und ein Vorschlaghammer wäre für das Befestigen der Latten unpassend, aber um die Pfähle in die Erde zu rammen wäre er schon eher geeignet). Auch in diesem Zusammenhang kommt es darauf an, die Kinder an entsprechenden **alltäglichen Aktivitäten** innerhalb und außerhalb der Familie zu **beteiligen** (wenn z. B. ein neuer Gartenzaun – für den eigenen Garten oder den in der Krippe oder im Kindergarten – ausgesucht, abgeholt und aufgebaut wird); im günstigen Fall würde man – als kindbezogene Lernschleife – ihnen auch die Möglichkeit bieten, eigenständig etwas zu erstellen (z. B. einen kleinen Zaun, um ein Biotop abzugrenzen von anderen Teilen des Gartens oder sie bei einer Wohnungsrenovierung eine Ecke oder auch ein ganzes Zimmer anstreichen lassen). Das impliziert die Notwendigkeit, den Kindern angemessenes und anspruchsvolles Werkzeug zur Verfügung zu stellen; eine Werkzeugkiste gehört also in jede Familie und in jede pädagogische Einrichtung und auch die Mädchen sind dabei zu unterstützen, sich handwerklich zu betätigen. Das ermöglicht dann auch asymmetrisch-kooperative Projekte wie den Bau einer Schaukel, einer Hütte, eines Baumhauses, eines Floßes oder einer Seifenkiste: Hierbei übernehmen zwar die Erwachsenen (oder älteren Geschwister bzw. Freunde) eine „führende" Rolle, aber sie ermöglichen den Kindern eine entwicklungsangemessene und die handwerklichen Kompetenzen fördernde Teilhabe. Dabei steht im Zentrum die Erstellung eines Produktes, welches vorrangig, wenn nicht sogar ausschließlich für die Kinder erstellt wird. Gerade bei solchen miteinander verbundenen *realen* und *„verkleinerten"* Arbeitsprozessen können die Kinder die vielfältigen Qualitäten der verschiedensten Materialien, Werkstoffe und Werkzeuge erleben, erkennen und lernen damit immer kompetenter umzugehen (vgl. – dazu auch die Darstellung der Bedeutung von Konstruktionsspielen und Abenteuerspielplätzen in Kap. 6.1.2 u. 6.4.2).

Es ist selbstverständlich eine radikale Abstraktion, wenn hier fast ausschließlich von den gegenständlichen Bedeutungsstrukturen gesprochen wurde. Sie sind zwar wichtig und haben eine eigenständige Bedeutung, die in keinem Fall unterschätzt werden darf; aber selbstverständlich finden auch diese Aneignungsprozesse – wie mehrfach angedeutet – in einem spezifischen interpersonalen und sozialen Kontext statt. Darauf soll nun eingegangen werden.

4.2.2 Partizipation im familiären Alltagsleben

Es wurde in den Überlegungen zum Bildungsverständnis und zu den Kinderrechten schon der Grundsatz „Von Anfang an" erläutert. Dem liegt auch ein theoretisch-methodisches Argument zugrunde, nämlich das der *Ursprungs-* und *Differenzierungsanalyse*: Ein komplexer Sachverhalt – wie jetzt die Partizipation – wird quasi im „Rückwärtsgang" bis zu seinem Ursprung in der Onto- und Bildungsgenese verfolgt und dann im „Vorwärtsgang" seine stufenweise Höherentwicklung und Ausdifferenzierung nachgezeichnet. Bezüglich der Partizipation (vgl. Knauer 2014, S. 561ff) ist es zunächst einmal hilfreich zu unterscheiden zwischen der **Partizipation** (oder auch der Demokratie) als einer **Herrschaftsform** („Wie ist die politische Macht in einem Staat verteilt und durch welche Verfahren werden welche Entscheidungen vorbereitet, getroffen und umgesetzt?"), als einer **Gesellschaftsform** („Wie ist die soziale Macht verteilt und welche Mitglieder haben welches soziale Kapital und können wie auf die sozialen Strukturen verändernd Einfluss nehmen?") und einer **Lebensform** („Wie sind die Alltagsbeziehungen strukturiert und welche sozialen Gruppen, Kollektive und Individuen bestimmen, was jeweils geschieht?"). Im Kontext der Familienerziehung interessiert selbstverständlich die letztere Form, denn einerseits sind Bildung und Erziehung an die unmittelbare Begegnung von Menschen gebunden; und zum anderen ist die Familie mit ihrem Generationenverhältnis und ihren Geschwisterbeziehungen der zentrale Ursprungsort von partizipativen und demokratischen Lernprozessen. Bezüglich ihrer Förderung sind folgende Aspekte zu beachten bzw. Anforderungen zu stellen (vgl. Andresen/Hurrelmann 2013, Kap. 7; Büchner/Brake 2006; Winkler 2012, S. 32ff u. Kap.3):

1. Die Familienbeziehungen haben mehrheitlich durch den Übergang vom **Befehls-** zum **Verhandlungshaushalt** einen wesentlichen Modernisierungs- und Demokratisierungsschub erhalten, weil nunmehr die Kinder nicht zum *Objekt* elterlicher Entscheidungen, sondern entwicklungsangemessen als *Subjekte* anerkannt werden. Sie werden geachtet als Personen, die *eigene* Interessen, Wünsche, Bedürfnisse, Erfahrungen und Ansprüche haben, auf die sich die Eltern und älteren Geschwister (mehr oder weniger) einlassen, auf die sie eingehen und denen sie versuchen, so weit wie möglich gerecht zu werden (z. B. bei dem, was gekocht wird, bei den Essenszeiten, bei der Auswahl des Fernsehprogramms, beim Kauf von Kleidungsstücken). Dabei legen die Erwachsenen ihre jeweiligen Beweg- und Entscheidungsgründe – in einer verständlichen Sprache – offen (warum z. B. bestimmte Süßigkeiten in bestimmten Mengen der Gesundheit zu- bzw. abträglich sind) und sie lassen sich bei kindlichem Widerstand ggf. auch umstimmen (dann gibt es doch noch eine zusätzliche gemeinsame Zeit vor

4.2 Familienbildung

dem Fernseher oder beim gemeinsamen Spiel im Garten). Dabei lernen sie die anderen Familienmitglieder in einer sehr unterschiedlichen Weise und in ihren sehr unterschiedlichen Funktionen kennen: So z. B, den Vater, der zu bestimmten Zeiten die Wohnung verlässt und nach einer bestimmten Zeit wiederkommt; oder auch umgekehrt: der zu sehr unterschiedlichen Zeiten an- bzw. abwesend ist (als Folge der Flexibilisierung der Arbeitszeiten und -orte); oder die Mutter, die sich zu bestimmten Zeiten (etwa in der Woche) vorrangig um die Kinder kümmert, während der Vater das am Wochenende tut oder in der Urlaubszeit und dann auch für die Küchenarbeit zuständig ist. Und sie erleben, dass ihre älteren Geschwister ebenfalls zu bestimmten Zeiten nicht anwesend sind (weil sie schon bzw. noch zur Schule gehen) und dass sie – ggf. geschlechtsspezifisch – bestimmte häusliche Pflichten übernommen haben bzw. übernehmen mussten (z. B. die jüngeren Geschwister versorgen, wenn die Mutter noch auf der Arbeit ist). Sie bekommen auch mit, dass bestimmte Personen bestimmte Sachen besonders gut bzw. schlecht können (z. B. das Kochen, die Wohnung reinigen, sich mit ihnen unterhalten, sie trösten, ihnen handwerklich helfen) und dass sie auch unterschiedliche Stimmungen verbreiten (z. B. fröhlich, ruhig, ausgelassen, verschlossen, verängstigt, verunsichert sind) und sie lernen – z. B. durch sensible Wahrnehmung des Tonfalls, der Mimik, der Körperhaltung – diese jeweiligen Stimmungen zu erkennen und sich selber darauf einzustellen (wann man z. B. die anderen Personen um etwas bitten darf, wann man ihnen besser aus dem Weg geht, wann man sie auch trösten darf). Sie lernen dann auch zu unterscheiden, welche dieser Stimmungslagen eher wechselnd sind und welche Befindlichkeiten stabil sind (die sog. „Charakterzüge") und wie es sie so beachten kann, dass weiterhin ein respektvoller Umgang möglich wird und erhalten bleibt. Insbesondere nehmen die Kinder sehr empfindsam bestimmte Bindungsmuster und atmosphärische Schwankungen wahr (auch wenn sie sich diese noch nicht zu „erklären" vermögen) und dies löst bei ihnen selber auch bestimmte positive bzw. negative bzw. ambivalente Befindlichkeiten aus (wie im Zusammenhang mit den Bindungen schon erläutert; vgl. Kap. 3.1). Das gilt insbesondere dann, wenn es in der Familie zu krisenhaften Zuspitzungen in der Paarbeziehung und/oder den Beziehungen zu den Geschwistern kommt, in die sie dann – zumeist gegen ihren eigenen Willen – einbezogen werden (vgl. Kap. 3.2.2). Sie können dann darauf mit der ganzen Bandbreite ihrer schon erworbenen kommunikativen Fähigkeiten antworten (vgl. dazu Kap. 5), sie können sich also aktiv in diese „Verhandlungsprozesse" einbringen oder sich zurückziehen oder sich psychisch verschließen oder aber im Gegenteil auch aggressiv reagieren usw. Das gilt besonders dann, wenn es sich um eine familiäre Dauerkrise handelt (vgl. Kap. 3.2.1). Daraus resultieren die Gefahren einer

Über*lastung* der (Kleinst- und Klein-)Kinder, weshalb viele Eltern in solchen Krisensituationen versuchen, die Kinder „außen vor zu halten", sie es nicht merken zu lassen. Das gelingt aber meistens nicht, weil die Kinder ein feines Gefühl haben für solche Unstimmigkeiten. Aber es gibt auch das gegenteilige Verhalten von Erwachsenen: Dass nämlich die Kinder nicht nur als Ursache der Beziehungsprobleme betrachtet und dementsprechend etikettiert werden (z. B. beim Gespräch in der Erziehungsberatungsstelle), sondern dass sie ggf. auch als „Waffe im Geschlechterkampf" oder „im Rosenkrieg" benutzt werden und um die Zuneigung der Kinder gebuhlt wird, um dem Partner „eins auszuwischen". Da die Kinder solche Instrumentalisierungsprozesse nur schwer durchschauen und sich deshalb nur hilflos dagegen wehren können, können sie ihnen gefährlich werden. Das gilt in ganz besonderem Maße, wenn die Kinder als Partnerersatz fungieren, an sie also Zuwendungserwartungen gestellt werden, die sie in dieser Art gar nicht erfüllen können bzw. die sie, wenn sie sie beginnen zu durchschauen, gar nicht erfüllen wollen.

Familienbildung in einem anspruchsvollen Sinne wird also die Fortschritte des Übergangs zum Verhandlungshaushalt nicht leugnen und zugleich auf die neuen Gefahren und Probleme hinweisen, die als Nebenfolgen dieser Modernisierungs- und Demokratisierungsprozesse zu beobachten sind. Und sie wird – gerade wenn sie mit praktischen Unterstützungsmaßnahmen gekoppelt ist – den Beteiligten dabei helfen, die verschiedenen Fallen zu erkennen und aus ihnen wieder herauszufinden.

2. Wie das geschehen kann? Nun, die übergreifende Antwort lautet: Durch die Entwicklung eines **partizipativ-demokratischen Erziehungsstils** (er wird von Winkler 2012, S. 97f etwas missverständlich als „autoritativer" Erziehungsstil bezeichnet). Dass dieser nicht autoritär ist, versteht sich von selber. Dass dieser sehr viel mit dem Verstehen der kindlichen Wünsche, Motive, Erlebnisse und Erfahrungen zu tun hat, ergibt sich aus dem bisher Gesagten. Zu beachten ist aber, dass **Verstehen** ja keineswegs gleich zu setzen ist mit **Akzeptieren** (ein gerade in sozialpädagogischen Kreisen häufiges Missverständnis). Die Brücke zwischen beidem bildet die entwicklungsangemessene **Austragung** von entsprechenden **Konflikten**. Akzeptiert werden die Eltern wie überhaupt die Erwachsenen keineswegs dann, wenn sie alles hinnehmen, was die Kinder sagen, wollen und tun, sondern wenn sie sich ggf. widerständig zeigen. Aber nicht dadurch, dass sie ihre Überlegenheit oder auch nur ihre schiere Macht ausspielen, sondern sie sich auf die Beweggründe, die die Kinder zu bestimmten Handlungen und Einstellungen veranlasst haben, eingehen und ihnen versuchen deutlich zu machen, dass sie dem gemeinsamen Familienleben abträglich sind (z. B. ein bestimmtes egoistisches Verhalten, was aber darauf beruht, dass das jeweilige

4.2 Familienbildung

Kind mehrfach benachteiligt wurde oder sich auch nur benachteiligt fühlt und wo nun aufzuklären ist, ob es diese Ungerechtigkeit gegeben hat oder ob und wie der Anschein entstehen konnte). Nur auf diese Weise lernt das Kind die *Normalität* von zwischenmenschlichen und psychosozialen *Konflikten* kennen, schrittweise zu verstehen und entwicklungsangemessen aktiv an ihrer Bewältigung mitzuwirken. Erst wenn es darauf vertrauen kann, dass Konflikte „nichts Schlimmes" sind, dass alle Beteiligten solche verursachen können und dass man sich für problematische Verhaltensweisen bei den Betroffenen entschuldigen kann, ja sollte, erst dann kann eine Familienatmosphäre entstehen, in denen sich das Kind anerkannt und aufgehoben fühlt, in der Differenzen nicht nur hingenommen, sondern auch gewollt werden, wo Individualität geschätzt wird, wo in einer bedrohungs- und angstfreien Atmosphäre um faire Lösungen und Kompromisse gerungen wird und danach sich das begründete Gefühl einstellt, dass es nun *allen* emotional besser geht und dass sich alle wirklich (wieder) lieb haben können, weil sie einander tatsächlich verstehen und akzeptieren. Dazu trägt wesentlich bei, dass die Kinder zum ersten Mal das Erlebnis haben und die Erfahrung machen, dass sie in solchen Auseinandersetzungen psychisch wachsen, dass die anderen Familienmitglieder Freude an diesen Auseinandersetzungen haben, weil sie sie selber weiterbringen, sie auch neue Sichtweisen – hier die ihrer Kinder – kennenlernen, weil sie sich herausgefordert fühlen. Oder abstrakter formuliert: Die Kinder machen hier erstmalig die rudimentäre Erfahrung, dass Entwicklung ein wechselseitiger Prozess ist, dass ihm eine **Perspektivenverschränkung** zu Grunde liegt, dass *ich* ein Interesse habe an der Entwicklung des *Du*, meines Gegenübers, damit auch ich mich weiterentwickeln kann. Ein Erziehungsstil, der alles zulässt, weil er scheinbar „versteht" (oder der, wenn es schließlich unerträglich wird, klassisch autoritär eingreift), der auf *beiden* Seiten eine solche Entwicklung verhindert und damit eine zentrale Entwicklungschance übergeht.

3. Die letzten Sätze könnten nun dahingehend verstanden werden, dass Familienbildung als ein permanenter Selbstreflexionsprozess begriffen wird. Das ist aber allenfalls die halbe Wahrheit. Die vollständige beachtet vielmehr, dass gewiss schwierige Spannungs- und Wechselverhältnis zwischen einer mehr oder weniger bewussten **Alltagspädagogik** und ihrer bewussten Wahrnehmung, Reflexion und ggf. auch Neuausrichtung, also einer **intentionalen** Erziehung. Als *Sorge* der Eltern um das physische, psychische, emotionale und kognitive Wohlergehen ihrer Kinder ist es eine Art von naturwüchsiger Erziehung, die ihre Ziele quasi im Alltag immer wieder selber findet und erfindet; das gilt besonders beim ersten Kind. Im Laufe der Zeit entsteht so ein Handlungswissen, welches mehr oder weniger auf die individuelle „Entwicklungstatsache"

(Bernfeld) reagiert, sich auf sie einstellt und versucht, ihr möglichst gerecht zu werden (wie z. B. das Baby am besten an die Mutterbrust gelegt wird oder wie das Kleinkind bei den ersten Gehversuchen unterstützt werden kann oder wie das Kind beim Dreirad am besten mit den Füßen und beim Fahrrad mit der Bremse bremsen kann). Das sind in gewisser Weise *Rezepte*, selbst erprobte oder von anderen übernommene oder auch in der *Ratgeberliteratur* (auch entsprechenden Fernsehserien) gefundene. Damit ist schon ein wichtiges Stichwort gefallen: Der radikale gesellschaftliche und soziale Wandel einerseits und der Übergang zum Verhandlungshaushalt andererseits hat immer mehr offengelegt, dass Erziehung „kein einfaches Geschäft" ist, dass man da auch einiges falsch machen kann (z. B. Grenzen zu setzen, um Kinder vor Gefahren zu schützen, die in Wirklichkeit aber äußerst gering sind und das Kind mehr verunsichern als beschützen). Es gibt hier viele *Uneindeutigkeiten* (was bedeutet z. B. ein bestimmtes Schreien oder die Weigerung einer Aufforderung zu folgen), dass also keineswegs offensichtlich ist, was gut und richtig ist. Dieser auch soziale Druck, das eigene pädagogische Handeln zu **begründen**, um es **verantworten** zu können, beschränkt sich nicht mehr auf die professionelle Erziehung, sondern auch auf das Handeln der nicht speziell pädagogisch Qualifizierten. Und die Ratgeberliteratur versucht nun, das vorhandene, selber durchaus kontroverse entwicklungspädagogisch-wissenschaftliche Wissen so aufzubereiten, dass es auch nicht wissenschaftlich informierte Eltern rezipieren und damit mehr Sicherheit in ihrem pädagogischen Alltagshandeln gewinnen können. Diese Perspektive der Eltern als **gebildete pädagogische Laien** ist zunächst einmal ein wichtiger pädagogischer Fortschritt. Er hat allerdings auch eine Tücke, eine Schattenseite: Dass nämlich die für das Alltagshandeln notwendigen selbstverständlichen und routinierten Handlungsmuster eingeschränkt und unterwandert werden. Wenn die Eltern dann unter Handlungsdruck geraten (wenn sie z. B. ganz schnell entscheiden müssen, ob sie bei einer Rauferei eingreifen oder ob sie bei einer riskanten Situation – z. B. beim Klettern in den Bäumen – helfend beispringen) sind sie eher gelähmt, statt mit einem sicheren Gefühl das Notwendige und Richtige zu tun. Oder theoretisch formuliert: Pädagogisches Handeln in der Familie ist vorrangig eine sehr schwer „steuerbare" und vorhersehbare *performative* Praxis. Sie entsteht im Kontext der sozialen Milieustrukturen durch das faktische Handeln der Familienmitglieder und deren Ergebnisse sind eine basale Gemeinschaft und Ordnung, ein pädagogisch-sozialer Raum, ein spezifisches Familienmilieu und ein gesellschaftlich vermittelter pädagogischer Erfahrungs- und Wirkungszusammenhang. Das impliziert eine auf alltägliche und biografische Lebensbewältigung zielende Selbsterziehung der Kinder und ihrer Eltern. Dies bildet die alltags-praktisch präsenten, intuitiven Grundlagen

4.2 Familienbildung

der entwicklungspädagogischen Verallgemeinerungen, in der das eher distanzierte Wissen der intentionalen Erziehung *implizites* Wissen geworden ist. Diese Alltagspraxis bildet die Grundlage und den Bezugspunkt der verschiedenen, ggf. auch recht abstrakten Reflexion über das eigene pädagogische Handeln (z. B. bezogen auf die Frage, ob es „Begabungen" gibt und wie man diese ggf. erkennen und fördern kann – oder ob es tatsächlich so etwas wie einen „Charakter" oder „Charaktertypen" gibt und wie man sich auf sie pädagogisch einstellen kann). Solche pädagogischen Reflexionen sind durchaus erwünscht und für sie sollte im Familienalltag ein gewisser Zeitrahmen existieren und sie können durch Wochenendseminare, Elternkurse u. ä. auch angeregt werden. Sie dürfen sich aber nicht gegenüber dem Alltagshandeln verselbstständigen. Auch in diesem Sinne ist eine erziehungswissenschaftliche Theorie immer und besonders eine **Theorie der pädagogischen Praxis** und die Familienbildung ein Beitrag zur **reflexiven Elternschaft** (so Winkler 2012, S. 152ff).

4.2.3 Übergänge II: Eltern-Kind-Zentren/Mütterzentren

Es wurde bei der Darstellung der Familienhebammen (Kap. 2.2), der SPFH (Kap. 32.1) und der Pflegefamilien (Kap. 3.2.2) schon auf die Notwendigkeit hingewiesen, dass Familien zur ihrer Unterstützung sozialräumlich verankerte Netzwerke und Basisöffentlichkeiten bedürfen. Das gilt selbstverständlich nicht nur für mögliche oder eingetretene Krisensituationen, sondern auch für die Familien, die keinerlei psychosozialen Problemdruck haben. Auch in diesem Falle bedarf es eines Überschreitens des familiären Entwicklungsrahmens und der Öffnung zum nahen und etwas entfernteren Sozialraum und seinen Lebenswelten. Ein sowohl für die Heranwachsenden wie für die Erwachsenen wichtiges Modell stellen die Eltern-Kind- bzw. Mütter-Zentren dar. Entsprechende Konzepte lassen sich von folgenden Überlegungen leiten (vgl. Diller 2005; Leeb 2005):

1. Der **gesellschaftspolitische** und **soziokulturelle Hintergrund** der Eltern-Kind-Zentren sind die Veränderungen der Lebenslagen und Lebenswelten in den Familien. Als Stichworte reichen an dieser Stelle:
   - Erwerbstätigkeit der Frauen und neue Probleme der Vereinbarkeit von Familie und Beruf (meist nur als Problem der Frauen betrachtet) im Kontext sich radikal verändernder Arbeitswelten;
   - die Ausweitung und Vertiefung der sozialen Risiken bis in die „gesellschaftliche Mitte" hinein;
   - die hohe strukturelle Arbeitslosigkeit;

- die Vielfalt der Lebens- und Familienformen;
- die pädagogische Verunsicherung vieler Eltern;
- und nicht zuletzt die problematischen Folgen der Europäisierung und Globalisierung.

Deshalb gibt es einen erweiterten und z. T. auch neuen Unterstützungsbedarf, nicht nur für Familien in prekären Lagen, sondern auch für die relativ Etablierten der mittleren sozialen Milieus und nicht zuletzt die des Bildungsbürgertums, zu formulieren. Die Eltern-Kind-Zentren wollen somit einen spezifischen Beitrag leisten zum Erhalt bzw. der Förderung des kulturellen und sozialen Kapitals der Familien, also sowohl der Heranwachsenden wie der Erwachsenen. Sie sind platziert im Übergangsfeld von **privater** und **öffentlicher** Erziehung und sollten möglichst in ein kommunales Gesamtkonzept integriert sein (die anspruchsvollste, aber auch langwierigste ist die Verankerung der Jugendhilfeplanung).

2. Aus dieser Vielfalt der objektiven Ursachen und subjektiven Gründe, Motive und Ansprüche ergibt sich eine häufig schwer unter einen Hut zu bringende **Vielfalt der Zielsetzungen** und **Angebote** entsprechend den Bedarfslagen der jeweiligen Familien sowie den übergreifenden lokalen, kommunalen und regionalen Bedingungen:

   a. Bezüglich der **Kinder** geht es um die Förderung
   - der Sprachfähigkeiten (z. B. durch das gemeinsame Lesen von Bilderbüchern)
   - des motorischen Lernens (z. B. durch gemeinsame Kletteraktionen im Wald)
   - der gesunden Ernährung (z. B. durch gemeinsame Kochaktivitäten)
   - und interkultureller Aktivitäten (z. B. durch gemeinsame Spiele mit Kindern aus verschiedenen Ländern und Kontinenten).

   b. Die **Eltern** sind die vorrangige Zielgruppe folgender Angebote:
   - Es werden Gelegenheiten geschaffen für **Kontakte** mit anderen Eltern in vergleichbaren oder auch sehr unterschiedlichen Lebenslagen sowie pädagogischen und sozialen Einstellungen. Ferner geht es um einen *Austausch* untereinander oder auch nur das schlichte Beisammensein, um so der Isolation in der Familie zumindest zeitweise zu entkommen. Dazu können Gesprächsgruppen, regelmäßige Elterncafés, Mütterfrühstücke oder Elterntreffs dienen, die dann auch über die eher zufälligen Kontakte (z. B. auf Spielplätzen) hinausgehen.
   - Gefragt ist auch die **Beratung** sowohl bei alltagspraktischen Fragen (z. B. wo man was am besten oder günstigsten einkaufen kann oder welche Kinderärzte am zuverlässigsten sind), bei besonderen pädagogischen Problemlagen (wie man z. B. auf Kinder mit Allergien am besten eingehen kann, um ihre emotionalen Belastungen abzubauen) oder um gravierende

4.2 Familienbildung

soziale und psychische Problemlagen, die dann auch zumindest ergänzend die Einbeziehung von Fachkräften erfordern (z. B. bei Schwangerschaftskonflikten, Ehe- und Familienproblemen oder Verschuldung und Wohnungsnot).
- Zur **Elternbildung** in einem sehr eingegrenzten Sinne gehören Vorträge (z. B. über die wichtigsten Kinderkrankheiten), Thementage (z. B. zu den Wechselbeziehungen zwischen körperlicher und seelischer Gesundheit), themenspezifische Gesprächskreise (z. B. zur Bildung und Erziehung von Kindern mit körperlichen Schädigungen und/oder psychodynamischen Entwicklungsbehinderungen) bis hin zu besonderen Kursangeboten (z. B. zum alters- und entwicklungsangemessenen Umgang mit den neuen Medien). Hier werden meist Fachkräfte aus Familienbildungsstätten oder Bildungswerken hinzugezogen, manchmal auch aus angrenzenden Bereichen wie der Kinderheilkunde, der Medienpädagogik oder Sozial- und Schuldnerberatung.
- Für Familien in „**Stadtteilen mit besonderem Erneuerungsbedarf**", also mit ausgeprägten sozialen Belastungen (insbesondere durch hohe [Sockel-] Arbeitslosigkeit, in kollektiver Isolation lebenden Familien mit Migrationshintergrund, aber auch von Armut bedrohten bzw. betroffenen Alleinerziehenden) haben sich – neben dem Schaffen von Kontakt- und Begegnungsmöglichkeiten – u. a. bewährt die Einrichtung von *Sprachkursen* (nicht nur für die Mütter und Großeltern!) oder auch von Näh- und Kochkursen und die gemeinsame Organisation von Festen. Seltener angeboten werden – obwohl das gewiss sinnvoll wäre – *arbeitsmarktbezogene* Lerngelegenheiten wie Weiterbildungsmaßnahmen (z. B. Computerkurse) oder auch Berufsorientierungskurse bzw. Bewerbungstrainings, die die Chancen erhöhen auf die ökonomische und soziale Integration in den ersten oder zweiten Arbeitsmarkt oder in Projekte der Bürgerarbeit.
3. Dabei gibt es bisher vorrangig drei **Organisationsformen**:
    a. Bei der „**Kindertageseinrichtung Plus**" besteht bereits ein institutioneller Kern in Form einer Kindestageseinrichtung und es werden an ihm entsprechende zusätzliche Angebote für die Kinder und ihre Eltern angedockt. Dabei übernehmen die jeweiligen Leitungen auch diesen Arbeitsbereich, in dem dann auch vorrangig (wenngleich auch nicht ausschließlich) das eigene Fachpersonal tätig ist. Es ist in gewisser Weise eine Fortsetzung der klassischen Elternarbeit auf neuen Wegen und mit neuen Mitteln.
    b. Bei dem „**Kooperationsmodell**" kommt es zu einem Arbeitsverbund zwischen einer schon bestehenden Einrichtung und der kontinuierlichen Einbeziehung von externen Fachkräften (z. B. aus einer Erziehungsberatungsstelle), wobei

die entsprechenden Angebote in den Räumen der Einrichtung vorgehalten werden. Hier hat es sich als günstig erwiesen, wenn die Institutionen und Fachkräfte dem *gleichen* Träger angehören.

c. Davon zu unterscheiden ist das „**Zentrumsmodell**", bei dem unter dem Dach eines Zentrums unterschiedliche Dienste und Angebote (häufig eines Trägers) zusammengeführt und von einer Zentrumsleitung organisiert werden. Das steht in der Tradition der Gemeinwesenarbeit bzw. Sozialraumorientierung und will besonders niedrigschwellige Angebote in der Nachbarschaft der Einrichtung etablieren.

4. Die gerade erwähnte Niedrigschwelligkeit ist ein besonderes Anliegen, aber auch ein besonderes Problem der **Mütterzentren** (vgl. Jaeckel 2002). Sie haben sehr ähnliche Funktionen wie die Eltern-Kind-Zentren, wenden sich aber speziell an Familien, insbesondere an Mütter in prekären oder auch schon deklassierten Lebenslagen. Sie wollen die Isolation hauptsächlich der Mütter nach der Geburt überwinden (die Mehrheit scheidet für eine bestimmte Zeit aus den Berufs- und Arbeitsverhältnissen aus), sie wollen ihnen einen öffentlichen Raum der Begegnung mit anderen Müttern und deren Kindern, aber auch anderen Personen bieten – meist in der Nachbarschaft bzw. im eigenen Viertel – und so auch die Gefahr der Isolation der eignen Kinder bannen und abbauen. Für ihren Erfolg ist entscheidend, dass sie **bezahlte Arbeitsgelegenheiten** vorhalten, die eine gute Alternative darstellen zu den unbefriedigenden Putz- und Aushilfsjobs, den Näh- und Schreibarbeiten oder auch dem Geben von Nachhilfeunterricht usw. Zugleich bieten die in den Zentren aktiven Mütter nachbarschaftliche Dienstleistungen an (wie Friseurecke, Kleiderbasar, Kosmetikberatung, einfachere bzw. kleinere Reparaturdienste, Diätlehrgänge oder auch Wasch- und Bügeldienste). Damit wird schon deutlich, dass hier die *vorhandenen* Kompetenzen der Mütter im Zentrum stehen, dass hier das immer noch wirksame Gefälle zwischen den Professionellen und den „Laien" weitgehend überwunden ist, dass vielmehr die Laien die eigentlichen Fachkräfte und Akteure sind. Insofern verbindet sich mit diesen Tätigkeiten öffentliche soziale Anerkennung mit einer finanziellen Entlastung des Familienbudgets. Fachkräfte werden allenfalls ergänzend und ambulant einbezogen; auch die Leitung und Organisation liegt ausschließlich in der Hand der Mütter.

Selbstverständlich ist auch der Erfolg eines Mütterzentrums (es gibt in Deutschland gegenwärtig etwa 400) kein Selbstläufer. Sie benötigen als institutionellen Hintergrund einen Träger und eine Basisfinanzierung, die durch eigenwirtschaftete Mittel (z. B. aus Basaren oder Dienstleistungen) aufgebessert werden kann. Es bedarf allerdings auch der Bewältigung der alten und neuen Besucherinnen, zwischen den Mütter und Kindern aus den unterschiedlichen sozialen und ethnischen Milieus, zwischen den verschiedenen heimlichen Hierarchieebenen, zwischen den unterschiedlichen Vorstellungen von „guter" Mutterschaft, bei der Verteilung der Gelder und zwischen den Kindern. Insofern ist die Arbeit in einem Mütterzentrum für alle Beteiligten auch der Übergang in ein herausforderndes *soziales Lernfeld*, welches durch eine begleitende Laienfortbildung abgestützt werden sollte.

Definition: Familienbildung
Familienbildung hat ihr Zentrum in den *informellen* familiären Lernprozessen und will einen Beitrag leisten zu den Sinnbildungsprozessen aller Beteiligten. Sie verschränkt die gegenständlich-handwerkliche Ausgestaltung des Familienlebens mit partizipativen Umgangsformen in der Perspektive, die Demokratie als familiäre Lebensform erleb- und erfahrbar zu machen. Dabei werden diese Entwicklungsprozesse unterstützt durch unterschiedliche öffentliche Angebote, die auch die Absicht verfolgen, das *implizite* pädagogische und soziale Wissen zu verschränken mit alltagsrelevanten Informationen, Ratschlägen sowie aufbereiteten erziehungswissenschaftlichen Denk- und Begründungsweisen. Ihr übergreifendes Ziel sind die Eltern als *gebildete pädagogische Laien*, die in der Lage und bereit sind, gemeinsam mit ihren Kindern ein für alle Seiten befriedigendes Familienleben zu führen.

Literaturnachweise (Kap. 4.2)

Andresen, Sabine und K. Hurrelmann. 2013. Kinder in Deutschland 2013, Weinheim und Basel: Beltz
Bird, Katherine und W. Hübner. 2013. Handbuch der Eltern- und Familienbildung mit Familien in benachteiligten Lebenslagen, Opladen et.al.: Barbara Budrich
Büchner, Peter und A. Brake. Hrsg. 2006. Bildungsort Familie, Wiesbaden: VS-Verlag
Correll, Lena und J. Lepperhoff. Hrsg. 2013. Frühe Bildung in der Familie, Weinheim und Basel: Beltz Juventa
Diller, Angelika. 2005. Eltern-Kind-Zentren, München: DJI
Leeb, Günther. 2005. Eltern-Kind-Zentren als soziale Ressource. In: *Handbuch Methoden der Kinder- und Jugendarbeit*. Hrsg.: K-H. Braun und K. Wetzel et al., 507-516, Wien: LIT
Jaeckel, Monika. 2002. Mütterzentren-Konzept, München: DJI
Knauer, Raingard. 2014. Partizipation in der frühen Kindheit. In: *Handbuch Frühe Kindheit*. Hrsg.: R. Braches-Chyrek u. a. 561-570, Opladen et al.: Barbara Budrich

Winkler, Michael. 2012. Erziehung in der Familie. Innenansichten des pädagogischen Alltags, Stuttgart: Kohlhammer

Literaturempfehlungen (Kap. 4.2)

Andresen, Sabine et al. Hrsg.2013. Eltern-Buch, Reinbek: Rowohlt
Büchner, Peter und A. Brake. Hrsg. 2006. Bildungsort Familie, Wiesbaden: VS-Verlag
Bird, Katherine u. W. Hübner. 2013. Handbuch der Eltern- und Familiebildung mit Familien in benachteiligten Lebenslagen, Opladen et.al.: Barbara Budrich
Correl, Lena u. J. Lepperhoff. Hrsg. 2013. Frühe Bildung in der Familie, Weinheim und Basel: Beltz Juventa
Winkler, Michael. 2012. Erziehung in der Familie. Innenansichten des pädagogischen Alltags, Stuttgart: Kohlhammer

Mündliche Kommunikation 5

Zusammenfassung

Zunächst werden die wesentlichen Entwicklungsmomente hin zur mündlichen Kommunikation dargestellt (Kap. 5.1). Auf prälinguistischem Bildungsniveau sind dies die senso- und psychomotorischen Zeigegesten, die kommunikativen Zeigegesten mit ihrem imperativen und deklarativen Gehalt, die schließlich im Kontext eines gemeinsamen Hintergrundes und geteilter kooperativer Aufmerksamkeit die Herausbildung referentieller, selbstreflexiver Intentionen ermöglichen. Den Abschluss bildet das Gebärdenspiel. Erst danach vollzieht sich der Übergang zur mündlichen Sprache, zum wechselseitigen stimmlichen Verstehen und zur kooperativ und intersubjektiv getragenen Verständigung. Das Sprachlernen wird einerseits gefördert durch die alltagsverankerte Sprachverwendung in gemeinschaftlichen Interaktionsprozessen; und andererseits durch pädagogisch intendierte dialogische Anregungen und Unterstützungen, wozu auch das Vorlesen gehört (Kap. 5.2). Ein besonderes Aufgabenfeld sind die verschiedenen Formen der Zwei- und Mehrsprachigkeit (monolinguale und simultane Lernsituationen in verschiedenen biografischen Kontexten und Phasen), die das kognitive Entwicklungsniveau zu fördern vermögen und die Aneignung interkultureller Kompetenzen ermöglichen (Kap. 5.3). Das so erarbeite sprachliche „Entwicklungsraster" kann dann auch dazu dienen, bestimmte Entwicklungsverzögerungen und -probleme auf der phonetischen, semantisch-lexikalischen, syntaktisch-morphologischen und pragmatisch-kommunikativen Ebene zu erkennen und darauf – jenseits von Panikmache – kindgerecht einzugehen (Kap. 5.3).

In der bisherigen Darstellung der Bildungsaufgaben wurde immer wieder – gerade bei den Beispielen – auf Kommunikationsprozesse hingewiesen, auch auf sprachliche. Zugleich wurde bezüglich der Kritischen Psychologie (Kap 4.1) ein wichtiger Argumentationsstrang quasi unterschlagen, nämlich die Erläuterungen der *Symbolbedeutungen*, welche die sachlichen und personalen Bedeutungsstrukturen einerseits interpretieren und andererseits an deren Entstehung wesentlich mitbeteiligt sind (vgl. Wissensbaustein Nr.6, S. 125-128). Dass die Sprache aber erst jetzt thematisiert wird, erklärt sich daraus, dass die bisher dargestellten Entwicklungsprozesse im Wesentlichen vollzogen sein müssen, damit der Übergang zur sprachlichen Kommunikation tatsächlich möglich wird. Warum das so ist, soll nun erläutert werden.

5.1 Bildungsthema: Vom Zeigen zum Sprechen (Tomasello)

Die sowohl theoriegeleiteten als auch empirisch-experimentell gestützten Untersuchungen von Michael Tomasello (*1950), der seit 1998 Co-Direktor des Max-Planck-Instituts für evolutionäre Anthropologie in Leipzig und Leiter des dortigen Wolfgang-Köhler-Primatenforschungszentrums ist, kreisen generell um das Verhältnis von **Handeln, Kommunizieren** und **Denken** bzw. von **intentionaler Kooperation** und **sprachlicher Verständigung** (vgl. bes. Tomasello 2002, Kap. 3–5; 2009, Kap. 3 u. 4; 2010, S. 49ff; 2014a, Kap. 3–5). Zugleich eröffnete sein Ansatz neue Möglichkeiten, die Entgegensetzung von Natur und Kultur bzw. von evolutionsbiologisch-experimentellen und hermeneutisch-sinnrekonstruierenden Verfahren zu überwinden. Dabei lassen sich grob zwei Entwicklungsetappen seiner Arbeiten unterscheiden (vgl. Loenhoff/Mollenhauer 2016): In den 1980er/1990er Jahren erforschte er die Besonderheiten der menschlichen Kognitionen, die er vorrangig im Verstehen anderer als *intentionaler Akteure* sah (hier gibt es gewisse Bezüge zur Bildungsaufgabe „Sozialintentionalität", wobei er allerdings die emotional-motivationale Seite weitgehend ausklammert; vgl. Kap. 3). Auf ihr fußen auch alle Formen des *kulturellen Lernens* (Imitationslernen, Lernen durch Kooperation und Lernen durch pädagogische Anregung und Unterstützung [Spiel und Unterricht]) sowie umfassend die kumulative *kulturelle Evolution*. Dabei bezog er sich besonders auf die Analysen von Piaget (vgl. Kap. 2.1 dieses Buches) wie auch von Wygotsky (auf den sich indirekt auch die Kritische Psychologie bezieht; vgl. Kap. 4.1). Sie fanden in dem Buch „Die kulturelle Entwicklung des menschlichen Denkens" (2002; orig. 1999) ihren relativen Abschluss und die Aufmerksamkeit

5.1 Bildungsthema: Vom Zeigen zum Sprechen

von Habermas, der seine breit rezipierte Rezension „Es beginnt mit dem Zeigefinger" überschrieb (Habermas 2009). Während der zweiten Entwicklungsetappe ab der Jahrtausendwende trat die *geteilte Intentionalität* und, als besonders hoch entwickelte Form, die *kollektive Intentionalität* ins Zentrum seines Interesses, die nunmehr als die entscheidende Grundlage des menschlichen Denkens und der sie hervorbringenden und ermöglichenden Kommunikation angesehen wurde. Damit wurde die fundamentale Einsicht, dass der Mensch ein soziales Wesen ist, empirisch und theoretisch weiter ausdifferenziert. Dies geschah zusammenfassend und verallgemeinernd in der Studie „Die Ursprünge der menschlichen Kommunikation" (2009; orig. 2008) und auf diese Befunde stützen sich die weiteren Darstellungen zur Ontogenese des Sprachlernens (ebd., Kap. 4 u. 6; vgl. auch 2014b). – Ergänzend sei nur erwähnt, dass Tomasello in seinem neusten Buch „Eine Naturgeschichte der menschlichen Moral" (2016; orig. 2016) den inneren Zusammenhang zwischen der Evolution, der Kooperation und den weitgehend kognitivistisch gedeuteten Stufen der Moralentwicklung (die sog. „Interdependenzhypothese") thematisch ausgeweitet und nochmals ausdifferenziert hat.

5.1.1 Vorsprachliche Kommunikationsweisen

Diesbezüglich sind drei Entwicklungsstufen relevant:

1. Selbst die Zeigegesten sind ontogenetisch nicht voraussetzungslos, sondern beruhen – wie in Kap. 2.1.2, 3.1.1 und 4.1.2 schon angesprochen – auf der Fähigkeit und Bereitschaft des Säuglings bzw. Kleinstkindes zu **senso-** und **psychomotorischen Zeigegesten**, mit denen sie andere Personen zu Handlungen auffordern und ihnen Gefühle mitteilen, wobei hier die Hände eine besondere Bedeutung spielen. Aber erst mit 9–12 Monaten beteiligen sie sich mit anderen an Episoden *triadischer* Interaktion (mit zwei Personen *und* einem Bezugsgegenstand bzw. -ereignis) und mit 12–14 Monaten können sie feststellen, welche Gegenstände sie oder andere Personen kurz zuvor in einer Episode gemeinsamer Aufmerksamkeit wahrgenommen haben und welche nicht. Damit beginnt der bisher getrennte *intentionale* und *kooperative* Entwicklungsstrang zusammenzuwachsen und erst durch diese **„Neunmonatsrevolution"** ist die notwendige „Infrastruktur" vorhanden (bestehend aus kognitiven Fähigkeiten, geteilter Intentionalität, sozialer Hilfsbereitschaft und Kooperativität), die das neue Niveau der Kommunikation ermöglicht. Oder anders ausgedrückt: Es verschränkt sich nun der *vertikale* Weltbezug (zur objektiven Wirklichkeit) mit dem *horizontalen* zu den KommunikationsteilnehmerInnen.

2. Die **kommunikativen Zeigegesten** sind in allen Kulturen verbreitet und haben insofern einen universellen Charakter; zugleich entstehen sie um den 12. Monat nicht (vorrangig) durch Nachahmung, sondern sind auf "natürliche" Weise in die Alltagspraxis (z. B. einer Familie) eingelassen. Dieses *prälinguistische* Niveau kann vierfach ausdifferenziert werden:
   a. Da sind zunächst die **imperativen** Gesten, mit denen das Kleinkind deutlich macht, dass es etwas haben will (z. B. den Ball oder die Decke), wobei es ein Kontinuum gibt vom *Befehlen* und *Erzwingen* zum *Empfehlen* und *Vorschlagen* (bei denen eine Wahl beeinflusst wird – z. B. welchen Ball es gerne hätte). Sie erstrecken sich aber auch auf andere Personen, die bestimmte Dinge für sie tun sollen (z. B. sie aus dem Kinderwagen heben) und die sie dann wie ein soziales Werkzeug „benutzen".
   b. Davon zu unterscheiden sind die **deklarativen** Gesten, mit denen das Kleinkind Erfahrungen und Gefühle mitteilen will (z. B. worüber – etwa einen Hund – es sich freut oder welcher Gegenstand – etwa ein Messer – ihm Schmerzen zugefügt hat). Dabei kann nochmals unterschieden werden zwischen solchen Deklarationen, die einen *expressiven* Gehalt haben (wenn es z. B. einem Erwachsenen mitteilt, dass ihm die Suppe zu heiß oder der Fernsehapparat zu laut ist) und solchen, die einen *informativen* Gehalt haben (wenn es z. B. einem Erwachsenen zeigt, wo die Gabel hingefallen ist und ihm insofern eigennützig helfen will, sie zu finden, damit es weiteressen kann). Insofern „ahnen" sie auch schon, was der Erwachsene aktuell nicht weiß. Das bedeutet umgekehrt, dass sie andere Personen wissen lassen, wenn *sie* etwas nicht wissen, womit sie generell zwischen „Wissenden" und „Ignoranten" zu unterscheiden vermögen. Auf diese Weise entsteht ontogenetisch erstmalig das *geteilte soziale Wissen* als wesentliche Voraussetzung von sprachlicher Verständigung.
   c. Auf diese kommunikativen **Anstrengungen** der **Kleinkinder** können die **Erwachsenen** dadurch **eingehen**, dass sie auf das Ereignis oder den Gegenstand blicken ohne das Kind anzusehen *(Ereignisbedingung)*; oder dass sie umgekehrt nur auf das Kind schauen und nicht auf den objektiven Sachverhalt *(Zuwendungsbedingung)*; oder dass sie gar nicht darauf eingehen *(Ignoranzbedingung)*; oder dass sie eine Blickbeziehung herstellen zwischen dem Kind und dem Sachverhalt. Nur im letzteren Fall findet eine tatsächlich *triadische Kommunikation* statt, die getragen wird von der gemeinsamen Aufmerksamkeit bzw. gemeinsamen Interessen (vgl. dazu Wissensbaustein Nr.5, S. 116-117).
   d. Diese Prozesse des *Teilens*, *Informierens* und *Aufforderns* implizieren und erfordern eine **referentielle, selbstreflexive Intention** und von daher auch eine gewisse Distanz zur objektiven Wirklichkeit, in der der Erfolg der ent-

5.1 Bildungsthema: Vom Zeigen zum Sprechen

sprechenden Gesten quasi abgeschätzt wird und das Kleinkind sie wiederholt, wenn es den Eindruck hat, dass die älteren Kinder oder Jugendlichen und Erwachsenen sie nicht (angemessen) verstanden haben. Scheitern sie dabei mehrfach, wenden sie sich von den Personen enttäuscht ab („hoffnungsloser Fall"). Sie können (ab dem 12. Monat) dabei auch auf Gegenstände hinweisen, die nicht mehr anwesend sind, also nicht mehr im Blickfeld liegen; oder auch auf Ereignisse, die gerade passiert sind (z. b. das Läuten der Hausglocke) oder die gleich passieren werden (dass das Licht angeht, weil die Mama zum Lichtschalter geht). Die Referenzhandlung als eine intentionale Handlung besteht also darin, dass das Kleinkind andere Personen veranlassen will, ihre Aufmerksamkeit auf einen bestimmten Sachverhalt (ein Ereignis, einen Gegenstand) zu richten, der u. U. gar nicht da ist (z. B. das Auto, mit dem es spazieren gefahren werden möchte). Der dadurch entstehende **gemeinsame Hintergrund** geteilter kooperativer Aufmerksamkeit ermöglicht es den Kleinkindern zwischen dem 14. und 18. Monat, die referentiellen Intentionen auch von anderen Kinder zu verstehen (wenn es z. b. in einer bestimmten Weise mit ihnen spielen will), wobei die Interpretation der Gesten verschieden, also kontrovers sein kann. Zugleich kann es – gerade in der Kooperation mit Älteren und Erwachsenen – unterscheiden zwischen den Ereignissen und Gegenständen, die jetzt wichtig sind (z. B. die Schnur, mit der sie gemeinsam etwas befestigen) und welche unwichtig sind (z. B. die Farbe der Schnur oder die umgebenden Lichtverhältnisse) und von denen lässt es sich dann auch nicht ablenken. Nicht zuletzt entstehen so Wechselbeziehungen zwischen der kindlichen **Hilfsbereitschaft** und der Fähigkeit und Bereitschaft zum **kooperativen Schlussfolgern**: ihm ist es sowohl wichtig, dass es einen bestimmten Gegenstand bekommt, als auch dass es mit den anderen Personen im näheren Umfeld erfolgreich kommuniziert. Allerdings lernen sie erst mit ca. 3 bis 4 Jahren verborgene Urheberschaften (warum z. B. durch einen Knopfdruck der Fernseher an- bzw. ausgeht) oder verheimlichte Sachverhalte (warum der Vater schon länger nicht mehr in der Familie war) zu verstehen. Damit sind die Voraussetzungen für die nächste Entwicklungssequenz gelegt:

3. Das **frühe Gebärdenspiel** ist eine *ikonische* Geste, die einerseits etwas repräsentiert und andererseits den „Empfänger" dazu veranlassen soll, sich etwas sehr Bestimmtes vorzustellen (z. B. wie sich die Katze putzt). Die verwendeten Gebärden sind dabei zunächst und zumeist recht *konventionell* (z. B. Kopfnicken und -schütteln für Ja und Nein, Winken als Tschüss sagen). Sie erwerben diese Konventionen gleichzeitig mit den sprachlichen, sie werden erworben wie neue Wörter gelernt werden und auch die Art der Unterstützung durch die Erwachsenen oder älteren Kinder bzw. Jugendlichen ist ähnlich. Insofern beruhen sie

auch auf der gleichen kooperativen Intentionalität und Erkenntnistätigkeit. Der Übergang zu *kreativen* Gebärden erfordert die Fähigkeit und Bereitschaft zur Imitation, Simulation und Vortäuschung, bei der eine bekannte Handlung nicht ausgeführt werden muss, damit sie verständlich ist und entsprechende Wirkungen erzielt: das Kind tut z. B. so, *als ob* es sich verstecken würde, tut es aber nicht; es tut so, *als ob* es würgen würde – wie beim Essen –, isst aber gar nicht und kann deshalb auch nichts herunterwürgen (daraus entstehen später die symbolischen Spiele und darauf aufbauend die darstellenden Künste). Allerdings werden Gebärden nur selten neu erfunden, wie sie überhaupt seltener verwendet werden als die Zeigegesten. Und sie werden während des 2. Lebensjahrs auch immer seltener, denn nun erlernen die Kleinkinder die Verwendung der stimmlichen Sprache und beide Kommunikationsweisen konkurrieren dann miteinander, weil offensichtlich Gebärden und Worte sich auf sehr ähnliche Sachverhalte beziehen. Allerdings werden zur Verdeutlichung, ergänzend zu den Worten, weiterhin auch Gesten eingesetzt, um sich verständlich zu machen oder bestimmten Aussagen einen besonderen Nachdruck zu verleihen. Damit haben wir schon die nächste Stufe angesprochen.

Wissensbaustein Nr. 5
Die triadische Beziehung der intersubjektiven Relationen zur objektiven Welt
2010 erhielt Tomasello den Hegel-Preis der Stadt Stuttgart. Die Laudation hielt Jürgen Habermas, der dessen Forschungsanliegen als Frage nach der triadischen Intersubjektivitäts-Objektivitäts-Beziehung zuspitzte und wie folgt charakterisierte:
„Das Buchformat verrät die konstruktive Anstrengung einer theoretischen Zusammenschau der erforschten Details. Für Geisteswissenschaftler ist es besonders beruhigend zu sehen, dass auch in den Naturwissenschaften theoriekonstruktive Leistungen offenbar immer noch durch die synthetische Energie eines einzelnen Kopfes und durch die Darstellung eines einzelnen Autors hindurchgehen müssen. Aus meiner Sicht steht Michael Tomasello in einer Reihe und auf gleicher Augenhöhe mit seinen großen Vorgängern George Herbert Mead, Jean Piaget und Lev Vygotsky. Sie alle haben einen genuin philosophischen Gedanken wie einen Sprengsatz in eine spezielle Forschungssituation eingeführt. Sie behandeln Fragen, die den Menschen als solchen betreffen. Im Falle von Tomasello ist es die philosophische Frage nach der Entstehung der sozialen Verfassung des menschlichen Geistes. Und die experimentell gestützte Antwort lautet: Sie hat ihren Ursprung in der triadischen Beziehung *zwischen* zwei Akteuren, die sich,

5.1 Bildungsthema: Vom Zeigen zum Sprechen

indem sie ihre Handlungen kommunikativ aufeinander abstimmen, gemeinsam *auf etwas* in der Welt beziehen. Solche Fragen lassen sich mit den analytischen Mitteln der Philosophie begrifflich entfalten, aber die Antworten sind auf eine empirische Klärung angewiesen." (Habermas 2013, S. 167). Und diese sind zentriert um die entwicklungspädagogisch relevante Frage nach dem phylogenetischen und ontogenetischen Ursprung der spezifisch menschlichen, also sprachlichen Kommunikation. „Was den Menschen vom Affen trennt, ist eine Art von Kommunikation, die sowohl die intersubjektive *Bündelung* wie die generationenübergreifende *Weitergabe* und erneute Bearbeitung kognitiver Ressourcen möglich macht. (…) Dieses Phänomen hat die Aufmerksamkeit von Michael Tomasello, der die Ontogenese als Schlüssel für die Phylogenese benutzt, auf Anfänge des Lehrens und Lernens gelenkt. Er konzentriert sich nicht länger auf das einzelne erkennende Subjekt, das im Umgang mit der natürlichen Umgebung aus Erfahrung lernt, sondern auf Situationen, in denen Mütter (und Väter sowie andere „Bezugspersonen"; K.-H. B.) ihre Kinder auf Objekte hinweisen, um ihnen etwas beizubringen. Ungefähr einjährige Kinder folgen bereits in diesem vorsprachlichen Alter der Zeigegeste von Bezugspersonen und benutzen selber den Zeigefinger, um mit anderen ihre Wahrnehmungen zu teilen. Darin entdeckt Tomasello eine komplexe Beziehung, für die es bei Schimpansen keine Entsprechung gibt. Auf der horizontalen Ebene übernimmt der eine die Wahrnehmungsperspektive des anderen, so dass eine *soziale Perspektive* entsteht, aus der die Beteiligten gleichzeitig in vertikaler Richtung ihre Aufmerksamkeit auf das angezeigte Objekt richten; auf diese Weise gewinnen sie von dem gemeinsam identifizierten und wahrgenommenen Objekt ein *geteiltes Wissen*." (ebd., S. 169) Oder anders ausgedrückt (ebd., S. 172): „Schon das vorsprachliche Kind geht eine *triadische* Beziehung ein, wenn es in der Kommunikation mit einem Anderen lernt, dasselbe Objekt aus einer Wir-Perspektive wahrzunehmen. Diese Triade ist ein Fingerzeig darauf, dass sich die Intentionalität des menschlichen Bewusstseins *gleichzeitig* auf der sozialen Achse einer reziproken Beziehung zueinander und im gemeinsamen Bezug zu etwas in einer unabhängig existierenden Welt ausdifferenziert."

5.1.2 Mündliches Sprachlernen

Hier sind zwei komplexe Sachverhalte entwicklungspädagogisch bedeutsam (vgl. auch Tomasello 2914b):

1. Im Zentrum der **ersten**, der **mündlichen Sprache** steht die Aneignung der Wortbedeutungen, und zwar in dem begrenzten Sinne, dass ihre konventionellen Verwendungen als kognitive Repräsentationen erkannt werden (warum z. B. eine besondere Form von rundem Gegenstand Ball heißt – und nicht alle viereckigen Gegenstände Tisch oder Schrank heißen). Im Einklang mit der *pragmatischen* Begründung der Wortbedeutungen, wie sie auch in den Arbeiten von Jerome Bruner (2008, Kap. 4–6) zu finden ist (vgl. Tomasello 2009, z. B. S. 12 u. 168), geht Tomasello davon aus, dass sich Wortbedeutungen in der praktischen Verwendung im Alltagsleben (etwa einer Familie oder einer angeleiteten Spielgruppe) sowohl konstituieren wie auch dort erlernt werden. Dieses Ineinander von *Spracherwerb* und *Sprachverwendung* bildet sich ab dem 12. Monat heraus und nun beginnen die Kleinkinder, bestimmte sprachliche Konventionen zu verstehen und sie immer angemessener auch zu verwenden. Das erfordert kognitiv allerdings eine Art von „Vogelperspektive" auf die gemeinsamen Handlungen, also auch (als Element der kollektiven Intentionalität) die Unterscheidung der Perspektiven der *ersten* und der *dritten* Person und somit auch der zwischen *Sprecher* und *Hörer*. Für diesen Entwicklungsschub reicht es nicht aus, dass Laute und Erfahrungen miteinander verknüpft werden (denn das können die Kleinst- und Kleinkinder ab dem 6. Monat), sondern dazu bedarf es der zunächst assoziativen Verknüpfung von Worten und Dingen bzw. Personen, was eine kooperative „Infrastruktur" der geteilten Intentionalität erforderlich macht. Auch deshalb gibt es einen engen Zusammenhang zwischen der *gestischen* und der *sprachlichen* Kommunikation. Der Spracherwerb dieser jungen Kinder (statt der Kleinkinder), wie sie Tomasello statt der Bezeichnung „Kleinkinder" ab dem 24. Monat nennt, kann dabei in zwei Varianten erfolgen:
   a. Zum einen von „unten nach oben" durch die **gemeinschaftliche Interaktion** mit anderen Personen, mit denen man das gleiche Ziel hat (z. B. den Kinderwagen zu schieben oder ein Brett aufzuheben). Diese alltagspraktisch verankerten Tätigkeiten bieten die Möglichkeit des Mitwirkens an einem gemeinsamen „Projekt" und dabei gemeinsame Ziele zu entwickeln; ferner zu verstehen, was die anderen warum tun und die Aufmerksamkeit nicht nur auf das eigene Ziel zu lenken, sondern auch die der anderen Kooperationsteilnehmer zu erkennen und ggf. einzufordern und sich darüber stimmlich auszutauschen (indem sie z. B. aufgefordert werden, dies und das zu tun,

also – im Beispiel – das Brett nicht nur aufzuheben, sondern es auch auf ein Gestell zu legen und zu befestigen). Durch andere und neue Aktivitäten erlernt es dann auch andere und neue Worte.

b. Das Sprachlernen kann aber auch „von oben nach unten" erfolgen, indem in **asymmetrischen Lernprozessen** die Erwachsenen (oder auch Jugendlichen) den Kindern neue Worte präsentieren für Gegenstände, auf die sie die Aufmerksamkeit der Kinder lenken („Das hier ist ein Fenster und das hier ist eine Tür"). Dabei gibt es eine enge Korrelation zwischen dem gemeinsamen visuellen Fokus auf den jeweiligen Bezugsgegenstand und den Schritten des immer angemesseneren Wortverständnisses. Im Laufe des 2. Lebensjahres lockert sich dieser Zusammenhang allerdings, weil das Kind den Wortgebrauch im Alltagskontext den kompetenteren Mitgliedern der Kommunikationsgemeinschaft auch „ablauschen" kann, bzw. weil sie selber die Sprache verwenden, um eine bestimmte Aufmerksamkeit zu erreichen.

c. Der Gebrauch der **sprachlichen Konventionen** erweitert sich im Gang der Entwicklung immer mehr und differenziert sich in Bezug auf das *Informieren*, das *Auffordern* und das *Teilen von Einstellungen*. Dem sind förderlich häufige Kooperationsanlässe, Anregungen, sich mit einer häufig veränderten Umgebung auseinanderzusetzen und im Rahmen von Peerbeziehungen zu handeln. Diese, um den 24. Monat markant hervortretenden Entwicklungsfortschritte, werden z. B. bei den Benennspielen deutlich, wo die anfängliche Asymmetrie im Rahmen eines Rollentausches umgekehrt wird und nun die Kleinkinder die Wortgeber bzw. -schöpfer sind, wo also Neues erlernt wird. Das zeigt sich gerade bei Ein- bzw. Zwei-Wort-Äußerungen, wo versucht wird, eine komplexe Situation möglichst treffend zu bezeichnen (wenn z. B. eine Vase zu Boden fällt und zerschellt; oder wenn das Auto Fehlzündungen hat). Diese Neuerungen beziehen sich aber nicht nur auf die Kleinkinder als die SprecherInnen, sondern auch auf die AdressatInnen als die HörerInnen. Allerdings muss es bei den Kleinkindern zu Irritationen und Verunsicherungen kommen, wenn die Erwachsenen Worte in unkonventioneller Weise – z. B. in metaphorischer Weise – verwenden (z. B. bei einem plötzlichen Schmerz im Rücken ausrufen: „Ich glaube, mich hat ein Pferd getreten.")

2. Die Verbindlichkeit der Konventionen des Aufforderns, Informierens und Teilens und damit die pragmatische Kohärenz von Botschaften in Prozessen geteilter Intentionalität und kooperativer Kommunikation wird nochmals deutlich erhöht, wenn die **grammatikalischen Strukturen** angeeignet werden. Diese sind zunächst eine Menge von konventionellen Hilfsmitteln und Konstruktionen und die Auseinandersetzung mit ihnen erfolgt auf drei verschiedenen Ebenen und Niveaus:

a. Die Grammatik des **Auffordens,** also die Absicht jemanden zu veranlassen, Hier und Jetzt bestimmte Dinge zu tun (z. B. die Lampe mit dem grellen Licht auszuschalten), geschieht durch eine **einfache Syntax**, bei der die immanente Logik der ergänzenden Kombination von sprachbegleitenden Zeigehandlungen bzw. der durch Zeigehandlungen unterstützten stimmlichen Äußerungen noch sehr eng an das jeweilige objektive Ereignis gebunden ist (woraus manchmal eine gewisse Redundanz folgt). Bei den sich ab dem 18. Monat herausbildenden Mehrwort-Äußerungen verwenden die Kinder Wortkombinationen, bei denen das eine Element konstant und das andere variabel ist, so dass ein Beziehungs- oder Ereigniswort mit einer Vielfalt an Objektbezeichnungen verwendet wird (z. B. „mehr Milch", „mehr Saft", aber auch nur „mehr", wenn es weiter gestreichelt werden möchte; „Ball weg", „Hund weg" ggf. auch schon „Oma weg"). Diese einfache Syntax wird zwar von den Kleinkindern teilweise angemessen verwendet, sie sind sich der *faktischen* Richtigkeit aber keineswegs *bewusst*, sie übernehmen sie naturwüchsig, sie wird und ist ihnen selbstverständlich, sie haben noch keine irgendwie geartete bewusste Distanz zu ihr und können sie deshalb auch nicht flexibel verwenden.

b. Die Grammatik des **Informierens** erfordert eine **ernsthafte Syntax** und sie bezieht sich auf drei Lern- und Erkenntnisprozesse:
- Das *Identifizieren:* Es wird Bezug genommen auf anwesende und/oder bekannte Personen und/oder Gegenstände und deren Eingebundenheit in soziale und sachliche Bedeutungsstrukturen (z. B. ein Bekannter, der Polizist ist) oder die abwesend oder unbekannt sind (z. B. Asylbewerber).
- Das *Strukturieren*: Hier werden Relationen hergestellt zwischen dem „Wie", dem „Wer" und dem „Was" in einem Ereigniszusammenhang (z. B. wer wem was in welcher Weise geschenkt hat).
- Das *Ausdrücken:* Das bezieht sich auf alle kommunikativen Äußerungen, die nicht als Aufforderungen gemeint und zu verstehen sind.

Das Informieren geschieht meist in einer Mischung aus stimmlichen und gestischen Elementen und erlaubt die *Identifizierung* von nicht anwesenden Gegenständen und Personen (z. B. der Großeltern, die das andere Enkelkind besuchen und deshalb das Dreirad als Geschenk mitgebracht haben). Es werden dabei *präsenzentbunden* soziale Rollen in verschiedenen Ereignisketten thematisiert (z. B. wer welche Aufgaben bei der Gartenarbeit übernommen hat) wie auch Teilnehmer im Rahmen gemeinsamer Aufmerksamkeit zur Kenntnis genommen (im Beispiel: was der professionelle Gärtner so alles gemacht hat). Allerdings muss es dafür einen gemeinsamen zeitlichen und räumlichen Rahmen geben (im Beispiel: das Zusammenleben in der Familie). – Zur *Strukturierung* bieten sich die Reihenfolge von Wörtern an, in

5.1 Bildungsthema: Vom Zeigen zum Sprechen

denen die Akteure/Subjekte in eine Beziehung gesetzt werden zu bestimmten Objekten und Tätigkeiten (z. B. „Mutti geht jetzt weg" – und das meint auch [faktisch]: sie ist gleich nicht mehr zu sehen). – Nicht zuletzt können entsprechende Äußerungen ergänzt werden, um die jeweilige soziale Intention verständlicher zu machen (im Beispiel: deshalb wird heute früher gemeinsam gegessen als sonst üblich). Das kann allerdings auch durch eine bestimmte Mimik deutlich gemacht werden (im Beispiel: ein trauriges Gesicht) oder einen bestimmten Tonfall (im Beispiel: eine gewisse Schärfe, um gegen die Abwesenheit zu protestieren).

Mit allen diesen Formen der Verbindlichkeit und Konventionalisierung des Wortgebrauchs wird deren spontane, „natürliche" Verwendung immer mehr aufgehoben – und an die Kleinkinder bzw. jungen Kinder immer mehr die Anforderung gestellt, die Worte mit einem angemessenen Bezug, in einer richtigen Reihenfolge und einer bestimmten Ausdrucksqualität zu verwenden. So können auch Ereignis-Teilnehmer-Relationen herausgearbeitet werden, bei der im Prinzip jeder Teilnehmer jede Rolle bei der Bewältigung von Alltagsaufgaben übernehmen kann, also in gewisser Weise austauschbar ist (so wenn die Kinder abwechselnd die Rolle des „Familienoberhauptes" am Esstisch übernehmen). Diese grammatikalischen Regeln lösen sich dann auch immer mehr von den konkreten Inhalten ab, werden also immer abstrakter. Das bereitet dann schon den Übergang zur Aneignung der *Symbolstrukturen* vor, bei der die Zeichen „nur" noch verstanden werden als Bedeutungsträger sozialkognitiver Verallgemeinerungen der menschlichen Lebenspraxis (vgl. dazu Kap. 5.1.3 und Wissensbaustein Nr. 6, S. 125-128).

c. Die Grammatik des **Teilhabens** und der **Erzählung** fußt auf einer **extravaganten Syntax** und geht deutlich über das bisherige Entwicklungsniveau hinaus. Sie schließt direkt an das Informieren an und es tritt nunmehr die Kommunikation über die *Einstellung* zu den jeweiligen *Informationen* ins Zentrum (z. B. wie die Nachricht vom Unfall eines Familienmitglieds aufgenommen wird). Intersubjektiv geteilt werden die Bezüge und Bindungen innerhalb einer Lebensgemeinschaft oder auch einer Lebenswelt, die dort existierenden Vorstellungen, Erwartungen und sozialen Regeln. Darin liegt ihre *Normativität*, d. h. die Sprache selber bringt entsprechende zwischenmenschliche und soziale Verbindlichkeiten und Rationalitätsformen nicht nur zum Ausdruck, sondern erzeugt sie auch selber (z. B. bestimmte Formen von Höflichkeit; oder ob man das und das sagen darf, z. B. jemanden beschimpfen, der sich wie ein Rüpel benommen hat). Besonders wichtig sind in diesem Zusammenhang – wie bei der Familienbildung (in Kap. 4.2.2) und bei den Familiengeheimnissen (Kap. 3.1.2) schon erwähnt – **Erzählungen**. In ihnen werden mehr oder weniger lange Geschichten von mehr oder weniger vielen Menschen über einen mehr oder weniger langen Zeitraum „berichtet", was nicht nur hinsichtlich der logischen Personen-Ereignisse-Beziehungen komplexe Anforderungen stellt, sondern auch bezüglich der grammatikalischen Strukturen (wovon jede Grundschullehrerin erzählen kann). Dabei gibt es bestimmte Ereignisfolgen innerhalb einer Erzählung (wenn z. b. über *ein* Fußballspiel gesprochen wird) wie auch eine Kontinuität der Personen über verschiedene Ereigniskonstellationen hinweg (wenn – im Beispiel – *eine* Spielerin, z. b. die eigene Schwester, während der ganzen Saison betrachtet wird). Um aber den Erzählfluss – gerade von (Klein-)Kindern – nicht zu unterbrechen und damit ihre Erzählbereitschaft zu lähmen, müssen die kompetenteren SprachteilnehmerInnen bestimmte Bezüge selber herstellen, um die in den Erzählungen enthaltenen Informationen und insbesondere deren Bewertungen zu verstehen (warum es z. B. so aufregend war, wie man mit dem Dreirad eine abschüssige Straße heruntergefahren ist und immer schneller wurde und der Vater auch nicht mehr hinterherkam). Daran wird schon deutlich, dass Erzählungen nicht nur der psychischen *Verarbeitung* von Erlebnissen und ihrer Transformation in Erfahrungen dienen, sondern dass sie auch eine *sinnstiftende* und *sinntradierende* Funktion für die verschiedenen Gemeinschaften haben und so den gemeinsamen Hintergrund erweitern oder aber – als Konsequenz von sozialer Konformität und Abgrenzung – einschränken (z. B. für die Familie, für die Kindergartengruppe, für die Freundschaftsgruppen oder auch in einem Sportverein). – Eine qualitativ über den kindlichen Entwicklungsrahmen hinausgehende Sprachform sind die **Diskurse**, weil sie hochabstrakte Begrifflichkeiten verwenden (sie entsprechen Piagets Stufe des formalen Denkens [vgl. Kap. 2.1.1] bzw. Holzkamps Stufe des begreifenden Erkennens [vgl. Kap. 4.1.2]).

5.1.3 Kontroverse Aspekte von Tomasellos Sprachtheorie

Gewiss handelt es sich bei dem Ansatz von Tomasello – wie die oben zitierte Laudatio von Habermas deutlich gemacht hat – im Bereich der Sprachtheorie um einen der innovativsten Ansätze der letzten 2–3 Jahrzehnte. Aber auch in diesem Fall sind Bedenken, zumindest aber Nachfragen nötig; sie betreffen besonders folgende Punkte:

1. Tomasello reduziert die *phylogenetische* Analyse auf *kontrastive* Vergleiche zwischen Schimpansen und Menschen. Diesbezüglich werden zwar bestimme innere

5.1 Bildungsthema: Vom Zeigen zum Sprechen

Entwicklungsstufen anerkannt und gekennzeichnet, aber von einer durchgängigen Analyse der gesamten Phylogenese, insbesondere der Psychophylogenese – wie sie sich etwa in der Kritischen Psychologie findet (vgl. Kap. 4.1.1) – kann nicht gesprochen werden. Und diese evolutionstheoretische Fragmentierung wiegt besonders schwer in Bezug auf die unterlassene Analyse des Gesamtprozesses des Tier-Mensch-Übergangsfeldes. Hier sind nämlich zwei relevante Stufen zu unterscheiden (vgl. Braun 2014, Kap. 2 u. 3): Zum einen die, wo die *gesellschaftlichen* Lebensbedingungen und Interaktionsmuster noch mit der *unmittelbaren* Sozialwelt identisch sind. Die Tatsache, dass diese frühen Menschenarten ausgestorben sind – das bekannteste Beispiel sind die Neandertaler, die zwischen 40.000 und 30.000 v. u. Z. ausstarben – zeigt, dass der Selektionsdruck hier noch dominant war gegenüber der sozialen Reproduktion der menschlichen Gemeinschaft. Erst seit dem zweiten qualitativen Sprung der Menschwerdung – dieser neue „Wagenhebereffekt" vollzieht sich welthistorisch erstmals um 3000 v. u. Z. in Mesopotamien, speziell in der Stadt Uruk – entwickeln sich Arbeit und Sprache derart, dass sie die Selektionsgesetze für die menschliche Gattung schließlich außer Kraft setzen. Der damit ermöglichte „Kampf gegen den Kampf ums Dasein", also das alltägliche und gattungsmäßige Überleben, beruht auf der **Systembildung** der **gesellschaftlichen Produktions-**, **Distributions-** und **Kommunikationsprozesse** und damit der **relativen Entlastung des Alltagslebens von der verallgemeinerten Lebensvorsorge**. Seit dieser Zeit gibt es eine Kontinuität der Menschheitsgeschichte. – Es ist schon mehr als überraschend, dass selbst in seinem neusten, der Moralfrage gewidmeten Buch, diese Spezifik der menschlichen Lebenspraxis ausgeklammert wird (so beziehen sich die jüngsten dort erörterten phylogenetischen Zeitabschnitte auf die Prozesse um 10.000 v. u .Z. und diesbezüglich spricht er von *„zeitgenössischen Menschen"*, die „in zeitgenössischen bürgerlichen Gesellschaften leben" [Tomasello 2016, S. 137]).
2. Aufgrund dieser Verkürzung der phylogenetischen Untersuchungen übersieht Tomasello auch, dass die **Kultur** (und ihre Binnenstrukturen: die Wissenschaft, die Kunst und die Moral/Ethik) wie auch das **Recht** eine *Vermittlungsfunktion* haben zwischen den Systemstrukturen der Gesellschaft und den alltagsverankerten kooperativen, technischen, sozialen und kommunikativen Praxen. Und es überrascht dann auch nicht, dass die gesellschaftlichen **Institutionen** weitgehend in diese unmittelbare Sozialität eingegliedert werden und deren ebenfalls bedeutsame Vermittlungsfunktion unerkannt bleibt. Insofern sind Tomasellos Vorstellungen von der Gesellschaft *unterkomplex* (vgl. z. B. Tomasello 2010, S. 73ff).
3. Mit Blick auf die Sprachaneignung hat dies zur Folge, dass Tomasello sich auf die unmittelbare, die mündliche Sprachverwendung konzentriert und beschränkt

(wobei er allerdings auf die Prozesse der Lautbildung auch nicht näher eingeht [vgl. Rehberg 2016, S. 38ff]) und damit den ganz zentralen Sachverhalt außen vor lässt, dass die Sprache nicht hinreichend auf geteilte Wahrnehmungen und Intentionen und die vis-a-vis-Kommunikation sowie die Beachtung von Konventionen zurückgeführt werden kann, sondern dass sie – das ist ein weiterer „Wagenhebereffekt" – sich demgegenüber verselbständigt und eine eigenständige **symbolische** Qualität annimmt. Insofern sind nicht nur Tomasellos Vorstellungen von der Gesellschaft unterkomplex, sondern er unterschätzt phylo- und ontogenetisch (so Brandt, 2009, S. 33ff, 46ff u. 101ff) auch die für die Erkenntnis einer komplexen Gesellschaft notwendige Komplexität menschlicher Denkfähigkeiten, deren individuelle und kollektive, im Kern öffentliche *Urteilsfähigkeit* an sprachliche *Symbole* und deren *syntaktische* Verknüpfungen gebunden ist. Diese bewähren sich, beweisen ihre Geltung und Verbindlichkeit nicht vorrangig im kommunikativen Nahraum, sondern im „Fernraum" und schaffen speziell in Form der Ja-Nein-Stellungnahmen (Bejahung oder Verneinung nicht zuletzt von gesellschaftlichen Zuständen wie den aktuellen der Globalisierung) die Grundlage des spezifisch menschlichen Bewusstseins und der nur ihm möglichen Selbsterkenntnis. Das kritisiert – mit Verweis auf Bühlers Sprachtheorie – auch Mollenhauer (2015, Kap. 6.2.4); einen vergleichbaren Einwand formuliert Habermas (2012, S. 63; vgl. dazu auch den Wissensbaustein Nr.6, S. 125-128).
4. Gewiss ist dem Anliegen von Tomasello zuzustimmen, dass es zunächst einmal darum gehen muss, die *normativen* Grundlagen der Sprache zu klären, also ihre „positiven" Seiten und ihre *wünschenswerten* Möglichkeiten zur **Humansierung der menschlichen Lebensverhältnisse**. Da er aber nicht nur die Systemqualität der Gesellschaft verkennt, sondern auch die damit in engem Zusammenhang stehenden **gesellschaftlichen Herrschafts-, Macht- und Unterdrückungsverhältnisse** ausblendet (sie werden allenfalls am Rande erwähnt, so in seiner Dankesrede bei der Verleihung des Hegelpreises [vgl. Rehberg 2016, S. 42]), deshalb ignoriert er auch die Möglichkeiten des **anti-sozialen** Handelns der Menschen, der *Selbst-* und *Fremdunterdrückung,* der *wechselseitigen Erniedrigung,* der *gewaltförmigen Unterwerfung* bis hin zur *Selbstgefährdung der menschlichen Gattung* (nicht nur durch einen Atomkrieg, sondern auch durch eine globale ökologische Katastrophe). Und diese „negativen" Möglichkeiten können nicht als Relikte der „tierischen Vergangenheit" der Menschen abgetan werden, sondern sie sind spezifisch menschlich und sie haben sich im Laufe der Menschheitsgeschichte immer mehr dramatisch ausgeweitet und zugespitzt in dem Widerspruch von Modernität und Barbarei im deutschen und internationalen Faschismus (vgl. Nungesser 2016; ferner den Wissensbaustein Nr.3 zur Psychoanalyse, S. 57-59). Und dieses komplexe Widerspruchsverhältnis von **Intersubjektivität** und **Ent-**

fremdung tangiert auch unmittelbar die Alltagspraxis der Menschen und die institutionellen und interaktiven Strukturen des entwicklungspädagogischen Handelns (wie in den vorangegangen Kapiteln ausführlich dargestellt).

Wissensbaustein Nr.6
Die relative Eigenständigkeit verallgemeinerter sprachlicher Bedeutungsstrukturen

Die Kritik an dem (impliziten) Unmittelbarkeitspostulat von Tomasellos Sprachtheorie soll hier insofern konstruktiv gewendet werden, als nun auf zwei Ansätze verwiesen wird, die den Verbindlichkeitsgrad der Sprache mit deren Verselbständigungsgrad gegenüber dem sprachlichen Alltagshandeln begründen.

1. Karl Bühler

    Der Entwicklungspsychologe und Sprachtheoretiker Karl Bühler (1879-1963) hat in seiner erstmals 1934 veröffentlichten Sprachtheorie ein Kommunikationsmodell vorgelegt, welches die unmittelbar-pragmatische Seite des Sprechens mit den Anforderungen an die gesellschaftliche Kommunikation verband (vgl. zu Entstehungszusammenhang und Aktualität dieses Ansatzes Eschbach 1984); drei Aspekte seien hier hervorgehoben:

    a. Reden und sprachliche Bedeutungen
       Es „gibt für uns alle Situationen, in denen das Problem des Augenblicks, die Aufgabe aus der Lebenslage redend gelöst wird: *Sprechhandlungen*. Und es gibt andere Gelegenheiten, wo wir schaffend an der adäquaten sprachlichen Fassung *eines* gegebenen *Stoffes* arbeiten und ein *Sprachwerk* hervorbringen. Dies also ist ein Merkmal, welches im Begriff der ‚Sprechhandlung' unterstrichen werden muss und nicht wegzudenken ist, dass das Sprechen ‚erledigt' (erfüllt) ist, in dem Maße, wie es die Aufgabe, das praktische Problem der Lage zu lösen, erfüllt hat. (...) Das *Sprachwerk* als solches will entbunden aus dem Standort im individuellen Leben und Erleben seines Erzeugers betrachtbar und betrachtet sein. Das Produkt als Werk des Menschen will stets seiner Creszenz enthoben und verselbständigt sein." (Bühler 1999, S. 53f)

b. Zeigen und Sprechen
Es ist „Tatsache, dass alles sprachlich Deiktische deshalb zusammengehört, weil es nicht im Symbolfeld, sondern im *Zeigfeld* der Sprache die Bedeutungserfüllung und Bedeutungspräzision von Fall zu Fall erfährt; und *nur* in ihm *erfahren kann*. Was ‚hier' und ‚dort' ist, wechselt mit der Position des Sprechers genau so wie das ‚ich' und ‚du' mit dem Umschlag der Sender- und Empfängerrolle von einem auf den anderen Sprechpartner überspringt." (ebd., S. 80)

c. Die „Verselbständigungstreppe" der Symbolbedeutungen
„Die Zeigwörter bedürfen nicht des Symbolfeldes der Sprache, um ihre volle und präzise Leistung zu erfüllen; sie bedürfen aber des Zeigfeldes und der Determination von Fall zu Fall aus dem Zeigfeld oder ... der anschaulichen Momente einer gegebenen Sprechsituation. Mit den Nennwörtern verhält es sich in diesem Punkte ganz anders; sie können zwar empraktisch ... in einem Zeigfeld stehend ihren vollendeten Sinn erfahren. Allein das ist nicht unerläßlich; sondern im vollendeten Darstellungssatze ... erscheint die sprachliche Darstellung in hohem Maße erlöst aus konkreten Situationshilfen." (ebd., S. 119f) Denn ein „für den intersubjektiven Austausch brauchbares ‚Begriffszeichen' muss die Eigenschaft haben, dass es im Munde jedes und aller als Symbol für *denselben* Gegenstand verwendet wird, und das ist ... nur dann der Fall, wenn das Wort eine Wasbestimmtheit des Gegenstandes trifft; d.h. wenn es dem Gegenstand beigelegt, für ihn verwendet wird, sofern er die und die nicht grundsätzlich mit dem Gebrauchsfall wechselnden Eigenschaften hat." (ebd., S. 103) Dabei kann "man die schrittweise Erlösung des Satzsinnes aus den Umständen der Sprechsituation und die ansteigende Dominanz des Symbolfeldes" als „Selbständigkeitstreppe" deuten (ebd., S. 373). Von daher muss „die im Verständnis aller Sätze immer *fortwirkende Lerndeixis* unterschieden werden ... von der *Objektdeixis*, die implizite in allen Wirklichkeitsaussagen enthalten bleibt und nicht eliminierbar ist. Ohne Objektdeixis gibt es keine Existenzaussage; sie bleibt in allen Wirklichkeitssätzen auch dort, wo sie sprachlich nicht zum Vorschein kommt, implizite enthalten. Bei den rein begrifflichen Sätzen dagegen fällt die Objektdeixis mit der Lerndeixis zusammen, weil die logischen Sätze über den Begriffsinhalt als solchen gefällt werden und nicht darüber hinausgehen." (ebd., S. 385)

2. Klaus Holzkamp

Das Entwicklungskonzept der Intersubjektivität von Holzkamp wurde in Kap. 4.1 ausführlicher dargestellt. Sein Symbolverständnis weist einerseits wichtige Übereinstimmungen mit der Sprachtheorie von Bühler auf; andererseits erweitert es das Problemverständnis, weil es den Zusammenhang von gesellschaftlich produzierten materiellen (sachlichen und personalen) Gegenstandsbedeutungen und deren symbolischer Repräsentation thematisiert; an dieser Stelle sollen zwei Argumentationsfiguren hervorgehoben werden.

a. Reden und Schrift
Um die während der historischen Anthropogenese entstehende „*neue Qualität ‚Sprache'* zu verstehen, vergegenwärtigen wir uns, dass die Sprache ... – obwohl sie vergegenständlichend geschaffene Sachverhalte und Verhältnisse symbolisch-begrifflich repräsentiert –, selbst noch gebunden ist an den aktuellen *Vollzug des Sprechens*. Ihre sozial-gesellschaftliche Verbreitung als Sprach- und Denkform erfolgte hier demgemäß noch auf der Ebene *bloß sozialer Traditionsbildungen* ... Nach dem Dominanzwechsel von der phylogenetischen zur gesellschaftlich-historischen Entwicklung dagegen wurde die Sprache zum umfassenden *Mittel der symbolischen Repräsentanz* der dabei entstehenden *raumzeitlich übergreifenden verselbständigten Bedeutungsstrukturen*. Dies wurde dadurch möglich, dass der Sprache im Zuge der Entstehung von Produktionsweisen als gesamtgesellschaftlichen Strukturen über die akustischen Signale als Träger der Kommunikation hinaus ein *neues Medium* von *gegenständlich-überdauernder Beschaffenheit* zuwuchs, das Medium der Schrift." (Holzkamp 1983, S.230)

b. Relativer Eigensinn der gesellschaftlichen Symbolsysteme
„Erst durch die Herausbildung der objektiven Sprach- und Zeichenverhältnisse mit ihren verselbständigten Sinnbezügen und Umformungsmöglichkeiten vollendet sich der *gesamtgesellschaftliche Zusammenhang* der von ihnen repräsentierten gegenständlich-sozialen Bedeutungsstrukturen zu einer für die menschlich-gesellschaftliche Lebensgewinnung spezifischen *neuen Synthese* des Weltbezuges der Individuen ..."(ebd., S. 232f) Denn das „Individuum findet ... nicht nur die arbeitsteiligen gesellschaftlichen Strukturen als obzwar vom Menschen historisch geschaffene, aber dennoch objektive Realität vor, sondern auch die diese (in mannigfachen Brechungen) repräsentierenden *Sprach- bzw. Zeichenstrukturen*. Zur gesamtgesellschaftlichen Vermitteltheit individueller Existenz gehört mithin auch die

Vermitteltheit der jeweils aktuellen sprachlichen Kommunikation zwischen Individuen durch die objektiven gesellschaftlichen Sprachverhältnisse..." (ebd., S. 232)

Literaturnachweise (Kap. 5.1)

Albert, G. et al. Hrsg. 2016. *Kooperation. Sozialität und Kultur. Michael Tomasellos Arbeiten in der soziologischen Diskussion.* Zeitschrift für Theoretische Soziologie. 3. Sonderband, Weinheim: Beltz Juventa.
Brandt, Reinhard. 2009. Können Tiere Denken? Ein Beitrag zur Tierphilosophie, Frankfurt/M.: Suhrkamp
Braun, Karl-Heinz. 2014. Der aneignungstheoretische Blick auf die systemisch vermittelten Sozialräume. In: *Tätigkeit – Aneignung – Bildung.* Hrsg. U. Deinet und Chr. Reutlinger. 33-65, Wiesbaden: Springer
Bruner, Jerome. 2008. Wie das Kind sprechen lernt, Bern et al.: Huber
Bühler, Karl. 1999. Sprachtheorie. Die Darstellungsfunktion der Sprache, Stuttgart: Lucius&Lucius
Eschbach, Achim. Hrsg. 1984. Bühler-Studien. 2 Bde, Frankfurt/M.: Suhrkamp
Habermas, Jürgen. 2009. Es beginnt mit dem Zeigefinger. In: Die ZEIT vom 10.12.2009
Habermas, Jürgen. 2012. Die Lebenswelt als Raum symbolisch verkörperter Gründe. In: ders.: *Nachmetaphysisches Denken II.* 54-76, Berlin: Suhrkamp
Habermas, Jürgen. 2013. Bohrungen an der Quelle des objektiven Geistes. Hegel-Preis für Michael Tomasello. In: ders.: *Im Sog der Technokratie.* 166-173, Berlin: Suhrkamp.
Holzkamp, Klaus. 1983. Grundlegung der Psychologie, Frankfurt/New York: Campus
Loenhoff, J. und R. Mollenhauer. 2016. Zwischen Kooperation und methodologischem Individualismus. In: Albert et al. 102-127
Nungesser, Frithjof. 2016. Die intrinsische Sozialität rücksichtslosen Handelns. Über Michael Tomasello und die dunklen Seiten humanspezifischer Kooperation. In: Albert et. al 128-162
Mollenhauer, Rafael. 2015. Tomasellos Kooperationsmodell, Konstanz München: UVK
Rehberg, Karl-Siegbert. 2016. Sonderstellung oder ökologische Nische? In: Albert et al. 28-44
Tomasello Michael. 2002. Die kulturelle Entwicklung des menschlichen Denkens, Frankfurt/M.: Suhrkamp
Tomasello, Michael. 2009. Die Ursprünge der menschlichen Kommunikation, Frankfurt/M.: Suhrkamp
Tomasello, Michael. 2010. Warum wie kooperieren, Berlin: Suhrkamp
Tomasello, Michael. 2014a. Eine Naturgeschichte des menschlichen Denkens, Berlin: Suhrkamp
Tomasello, Michael. 2014b. Kooperation und Kommunikation im zweiten Lebensjahr. In: *Handbuch Frühe Kindheit.* Hrsg.: R. Braches-Chyrek et al., 153-160, Opladen et al.: Barbara Budrich
Tomasello, Michael. 2016. Eine Naturgeschichte der menschlichen Moral, Berlin: Suhrkamp

Literaturempfehlungen (Kap. 5.1)

Albert, G. et al. Hrsg. 2016. *Kooperation, Sozialität und Kultur. Michael Tomasellos Arbeiten in der soziologischen Diskussion.* Zeitschrift für Theoretische Soziologie. 3. Sonderband, Weinheim: Beltz Juventa.
Deutsche Zeitschrift für Philosophie. 2007 (55. Jg.), H. 5: Beiträge zum Schwerpunkt „Natur und Kultur: Die Spezifikation menschlichen Verhaltens" (und speziell zu Tomasellos Theorie und Befunden)
Mollenhauer, Rafael. 2015. Tomasellos Kooperationsmodell. Michael Tomasellos Forschungen im Kontext kommunikationstheoretischer Fragestellungen, Konstanz München: UVK.
Tomasello, Michael. 2009. Die Ursprünge der menschlichen Kommunikation, Frankfurt/M.: Suhrkamp
Tomasello, Michael. 2010. Warum wir kooperieren, Berlin: Suhrkamp
Tomasello, Michael. 2014. Kooperation und Kommunikation im zweiten Lebensjahr. In: *Handbuch Frühe Kindheit.* Hrsg.: R. Braches-Chyrek et al., 153-160, Opladen et al.: Barbara Budrich
Tomasello, Michael und H. Rakoczy. 2009. Was macht menschliche Erkenntnis einzigartig? In: Kollektive Intentionalität. Hrsg.: H. Bernhard und D.P. Schweikard. 697-737, Frankfurt/M.: Suhrkamp

5.2 Interaktive und dialogische Unterstützung des Spracherwerbs

Während von Tomasello die notwendigen pädagogischen Interaktionsformen nur angedeutet worden sind, sollen sie nun in den Vordergrund treten. Sie betreffen besonders die Förderung des Lautinventars, die Beachtung der Regeln der Lautkombinatorik und der rhythmisch-melodischen Eigenschaften des Wortschatzes, die morphologischen Grundlagen der Wortbildung und Flexion sowie die Regeln des Satzbaus und der Satzinterpretation – und dies im Spannungsfeld von *Beziehungswissen*, *Weltwissen* und *Sprachwissen*. Das soll nun näher erläutert werden (vgl. dazu die Gesamtübersichten von Szagun [2008] und Tracy [2008]).

5.2.1 Ergänzende und vertiefende Aspekte der frühen Sprachentwicklung

Um die pädagogischen und sozialen Aufgaben besser bestimmen und beschreiben zu können, ist es gewiss sinnvoll, einige weitere und ausdifferenzierende Aspekte der frühen Sprachaneignung zu thematisieren, die es dann – von der „Negativseite" her betrachtet – erlauben, mögliche Verzögerungen und „Störungen" besser verständlich zu machen und kompensatorische Maßnahmen genauer bestimmen zu können. Hier sind fünf Momente von Interesse (vgl. Adler 2011, Kap. 3; Winner 2012, S. 36-77; siehe auch Kap. 2.1 und 3.1 dieses Lehrbuches):

1. Bereits in der **pränatalen** Phase werden Sprachlaute wahrgenommen und Höreindrücke gesammelt; durch diese prosodischen und rhythmischen Erlebnisse kann z. b. die Muttersprache von anderen Sprachen unterschieden werden. Die **Babys** können in den ersten drei Monaten die Stimme der Bezugsperson(en) erkennen und mit sechs Monaten mit Blicken und Bewegungen auf direkte Ansprache reagieren. Sie sind dabei bis zum 6. Monat so etwas wie „Alleskönner", nehmen also alles noch undifferenziert wahr. Anschließend werden sie zu „Spezialisten" in dem Sinne, dass sie bestimmte Vorlieben entwickeln, also auf bestimmte Betonungs- und Pausenmuster besonders reagieren. Das geschieht besonders in Form von Lall-Monologen und -Dialogen. Dadurch entstehen die elementarsten Sprecher-Hörer-Beziehungen sowie Dialog-Handlungs-Beziehungen (wie Geben und Nehmen bzw. weg-da-Spiele).
2. Ab ca. dem 9. Monat erleben die Erwachsenen die **Kleinstkinder** als Sprachimitatoren. Sie sprechen allerdings nicht nur nach, sondern modulieren auch eigenständig die Sprechakte, wobei die Lautklangfolgen fast ausschließlich Gefühle zum Inhalt haben. Mit dem Sinngehalt der Worte wird im Zusammenhang mit der Aneignung der sachlichen Bedeutungen experimentiert und es entsteht mit ca. 13. Monaten die *Echosprache* als aktive Nachahmung der in der Umgebung wahrgenommenen Sprache.
3. Ein 1. Meilenstein (wie das Tracy 2008, S. 77ff nennt) ist dann – zwischen dem 10. und 18. Monat – die Aneignung von **Wortbedeutungen**: Substantive, kleine Wörter und etwas später auch Verben; ferner einige Partikel (also unveränderliche Worte wie „auch"). Während des 2. Meilensteins (18. – 24. Monat) erweitert sich – mal explosionsartig, mal langsamer, aber kontinuierlich – der Wortschatz von 50 auf ca. 200 Worte und die Verben werden immer zutreffender eingesetzt. Zwar bleibt der Satzbau noch unvollständig, aber erste Sprachregeln der Konjugation (also Veränderung der Verben) werden schon beherrscht.
4. Die Aneignung der **Grammatik** beginnt (als 3. Meilenstein) zwischen dem 18. und 24. Monat; ab dem 6. Monat können die Kleinkinder nur Satzgrenzen und Betonungsmuster erkennen. Dann fangen sie im Sinne des kombinatorischen Sprechens an, einfache Sätze zu bilden (zunächst nur aus zwei Worten – z. B. „Teller da", „Oma weg") und die Wörter zu verändern, speziell durch die Mehrzahlbildung („Auto-s", „Puppe-n"). Auch lernen sie, die Adjektive an die Nomen anzupassen und nach Geschlecht zu differenzieren („der", „die", „das").

Die Sätze werden ab ca. dem 30. Monat immer komplexer und fehlerfreier. Das betrifft die Haupt- und Nebensätze sowie – als besondere Herausforderung – die Kasusmarkierungen; dabei wird zuerst der Genetiv, dann der Akkusativ und schließlich der Dativ erlernt (4. Meilenstein).
5. Sowohl bei der Darstellung von Tomasellos Ansatz, wie auch gerade, wurden immer wieder konkrete **Entwicklungszeiten** benannt. Es handelt sich dabei um Durchschnittswerte aus entsprechenden empirischen Untersuchungen, die zumeist in hochentwickelten westlichen Ländern durchgeführt wurden. Sie könnten zu dem gravierenden pädagogischen Fehler verleiten, sie als zwingende Norm zu verstehen, also Abweichungen davon als Anomalitäten zu deuten, die es gälte, in jedem Fall zu verhindern oder doch zumindest so schnell wie möglich zu überwinden. So sind sie aber nicht gemeint, weil es selbstverständlich immer auch erhebliche soziokulturelle und milieubezogene sowie besonders individuelle Unterschiede gibt und nicht nur die Dynamik, sondern auch die „Tiefe" der entsprechenden Lernprozesse sich erheblich unterscheiden können: die einen Kinder lernen schneller und verwenden die Wortbedeutungen und grammatikalischen Regeln richtig, ohne sie aber wirklich zu verstehen; die anderen Lernen langsamer, verstehen aber deren Sinn bereits in wichtigen Zügen. Allerdings gibt es so etwas wie *sensible Phasen* oder *optimale Zeitfenster* für bestimmte Bildungsaufgaben und es ist günstig, sie bei der pädagogischen Förderung quasi im Hinterkopf zu haben, also flexibel zu „nutzen", ohne allerdings die Kinder in einen starren Rahmen zu pressen, der das Sprachlernen eher blockiert denn unterstützt. Oder noch deutlicher gesagt: Wenn Kinder bestimmte Zeitfenster nicht nutzen, dann können sie entsprechende Aufgaben auch später realisieren, ohne dass ihre Gesamtentwicklung darunter leidet oder dass gar strukturelle Defizite entstehen.

5.2.2 Die sozialräumliche und interaktive Einbettung der dialogischen Sprachförderung

Hier sind drei Aufgabenfelder von besonderem Interesse (vgl. Adler 2011, Kap. 6; Albers 2011, Kap. 5; Nickel 2014; Winner 2012, S. 78-113):

1. Zunächst ist nachdrücklich darauf zu verweisen, dass die Aneignung der Sprache anfangs weitgehend in die sozialräumlichen und interaktiven **Alltagsprozesse** integriert ist, dass ihrer Förderung nur bei einer kleinen Minderheit von Eltern eine **dezidiert pädagogische Absicht** zu Grunde liegt. Diese kann der Sprachentwicklung auch hinderlich sein, weil damit häufig gerade die sehr vielen

Anregungen, die die Babys, Kleinstkinder, Kleinkinder und (jungen) Kinder von Anfang an aufnehmen (können), übergangen werden. Vielmehr sollte immer bedacht werden, dass die Eltern und älteren Geschwister mit den Jüngeren primär **zusammen leben** und dass dazu auch die alltägliche **Umgangssprache** gehört und dass deren Aneignung zunächst im Zentrum steht. Genau das meint ja Tomasellos Begriff der kommunikativen Infrastruktur als Voraussetzung und Medium der Sprachentwicklung.

2. Das Gesagte muss in dem Sinne natürlich differenziert werden, dass die älteren Familien- bzw. Gruppenmitglieder (das können auch solche in einer Krippe oder einem Heim sein) eine **kindgerichtete Sprache** verwenden sollten. Sie sollten also keine „Babysprache" verwenden und auch auf das *Nachsprechen* verzichten, sondern eine Sprache, die sich am Verstehenshorizont der HörerInnen und ihren nächsten Lernschritten ausrichtet, also an der *„Zone der nächsten Entwicklung"* (vgl. Wygotski 1974, S. 236ff). Dabei können folgende Stufen unterschieden werden:

    a. Die *Ammensprache* steht am Anfang und unterstützt die ersten sprachlichen Aneignungsprozesse durch Überakzentuierung der prosodischen und lautlichen Sprachmerkmale: höherer Tonfall, starke Betonung und Phrasenmarkierung, langsames Sprechtempo, kurze Sätze, kindgemäßer Wortschatz mit Bezug auf konkrete Dinge, Personen und Aktivitäten, nonverbal unterstützt durch Blickkontakte, Gesten und Handlungen. So erhält das Kleinstkind die Chance, schrittweise die Sprechmelodie zu übernehmen.

    b. Die *stützende* Sprache wird im zweiten Lebensjahr verwendet und stellt durch häufige Objekt- und Personenbezeichnungen gemeinsame Aufmerksamkeit her und benutzt standardisierte Interaktionsmuster in Gestalt einfacher Sätze und häufiger Verwendung gleicher Alltagssituationen und Formulierungen und fördert so die Entfaltung von Sprachroutinen. Dadurch wird der frühe, der nominale Wortschatz und das rudimentäre Erkennen des Satzbaus gefördert. – Ammen- und stützende Sprache sind die Basis der dialogischen Sprachförderung.

    c. Auf dem höheren Entwicklungsniveau, nämlich im dritten Lebensjahr, bedarf es dann der *lehrenden* Sprache, die gerade für die Aneignung der grammatikalischen Strukturen wichtig ist. Bei ihr werden die kindlichen Äußerungen vorsichtig und empfindsam erweitert und umformuliert, es werden u. a. Formen des Parallelsprechens, korrektive Feedbacks (Aussagen werden aufgenommen und richtig wiedergegeben), Expansionen (unvollständige Sätze werden vervollständigt), Extensionen (Weiterführung eines naheliegenden, aber nicht ausgeführten Gedankengangs) und offene Fragetechniken verwendet.

5.2 Interaktive und dialogische Unterstützung des Spracherwerbs

d. Den Abschluss bildet dann die *Bildungssprache*, die nicht nur komplexe kognitive und grammatikalische Ansprüche stellt, sondern auch im Medium des Dialogs bedeutsames Wissen in die Kommunikation einfließen lässt. Hier ist selbstverständlich besonders an die Tradition des *sokratischen Gesprächs* zu denken (vgl. Klafki 1983).

3. Wenn von einer sozialräumlichen und interaktiven Einbettung der fördernden Dialoge die Rede ist, dann ist schon impliziert hingewiesen auf die Spannung zwischen **beiläufigen** und **intendierten Lernprozessen**. Sie besteht zwischen den *nicht-strukturierten,* alltagsintegrierten Verfahren, welche die reine Selbsttätigkeit der Kinder aller Altersstufen ins Zentrum stellen, also sie ihre eigene Sprachform finden lassen, ihnen somit einfühlsam zuhören; und den *strukturierten,* lernunterstützenden bzw. – initiierenden Verfahren, die von der Umgangssprache abweichen – z. B. durch das Erzählen von Geschichten, die Verwendung von Worten ohne unmittelbare Präsenz der bezeichneten Personen und Sachen oder die Verwendung von Metaphern. Dadurch wird die *pragmatische* Sprachverwendung ergänzt und erweitert durch *narrative* Komponenten. Davon zu unterscheiden sind Varianten von Sprachförderung, die die pädagogischen Absichten ins Zentrum stellen und in entsprechenden Sondersituationen angeboten werden, weil merkliche Probleme bei der Sprachentwicklung festgestellt wurden (vgl. dazu Kap. 5.3).

5.2.3 Zur Bedeutung des Vorlesens

Eine bedeutsame Sonderform des Dialogs ist das Vorlesen (vgl. Wyrobnik 2013). Diesbezüglich ist beachtenswert:

1. Beim Vorlesen sollten sich die Eltern (oder auch erheblich ältere Geschwister) eine **Auszeit** für die (Klein-) Kinder nehmen und mit einer ruhigen Stimme eine entspannte Situation herstellen, die Kinder mit bestimmten, mehrfach wiederholten Geschichten oder einer Abfolge von Geschichten bekannt machen. Dabei kann ein und dieselbe Hauptperson im Vordergrund stehen oder auch wechselnde, also jeweils neue. So wird den Kindern ein kommunikativer Raum der Verlässlichkeit und Sicherheit geboten, weshalb sie sich schon sehr früh Wiederholungen wünschen und die Geschichten bereits auswendig kennen und sie scheinbar „vorlesen", bevor sie selber wirklich lesen können. Das bietet ihnen – gerade wenn es sich um die Fantasie anregende Geschichten handelt (z. B. Märchen) – auch die Chance, eigene, besonders aufwühlende Erlebnisse zu be- und verarbeiten und so wieder zur Ruhe zu kommen (daran schließen

später die Rollenspiele an [vgl. Kap. 6.1.2]). Nicht zuletzt ist das Vorlesen eine Einführung in die jeweilige Kultur bzw. die Kulturtraditionen der Familie, aber auch der Verwandten, Freunde und Bekannten.
2. Selbstverständlich kann man jederzeit und überall vorlesen (zu Hause, im Restaurant, bei der Autofahrt, in den verschiedensten pädagogischen Einrichtungen). Wichtig ist, dass der jeweilige Raum eine gewisse Ruhe ausstrahlt bzw. zulässt, dass die **triadische Beziehung** zwischen den Eltern und dem Kind und ihrem gemeinsamem Bezug auf das Buch nicht gestört wird, dass also eine handlungsentlastete und entspannte Atmosphäre hergestellt wird (das gilt insbesondere für die „Gute-Nacht-Geschichten").
3. Wenn es über die Jahre hinweg in den Familien oder auch Lerngruppen solche Vorleseaktivtäten gibt, dann verbessern sie den Sprachstil, die Ausdrucksfähigkeiten, die zutreffende Anwendung grammatikalischer Regeln und erweitern den Wortschatz. Aus diesem Grunde gibt es bundesweite Initiativen für das Vorlesen (besonders durch die „Stiftung Lesen"), die auch die **entwicklungspädagogische Bedeutung des Vorlesens empirisch aufweisen** konnten. So wurden für die „Vorlesestudie 2015" (von Stiftung Deutsche Bahn/Stiftung Lesen/DIE ZEIT 2015) 524 Kinder im Alter von 8–12 Jahren und ihre Mütter in einer Face-to-Face Untersuchung mittels standardisierter Fragebögen zwischen dem 30.6. 2015 und 31.7.2015 befragt. Folgende empirische Befunde sind unter psychosozialen und pädagogischen Aspekten an dieser Stelle von entwicklungspädagogischem Interesse, weil sie in sehr differenzierter Weise zeigen, in welch komplexen objektiven und subjektiven Strukturen die Sprachentwicklung eingelassen ist und von ihnen mitbestimmt wird (sie werden deshalb etwas ausführlicher dargestellt):
    a. Die Gesamtvorlesezeiten verteilten sich wie folgt: Den Kindern wurde vorgelesen: mehrmals am Tag: 7 %, einmal am Tag: 18 %, mehrmals in der Woche: 35 %, einmal in der Woche: 10 %, seltener: 15 %, nie: 15 %. Dabei ergab die Studie „Vorlesen im Kinderalltag 2008", dass zu 64 % die Mütter vorlesen, zu 11 % Mütter und Väter gemeinsam und nur 8 % die Väter allein (vgl. Wyrobnik 2013, S. 150).
    b. Nach der Selbsteinschätzung der **Kinder** können von denjenigen,
        - denen *täglich* vorgelesen wurde, 86 % Dinge sich schnell merken; 91 % interessieren sich für viele verschiedene Dinge; 89 % erleben sich als phantasievoll und 58 % als spontan; 93 % können ein Geheimnis für sich behalten; 90 % kann man alles erzählen, auch wenn es ihnen mal nicht so gut geht; 88 % kann man immer etwas fragen bzw. um etwas bitten; und auf 87 % kann man sich verlassen, wenn etwas ist; 74 % finden einen Sonntag richtig toll, wenn sie viel mit Freunden unterwegs waren und gespielt haben.

5.2 Interaktive und dialogische Unterstützung des Spracherwerbs

- Von denjenigen, denen *wöchentlich* vorgelesen wurde, interessieren sich 77 % für ganz verschiedene Dinge; halten sich 58 % für phantasievoll und 56 % für spontan; können 80 % ein Geheimnis für sich behalten; 78 % kann man alles erzählen, auch wenn es ihnen nicht so gut geht; 82 % kann man immer etwas fragen bzw. um etwas bitten; auf 84 % kann man sich immer verlassen, wenn etwas ist; 69 % finden einen Sonntag richtig toll, wenn sie viel mit Freunden unterwegs waren und gespielt haben.
- Von denjenigen, denen *selten* bzw. *nie* vorgelesen wurde, interessieren sich 52 % für sehr verschiedenen Dinge, halten sich 48 % für phantasievoll und 43 % für spontan; 59 % können ein Geheimnis für sich behalten; 51 % kann man alles erzählen, auch wenn es ihnen nicht so gut geht; 59 % kann man immer etwas fragen bzw. um etwas bitten; und auf 53 % kann man sich verlassen, wenn etwas ist; 50 % finden einen Sonntag richtig toll, wenn sie viel mit Freunden unterwegs waren und gespielt haben.

c. Die **Mütter** der Kinder,
- denen *täglich* vorgelesen wird, schätzen diese zu 90 % als wissbegierig ein, 83 % könne sich danach gut konzentrieren und 77 % denken mit bzw. voraus; sie werden zu 93 % als fröhlich, zu 75 % als selbstbewusst, zu 69 % als lebhaft und zu 52 % als mutig eingeschätzt; 87 % spielen gerne mit anderen zusammen, 91 % knüpfen schnell Freundschaften; 93 % merken gleich, wenn zu Hause mal schlechte Stimmung ist und 90 %, wenn bei jemanden etwas anders ist (sie z. B. eine neue Brille hat), 88 % erinnern sich gut an Dinge, die andere erlebt und erzählt haben; 49 % beschäftigt es, wie es Geschwistern, Eltern oder Großeltern anderer Kinder geht; 68 % haben Mitleid, wenn Tiere schlecht behandelt werden; 85 % haben einen ausgeprägten Gerechtigkeitssinn; und 85 % ergreifen Partei für andere, wenn er/sie selbst gar nicht in eine Auseinandersetzung einbezogen ist.
- Von denjenigen, denen *wöchentlich* vorgelesen wurde, werden 72 % als wissbegierig eingeschätzt, es können sich 63 % gut konzentrieren und 67 % denken mit bzw. voraus; es werden 85 % als fröhlich, 65 % als selbstbewusst, 74 % als lebhaft und 51 % als mutig eingeschätzt; 86 % spielen gerne mit anderen zusammen; 89 % knüpfen schnell neue Freundschaften; 80 % merken gleich, wenn zu Hause mal schlechte Stimmung ist und 78 % wenn bei jemandem mal was anders ist (jemand z. B. eine neue Frisur hat); 82 % haben ein gutes Gedächtnis für Dinge, die andere erlebt und erzählt haben; 37 % beschäftigt es, wie es Geschwistern, Eltern oder Großeltern anderer Kinder geht; 61 % haben Mitleid, wenn Tiere schlecht behandelt werden; 78 % haben einen ausgeprägten Gerechtigkeitssinn und 80 % ergreifen Partei für andere, auch wenn er/sie gar nicht in eine Auseinandersetzung einbezogen ist.

- Und von denjenigen, denen *selten* oder *nie* vorgelesen wurde gelten 43 % als wissbegierig, können sich 36 % gut konzentrieren und 37 % mit bzw. voraus denken; es schätzten 59 % sie als fröhlich, 44 % als selbstbewusst, 51 % als lebhaft und 37 % als mutig ein; 59 % spielen gerne mit anderen Kindern zusammen; 72 % knüpfen schnell neue Freundschaften; 59 % merken gleich, wenn zu Hause mal schlechte Stimmung ist; und 51 %, wenn bei jemanden etwas anders ist (jemand z. B. eine neue Brille hat); 59 % haben ein gutes Gedächtnis für Dinge, die andere erlebt und erzählt haben; 28 % beschäftigt es, wie es Geschwistern, Eltern oder Großeltern anderer Kinder geht; 25 % haben Mitleid, wenn Tiere schlecht behandelt werden; 40 % haben einen ausgeprägten Gerechtigkeitssinn und 73 % ergreifen Partei für andere, auch wenn er/sie gar nicht in eine Auseinandersetzung einbezogen ist.
d. Die Befunde verdeutlichen exemplarisch sehr schön die inneren Zusammenhänge zwischen der Sprachentwicklung und der individuellen Gesamtentwicklung der Kinder, also den verschiedenen Kommunikationsfähigkeiten und -bereitschaften als Teil der Bildungsfähigkeiten und -bereitschaften; die Trends werden so zusammengefasst:
- Die Leistungsfähigkeit ist eng gekoppelt an Wissbegierde, Lernfreude, kognitive Kompetenzen und emotional-motivationale Anstrengungsbereitschaft.
- Kindern, denen *häufiger* vorgelesen wird, haben einen weiteren Horizont, sind besonders gerne mit anderen Kindern zusammen, für die sie auch nicht nur Spielkameraden sind und sie bilden auch mehr Sensibilität, Empathie und Interesse für andere aus als diejenigen, denen *weniger* bis selten vorgelesen wird.
- Auch eher sozial isoliert lebenden Kindern hilft das Vorlesen beim Umgang mit anderen Kindern. Es stärkt insgesamt die sozialen Bindungen, Verantwortungsbereitschaften und das gesellschaftliche Miteinander.
- Vorlesen leistet einen begrenzten, wenn auch erkennbaren Beitrag zur Förderung emotionaler Stärken, sozialer Kompetenzen und zur sozialen Integration – und zwar als eigenständiger Faktor, der in engen Grenzen unabhängig ist vom generellen Bildungshintergrund und der kommunikativen Dichte in der Familie und der auch für relativ isoliert lebende Kinder relevant ist.
4. Hinsichtlich der Auswahl der Bücher gelten die Hinweise auf die Stufen der Sprachförderung (Kap. 5.2.2). Ein besonders bedeutsames Medium sind die **Bilderbücher** (vgl. Rau 2009, Teil I. Kap. 1), die manchmal gar keinen, manchmal wenig Text enthalten (deren Länge kann und sollte im Laufe der Entwicklung

länger werden, wie auch die Bilder immer komplexer werden dürfen und sollten). Sie verschränken die *verbalen* mit einer Weiterentwicklung der gestischen, nämlich der visuellen Komponenten. Die (Klein-) Kinder werden also in zweifacher Weise angeregt, sie können sich auf eine dieser Komponenten konzentrieren bzw. die Erwachsenen können interpretierend die Beschäftigung mit den Bildern anregen und später ggf. auch Bezüge zum Text herstellen (wenn sie z. B. auf die Bilder der Personen zeigen von denen im Text die Rede ist). Auch in diesem Fall ist die mehrfache Verwendung der gleichen Bücher kein Ausdruck von Entwicklungsstillstand, sondern von Vorlieben für bestimmte (Bild-)Geschichten.

Definition: Dialogisch-interaktive Sprachförderung
Nachhaltige personale Sprachförderung bedarf zuverlässiger interaktiver Kontexte des gelingenden, herausfordernden und befriedigenden Zusammenlebens der Kinder mit älteren Kindern, Jugendlichen und Erwachsenen – insbesondere in den Familien. Sie umfasst die Entwicklungsstufen und -aspekte der Epochsprache, der Wortbedeutungen und der Grammatik sowie Syntax und findet statt in den entwicklungsoffenen Medien der Ammensprache, der stützenden Sprache und der sokratisch lehrenden Sprache. Dabei kommt dem Vorlesen – kombiniert mit visuellen Darstellungen – eine wichtige Rolle zu.

5.2.4 Zum Bildungsfeld Zwei- bzw. Mehrsprachigkeit

Ein besonderes entwicklungspädagogisches Aufgabenfeld ist die **Zwei- bzw. Mehrsprachigkeit**. Sie ist für eine moderne und demokratische Gesellschaft eine Selbstverständlichkeit, was sich auch in den Lehrplänen der Schulen niederschlägt; zugleich gibt es zunehmend auch bilinguale Kindergärten. Im Alltagsleben – zumindest der Mittleren und Großstädte ist sie eine alltägliche Selbstverständlichkeit. Gleichwohl gibt es immer wieder Fehldeutungen der damit verbundenen Aufgabenstellungen. In aller Kürze ist hier festzuhalten (vgl. Adler 2011, Kap. 4; Müller/Schmitz 2014; Tracy 2008, Kap. 3, 5 u. 6; dies., 2014):

1. Für den **Ersterwerb** der Sprache ist es zunächst entscheidend, ob in der Familie eine oder zwei (oder vielleicht sogar noch mehr Sprachen) gesprochen wird bzw. werden und in welchem Verhältnis diese Muttersprache(n) zu der Umgebungssprache stehen. Wenn die Muttersprache Deutsch ist und die Eltern Deutsche sind, haben wir es mit einer *monolingualen* Lernsituation zu tun. Wenn es Un-

terschiede zwischen der in der Familie dominanten Sprache (z. B. Russisch oder Italienisch) und der Umgebungssprache (Deutsch) gibt bzw. wenn die Eltern zwei Sprachen sprechen (z. B. Englisch und Französisch), dann haben wir es mit einer pragmatisch verankerten *Bilingualität* zu tun. Dabei ist nochmals zu unterscheiden, ob die Zweitsprache nach der *Muttersprache*, also sukzessiv erlernt wird und es sich somit um einen *Fremdsprachen*-Erwerb handelt (dann erweist sich empirisch der Erstsprachenerwerb als durchsetzungsfähig und robust); oder ob es sich um eine *simultane* Bilingualität handelt, das Kind also von Anfang an in zwei Sprachen zu Haus ist und ggf. fließend von der einen in die andere Sprache wechseln kann und dabei dann auch häufig Mischformen benutzt (z. B. deutsche und englische Wörter innerhalb eines Satzes). Diesbezüglich ist nochmals zu unterscheiden, ob die Eltern dem Prinzip „Eine Person – Eine Sprache" folgen (z. B. die Mutter spricht ständig Arabisch, der Vater Französisch), oder ob sie beide Sprachen im Zusammenleben mit dem Kind verwenden. Dabei kann nochmals unterschieden werden, ob die Zweisprachigkeit im *Alltagskontext* erlernt wird oder in einem speziellen *Lernarrangement*.
2. Hinsichtlich der **biografischen Entwicklung** der Mehrsprachigkeit ist festzuhalten, dass die Babys bereits vor der eigenen Sprach(re)produktion die Sprachen auf der Wahrnehmungsebene zu unterscheiden vermögen (z. B. zwischen dem deutschen und dem französischen Klangbild). Das Erstlernen der Sprache unterliegt dabei in allen Sprachen den gleichen Prinzipien. Zugleich fördert die Sprachvielfalt nicht nur die kognitiven Kompetenzen der Sprachverwendung, sondern auch das Sprachwissen selber. D. h., sie erweitert von Anfang an den kulturellen Horizont wohl schon der Klein-Kinder, in jedem Fall aber der Kinder. Die immer wieder – in bester pädagogischer Absicht – vorgetragene Befürchtung, dass junge Kinder mit der Zwei- bzw. Mehrsprachigkeit überfordert seien, hat sich empirisch nicht bestätigt. Eher kann bei dieser *additiven* Zweisprachigkeit von einer wechselseitigen Förderung gesprochen werden, wobei phasenweise die Aneignung der einen Sprache im Vordergrund stehen kann, sich dieses Dominanzverhältnis dann auch wieder umkehren kann und es zumeist auch tut. Hinsichtlich der weiteren Entwicklung im Jugendalter und dann besonders im Erwachsenenalter ist die generationale Einbindung von großer Bedeutung: So zeigen sich z. B. bei der ersten Immigrantengeneration nach einer Phase des Spracherwerbs und der Stabilität des Sprachwissens und des Sprechens (also bezogen auf Syntax und Pragmatik) ein tendenzieller Sprachverlust, somit eine subtraktive Zweisprachigkeit; ob das auch für die zweite Generation zutreffend ist, ist empirisch unklar. Klar ist hingegen, dass die pädagogische Förderung der Mehrsprachigkeit ggf. auch einen Abbau von Vorurteilen bei den PädagogInnen erforderlich macht und eine reflexive Toleranz gegenüber der Sprachenvielfalt benötigt.

5.2 Interaktive und dialogische Unterstützung des Spracherwerbs

3. Ob es hier zu einer selbstverständlichen oder eingeschränkten Bi- und Mehrlingualität kommt, ob die Beziehungen zwischen den Sprachen eher *ausbalanciert* oder eher nur der *Tendenz* nach *ausgewogen* sind oder sogar *nicht ausbalanciert* sind, das hängt nicht nur von den biografischen und speziell den familiären Lerngelegenheiten ab, sondern auch in hohem Maße davon, welches **Sozialprestige** die jeweilige Sprache in einer konkreten Gesellschaft hat (bei uns in der vom Deutschen dominierten Bundesrepublik). Da ergeben sich dann erhebliche Unterschiede z. B. zwischen Russisch, Tschechisch und Arabisch (um von den asiatischen und afrikanischen Sprachen gar nicht zu reden) auf der einen und Französisch und Englisch auf der anderen Seite; dazwischen liegen z. B. Italienisch und Spanisch (weniger Prestige haben auch Portugiesisch und Neugriechisch wie auch die nordeuropäischen Sprachen). In diesen Fällen muss die Zwei- und Mehrsprachigkeit gegen die kulturelle Hegemonie der prestigestärkeren Sprachen durchgesetzt werden (daraus resultieren ggf. die Vorurteile auch von PädagogInnen). Ob die Bereitschaft dazu besteht, hängt in hohem Maße von dem Bildungsgrad der Eltern, ihrer beruflichen Praxis (z. B. in einem internationalen Konzern vs. in einer kleinen Werkstatt) und dem sozialen Milieu (gehobenes modernisiertes Facharbeiter- bzw. Kleinbürgermilieu vs. prekäre oder gar deklassierte Milieus) ab. Ein wichtiger Faktor sind in jedem Fall die Bildungsaspirationen der Eltern. Sie sind bei denen mit Migrationshintergrund häufig deutlich höher als bei den Deutschen und das zeigt sich auch daran, dass deren Kinder diesbezüglich häufig anstrengungsbereiter sind als die deutschen Kinder.
4. Das Resümee kann somit nur sein: Zwei- und Mehrsprachigkeit ist ein individueller und familiärer **Gewinn**. Und sie ist ein zentrales Medium **der sozialen Integration** jenseits einer einseitig privilegierten und privilegierenden sprachlichen, autoritär-bürokratischen und im Extremfall juristisch durchgesetzten (deutschen) Dominanzkultur.

Definition Mehrsprachigkeit

Mehrsprachigkeit ist ein grundlegendes Erfordernis einer postmigrantischen Einwanderungsgesellschaft und zugleich und besonders eine soziale und kulturelle Bereicherung der alltäglichen Lebensführung und Bildungsbiografie. Sie entfaltet sich im biografisch ggf. wechselnden Spannungsfeld von Muttersprache und Fremdsprache(n) bzw. mono- oder bilingualem Ersterwerb in der Auseinandersetzung mit den speziell in der Familie und ihrem Umfeld präsenten bzw. dominanten Alltagssprachen.

Literaturnachweise (Kap. 5.2)

Adler, Yvonne. 2011. Kinder lernen Sprache(n). Alltagsorientierte Sprachförderung in der Kindertagesstätte, Stuttgart: Kohlhammer
Albers, Timm. 2011. Sag mal! Krippe, Kindergarten und Familie: Sprachförderung im Alltag, Weinheim und Basel: Beltz
Klafki, Wolfgang. 1983. Zur Frage nach der Bedeutung des Sokratischen Gesprächs und neuerer Diskurstheorien. In: *Vernunft-Ethik-Politik*. Hrsg.: D. Horster und D. Krohn. 277-287, Hannover: SOAK
Müller, Natascha und K. Schmitz. 2014. Ehrsprachigkeit von Geburt an: Vorteile, Schwierigkeiten und Wege dahin. In: *Handbuch Frühe Kindheit* Hrsg. R. Braches-Chyrek et al., 199-213, Opladen et.al.: Barbara Budrich
Nickel, Sven. 2014. Sprache und Literacy im Elementarbereich. In: *Handbuch Frühe Kindheit*. Hrsg.: R. Braches et al. 645-657, Opladen et.al.: Barbara Budrich
Rau, Marie Luise. 2009. Literacy. Vom ersten Bilderbuch zum Erzählen, Lesen und Schreiben, Bern et al.: Haupt
Szagun, Gisela. 2008. Sprachentwicklung beim Kind, Weinheim und Basel: Beltz
Tracy, Rosemarie. 2008. Wie Kinder Sprache lernen, Tübingen: Franke
Tracy, Rosemarie. 2014. Spracherwerb und Mehrsprachigkeit. In: *Handbuch Frühe Kindheit*. Hrsg.: R. Braches-Chyrek et al. 185-197, Opladen et.al.: Barbara Budrich
Winner, Anna. 2012. Kleinkinder ergreifen das Wort, Berlin: Cornelsen
Wygotski, Lew Semjonowitsch. 1974. Denken und Sprechen, Frankfurt/M.: Fischer
Wyrobnik, Irit. 2013. Kindern vorlesen – Ratschläge für Eltern. In: *Das Eltern-Buch*. Hrsg.: S. Andresen et al., Reinbek: Rowohlt

Literaturempfehlungen (Kap. 5.2)

Adler, Yvonne. 2011. Kinder lernen Sprache(n). Alltagsorientierte Sprachförderung in der Kindertagesstätte, Stuttgart: Kohlhammer
Szagun, Gisela. 2008. Sprachentwicklung beim Kind, Weinheim und Basel: Beltz
Tracy, Rosemary. 2008. Wie Kinder Sprachen lernen. Und wie wir sie dabei unterstützen können, Tübingen: Franke

5.3 Sprachstörungen und deren primäre und sekundäre Prävention

Die Einschränkungen und Störungen des Spracherwerbs (auch als „SES" bezeichnet) werden erst jetzt thematisiert, um deutlich zu machen, wie vielfältig und

5.3 Sprachstörungen und deren primäre und sekundäre Prävention

vielschichtig ihre Erscheinungsformen, Ursachen und Verlaufsformen sein können. Davon geht auch die WHO in ihrer Charakterisierung der *Sprach*-Störungen als Teil der umfassenderen *Entwicklungs*-Störungen aus (wie sie klassifiziert sind in DIMI-ICD-10-GM Version 2013, Kap. V, F. 80). Und gleichzeitig verweisen die dargestellten Fördergrundsätze und -verfahren schon darauf, woran sich eine wirkliche Prävention ausrichten sollte. Hier können dann folgende Komplexe unterschieden werden (vgl. Albers 2011, Kap. 4; Dittmann 2010, Kap. 7 u. 8; König 2014; Lüdtke und Stitzinger 2015, Kap. 8 u. 9):

1. Zunächst kommt es schon ganz elementar zu Verzögerungen und Einschränkungen, wenn die **physiologischen** Voraussetzungen nicht (hinreichend) gegeben sind; und zwar bezogen auf die *Sensorik* (nämlich Gegenstände und Personen der nahen und näheren Umgebung sehen und besonders hören zu können) und auf die *Motorik* (also sich auf die Personen und Gegenstände hin bewegen und sie „begreifen" zu können). Diesbezüglich hat die Entwicklungspädagogik allerdings vorrangig Beobachtungsaufgaben zu erfüllen und Anregungen zu geben, welche medizinischen Fachkräfte zur mehr oder weniger umfassenden Überwindung dieser *Schädigungen* einzubeziehen sind. Hier ist bezogen auf die Hörschädigungen besonders an das Einsetzen der Cochlea-Implantate zu denken, die so etwas wie eine elektronische Hör-Prothese darstellt, die die gestörte Funktion des Innenrohr übernimmt (vgl. Dittmann 2010, Kap. 7.3.3).
2. Von den Schädigungen deutlich zu unterscheiden sind **psychodynamische Behinderungen** der individuellen Entwicklungen. Sie können mit Schädigungen verbunden sein, müssen es aber keineswegs (so kann ein taubes Kind aufgrund dessen sozial isoliert werden, muss es aber nicht, wenn die Schädigungen früh erkannt werden und das Implantat eingesetzt wird – dann kann es sich ganz normal entwickeln). Diese Behinderungen beziehen sich zum einen auf den unzureichenden Aufbau tragender Bindungen wie auch auf die kognitiven Kompetenzen hinsichtlich der Aufmerksamkeit, des Wiedererkennens und des Erinnerns. Damit sind dann zumeist deutliche bis extreme *kommunikative Einschränkungen* verbunden. Diese beziehen sich auf
   - die *sozialen Kognitionen* (Aufmerksamkeit für Gesicht und Stimme),
   - die *sozialen Imitationen* (Lächeln, Tonfall, Gesten),
   - die *Sprachwahrnehmung* (nämlich von sprachlichen Unterschieden),
   - das Verhältnis zur *Muttersprache* (von Silbenrhythmen und Wörtern),
   - die *sprachlichen Kognitionen* (Kategorisierungen von Objekten und Personen),
   - die *konventionellen Gesten* (wie Zeigen, Bitten und Hinweisen) und die sprachbezogenen Gedächtnisleistungen.

Solche umschriebenen, *sekundären Sprachentwicklungsstörungen* („USES" genannt) treten also im Zusammenhang mit anderen psychodynamischen Entwicklungsproblemen auf. Demgegenüber sind die *primären* spezifischer Art (deshalb „SSES" genannt) und haben organische, emotionale oder kognitive Ursachen. Davon sind ca. 6–8 % eines Jahrgangs – und die Jungen häufiger als die Mädchen – betroffen. Von solchen Behinderungen sind aber deutlich die späten Wortlerner zu unterscheiden, die sog. „Late Talkers", denn sie können – nach einer Verlangsamung oder Pause in der Entwicklung – diese Verzögerungen wieder aufholen. Darüber hinaus ist die Mehrsprachigkeit keine Ursache für Störungen (vgl. Kap. 5.2.4).

3. Diese generelle Problemanalyse lässt sich nun noch weiter ausdifferenzieren:
   a. Hinsichtlich der Verzögerungen oder Behinderungen der Sprachentwicklung können zwei Formen unterschieden werden: Bei der expressiv-produktiven Störung kann das Kind die Sprache pragmatisch nur eingeschränkt verwenden, während das Sprachverständnis im Normbereich liegt. Demgegenüber erstreckt sich die rezeptiv-perzeptive Problemkonstellation sowohl auf die Sprachverwendung wie auch auf das Sprachverständnis und schränkt damit die Entwicklung deutlich stärker ein als die expressiven Schwierigkeiten. Die Folgen sind dann
      - auf der *phonetischen* Ebene, dass einzelne Laute nicht gesprochen oder vertauscht werden (dann wird z. B. aus dem Bagger ein „Badder" oder der Rutsche eine „Rutse"), oder die Laute werden schlecht artikuliert und im Alter von ca. 5 Jahren werden noch nicht alle Laute und Lautkombinationen beherrscht;
      - auf der *semantisch-lexikalischen* Ebene die eingeschränkte Wortabrufung und -findung (z. B. „Das hat ein Dings für Steine", „Mama macht so." „Mama macht Kati schön");
      - auf der *syntaktisch-morphologischen* Ebene fehlende Verbzweitstellung bzw. fehlende Subjekt-Verb-Kongruenz (z. B. „Vati Auto fahren", „Mama Kati kämmen");
      - und auf der *pragmatisch-kommunikativen* Ebene eingeschränkte Erzählfähigkeit („Oma geht da, holt was, Opa schon hat").
   b. Im Kindergartenalter zeigen sich solche Sprachverzögerungen und -störungen
      - auf der *semantisch-lexikalen* Ebene in einem eingeschränkten Wortschatz und einer reduzierten mittleren Äußerungslänge;
      - auf der *syntaktisch-morphologischen* Ebene in Form von Satzbau- und Satzstrukturierungsschwierigkeiten sowie Wortsetzungs- und morphologischen Fehlern. Sie legen es nahe, ausweichende Kompensationsstrategien zu entwickeln, indem die Kinder z. B. komplexe grammatikalische

5.3 Sprachstörungen und deren primäre und sekundäre Prävention

Strukturen umgehen. Sie beherrschen dann nur einfache Sprachmuster wirklich. Das bringt zugleich die Gefahr hervor, dass sich die Eltern quasi den Sprachverzögerungen anpassen statt nach Wegen der ergänzenden und intentionalen Sprachförderung zu suchen. Auf diese Weise schaukeln sich Entwicklungsverzögerungen bzw. -behinderungen wechselseitig auf.

- Auf der *pragmatisch-kommunikativen* Ebene fehlt den Kindern die (hinreichende) Fähigkeit und Bereitschaft, mit anderen Kindern und/oder Erwachsenen (auch PädagogInnen) in einen Austausch zu treten, sich an sie zu wenden, um mit ihnen Anliegen und Wünsche zu besprechen und deren Absichten zur Kenntnis zu nehmen und zu verstehen.

4. Nun gibt es heute – im Internet leicht zugänglich – ein reiches Spektrum an primär- und sekundärpräventiven Verfahren der **Frühdiagnostik** (vgl. Adler 2011, Kap. 5; Lüdtke und Stitzinger 2015, Kap. 5). Dies ist zweifellos ein pädagogisches Spezialgebiet. Es sollten aber *alle* mit Kindern und Jugendlichen arbeitenden PädagogInnen zumindest einen allgemeinen Überblick über sie haben. Ihr Einsatz ist bei der potentiellen Problemgruppe der zweijährigen späten Wortlerner in jedem Falle angeraten. Hier sei nur auf einige der gängigen, übergreifenden Verfahren hingewiesen (vgl. Lüdtke und Stitzinger 2015, S. 101):

- ELFRA – 1/2: Elternfragebögen für die Früherkennung von entwicklungsgefährdeten Kindern (zur Normierung kritischer Werte)
- FRAKIS/FRAKIS – K: Fragebogen zur frühkindlichen Sprachentwicklung (zur Normierung von Entwicklungsverläufen)
- PDSS: Patholinguistische Diagnostik bei Sprachentwicklungsstörungen (Bildprüfverfahren, Normierung und qualitative bzw. computergestützte Analyse)
- SBE – 2KT: Sprachbeurteilung durch Eltern (zur Normierung von Entwicklungsverläufen)
- SETK – 2/3 – 5: Sprachentwicklungstests für zwei- bzw. drei- bis fünfjährige Kinder (Bildprüfverfahren, Manipulationsaufgaben, Nachsprechverfahren zur Normierung von Entwicklungsverläufen)
- SET 5 – 10: Sprachstandarderhebungstest für fünf- bis zehnjährige Kinder (Bildprüfverfahren, Manipulationsaufgaben, Nachsprechverfahren, sprachliche Vorgaben zur Normierung von Entwicklungsverläufen)

Dabei ist selbstverständlich darauf hinzuweisen, dass der Einsatz solcher testartigen Verfahren selber ein sehr spezieller kommunikativer Akt mit sehr speziellen Fehlerquellen ist (z. B. hinsichtlich der Einschätzungsfähigkeiten der Eltern oder der Mitarbeitsfähigkeit und -bereitschaft der Kinder), dessen Bedingungen, Verlaufsformen und Ergebnisse einer qualifizierten und differenzierten, meist multiprofessionellen Interpretation bedürfen (durch Sozial- und SchulpädagogInnen, LogopädInnen, SprachtherapeutInnen, MedizinerInnen, speziell KinderärztInnen). Das betrifft insbesondere die praktischen Schlussfolgerungen: Ob bei einem tatsächlich problematischen Entwicklungsverlauf eine intensivierte alltagsintegrierte, allgemeine oder eine intensivierte ausdrücklich pädagogische Förderung ausreichend ist oder ob eine spezielle Sprach-*Therapie* angeraten scheint.

Definition Sprachstörungen

Über einen längeren Zeitraum hinweg auftretende Entwicklungsverzögerungen bis hin zu -einbrüchen können physiologische Ursachen in der körperlichen Schädigung der kindlichen Sensorik und/oder Motorik haben. Oder sie beruhen auf strukturellen, psychodynamischen Entwicklungsschwierigkeiten, also personalen Behinderungen und betreffen dann die konventionellen Gesten, die Sprachwahrnehmung, die sozialen und sprachlichen Kognitionen und darüber vermittelt den Grad der interaktiven sozialen (Des-) Integration. Sie führen zu expressiv-produktiven bzw. rezeptiv-perzeptiven Störungen beim Erwerb des Sprachwissens und der Sprachverwendung und zwar bezogen auf die phonetischen, die semantisch-lexikalischen, die syntaktisch-morphologischen und die pragmatisch-kommunikativen Lernanforderungen.

Literaturnachweise (Kap. 5.3)

Albers, Timm. 2011. Sag mal! Krippe, Kindergarten und Familie: Sprachförderung im Alltag, Weinheim und Basel: Beltz
Dittmann, Jürgen. 2010. Der Spracherwerb des Kindes. Verlauf und Störungen, München: Beck
König, Kathtrin. 2014. Störungen der Sprache und des Sprechens im frühen Kindesalter. In: *Handbuch Frühe Pädagogik*. Hrsg. R. Braches-Chyrek et.al. 215-227, Opladen et.al.: Barbara Budrich
Lüdtke, Ulrike und U. Stitzinger. 2015. Pädagogik bei Beeinträchtigungen der Sprache, München Basel: Reinhard

Literaturempfehlungen (Kap. 5.3)

Lüdtke, Ulrike und U. Stitzinger. 2015. Pädagogik bei Beeinträchtigungen der Sprache, München Basel: Reinhardt

Spielerische Weltaneignung durch Selbstbildung 6

Zusammenfassung

Dieses Kapitel wendet sich einem, wenn nicht sogar *dem* zentralen Medium der pädagogischen Förderung der Kinder zu, dem Spiel. Es wird verstanden als eine aus der alltäglichen Lebenspraxis und den sozialen sowie gesellschaftlichen Erfahrungen entstandene imaginäre Auseinandersetzung mit und Aneignung der Welt und damit zugleich als zentrale Dimension der Selbstbildung der Kinder. Sie ist somit in die soziokulturellen Entwicklungen eingebunden und bringt sie zugleich zum Ausdruck (Kap. 6.1). Davon ausgehend werden – nach einer knappen Skizze der allgemeinen Grundsätze der pädagogischen Anregung und Unterstützung von Spielprozessen (Kap. 6.2) – zentrale interaktive und institutionelle Kontexte dargestellt, in denen die Kinder mehr oder weniger frei und anregend spielen können: Die Familie (Kap. 6.3), die öffentlichen Spielplätze (Kap. 6.4) und die Kindertagesstätten (Kap. 6.5). Sie sind nicht nur der Raum, in dem sich heute für die überwältigende Mehrheit der Kinder der Übergang von der privaten Familienerziehung in die öffentlichen Einrichtungen der Bildung und Erziehung vollzieht, sondern sie ist auch der pädagogisch-soziale Raum, in dem schließlich der Übergang in die nächste Bildungsstufe vorbereitet wird, nämlich in das öffentliche Schulwesen durch den Übergang in die Grundschule (Kap. 6.6). Damit endet die entwicklungspädagogische Darstellung des Alltagslebens der Kinder und der Kindheitskonzepte.

Es mag viele LeserInnen überraschen, dass das Spiel als zentrales Bildungsmedium erst jetzt behandelt wird. Dies hat – ähnlich wie bei der mündlichen Sprache – seinen Grund darin, dass es selbst eine stufenweise Komplexitätssteigerung aufweist, die in die dargestellte personale Gesamtentwicklung der Kinder integriert ist. Insofern gibt es jetzt viele direkte und indirekte Rückbezüge auf die Kapitel 2–5.

6.1 Bildungsthema: Spiel als Medium des imaginativen gegenständlichen und kommunikativen Handelns (Oerter)

Seit Friedrich Wilhelm August Fröbel (1782–1852) erstmals den grundlegenden Unterschied zwischen *Spiel* und *Unterricht* deutlich gemacht hat – vorher wurden *alle* pädagogischen Förderungsmedien unter den Begriff Unterricht subsumiert – hat es eine Vielzahl von pädagogischen und psychologischen, aber auch soziologischen und philosophischen Spieltheorien gegeben (vgl. die immer noch lesenswerten Übersichten von Scheurl 1990/1991). In diesem Buch soll auf den Ansatz des Entwicklungspsychologen Rolf Oerter (*1931) zurückgegriffen werden, weil er nicht nur auf den Ansatz der Entwicklungsaufgaben und deren sozial- und kulturökologischen Interpretation und Weiterentwicklung zurückgreift (vgl. Oerter 1995, Kap. 2.5; ders. 2011, Kap. 4; sowie Kap. 1.2/1.3 dieses Buches), sondern ebenfalls – wenn auch in anderer Weise als die Kritische Psychologie (vgl. Kap. 4.1) – an die Traditionen der kulturhistorischen Schule der sowjetischen Psychologie und speziell deren Spieltheorie anschließt (vgl. Oerter 2011, Kap. 8 u. 16.1; Elkonin 1980). Er geht in seiner *handlungstheoretischen* Grundlegung von den beiden polaren Begriffspaaren „Vergegenständlichung – Aneignung" und „Objektivierung – Subjektivierung" aus und verknüpft auf dieser Basis *entwicklungspsychologische* Fragestellungen mit *pädagogischen* Aufgabenstellungen zur Förderung der Kompetenzen zur *Lebensbewältigung* (vgl. Oerter 2000). Auf diese Weise gelingt es ihm auch, das Spiel systematisch in der Ontogenese zu verorten und dadurch neue entwicklungspädagogische Tiefenstrukturen zu erschließen. – Da es in diesem Fall eine weitgehende Übereinstimmung mit den vorangegangenen Argumentationslinien gibt, wird in diesem Unterkapitel auf eine genauere Auseinandersetzung mit kontroversen Aspekten seines Ansatzes verzichtet. Stattdessen werden einige *ergänzende* Überlegungen aus anderen Spieltheorien in die laufende Darstellung einbezogen.

6.1.1 Das Spiel als besondere Lebenspraxis in sozialgeschichtlichen und ontogenetischen Kontexten

Das Spiel ist einerseits eine besondere Form des sozialen Handelns und es dient andererseits der Verständigung der Menschen – hier: besonders der Kinder – über ihre Selbstsichten (Erlebnisse, Absichten, Erkenntnisse, Stimmungen usw.) und Weltsichten (ihren „Blick" auf die anderen Menschen, die gegenständliche Welt, die gesellschaftlichen Ereignisse und deren Prozesszusammenhänge usw.). Das lässt sich wie folgt ausdifferenzieren:

1. Das Spiel ist nicht nur ein allgemeiner Bestandteil der **Ontogenese** (s. u.), sondern auch der **Sozialgeschichte**, denn in allen Kulturen wurde in dieser oder jener Form gespielt (vgl. Oerter 2011, Kap. 4 u. 9). Dies kann man insbesondere an bildnerischen Spieldarstellungen und überlieferten Spielgegenständen erkennen, die sich bis in prähistorische Zeiten (jüngere Steinzeit) zurückverfolgen lassen, wobei sie über die längste Zeit weitgehend den Kindern und Jugendlichen der herrschenden Klassen vorbehalten waren. Erst mit dem Übergang zur Moderne, speziell seit der industriellen Revolution in den kapitalistischen Ländern und der schrittweisen Freisetzung der Kinder von der ständigen gesellschaftlichen Produktions- und Reproduktionsarbeit, entsteht eine regelrechte Spielzeugindustrie und ein immer ausgeprägterer Spielzeugmarkt. Parallel wird der Kindergarten als gesellschaftlich privilegierter Ort des Spiels schrittweise zu einer Regeleinrichtung der öffentlichen Bildung und Erziehung. Insofern waren und sind die *Spielgegenstände*, die *Spielinhalte* wie auch die *Spielformen* in die soziokulturellen Entwicklungen und darüber hinaus in die politischen und ökonomischen Systemstrukturen eingebettet und brachten und bringen sie zugleich zum Ausdruck (so sagen z. B. die Puppenhäuser etwas aus über die sozialen Lebensverhältnisse einschließlich ihrer strukturellen Ungleichheiten und die Computerspiele verweisen auf die allumfassende Durchsetzung der Digitalisierung in den kapitalistischen Hauptländern).

2. Darüber hinaus ist das Spiel eine **spezifische Konstruktion von sozialer Lebenspraxis** und entsteht aus folgendem personalen Entwicklungswiderspruch (vgl. Oerter 2011, Teil 1): Zum einen will das Kind eine bestimmte Handlung vollziehen und Positionen ausfüllen (z. B. Autofahren können); andererseits wurden die dazu notwendigen Fähigkeiten usw. bisher nicht erworben. Wenn es nun einerseits sich auch jetzt diesen Entwicklungs- und Lernanforderungen nicht unmittelbar stellen kann, aber andererseits doch an dem Wunsch festhalten will, dann hat es die subjektive Möglichkeit, sich seine „eigene Welt" als eine neue, den eigenen Wünschen angemessene Wirklichkeit motiviert zu

konstruieren, in der es auf spannende Weise entsprechend seinen Wünschen und Zielen handeln und so seine Neugier befriedigen kann. Für das Spiel ist somit die **gegenwartszentrierte** und **selbstzweckhafte Als-ob** Konstellation zentral: Das Kind tut so, als ob es etwas schon kann, was es noch gar nicht können kann (z. B. in einer Wohnung ganz alleine leben, Essen kochen, Kleidung waschen usw.). In diesem Sinne hat das Spiel auch einen ergänzenden (meist impliziten) *Zukunftsbezug* und zugleich bildet die Als-ob-Konstellation die elementare Grundlage des *Denkens*. Da diese Wünsche auch bei anderen Kindern und ggf. auch Jugendlichen auftreten, deshalb können sie gemeinsam in diesem *Imaginationsraum* handeln, also zusammen spielen. Das Spiel ist von daher sowohl ein Medium des „praktischen" Handelns (z. B. mit bestimmten Gegenständen) wie auch der Verständigung über die Art des sozialen Zusammenlebens (z. B. im Puppenspiel). Es ist bestimmt durch das *Sujet* (also den Wirklichkeitsausschnitt, der ins Spiel aufgenommen wird) und den *Inhalt* (also die Art und Weise, wie dieser Ausschnitt im Spiel verarbeitet wird).
3. Da das Spiel in dieser oder jener Weise in *Interaktionsprozesse* zwischen den Kindern (bzw. Jugendlichen) und den Erwachsenen oder auch innerhalb der Gleichaltrigengruppe eingelassen ist, deshalb ist es auch Voraussetzung und Folge und damit zentrales Medium der Sprachentwicklung und -förderung. Es weist von daher immer auch eine **Meta-Kommunikation** auf, die den Spielrahmen herstellt und aufrecht erhält (vgl. Oerter 2011, Kap. 13/14). Es gibt nämlich nicht nur rein verbale Spiele (wie z. B. die frühen Kommunikationsspiele – etwa „Guck-Guck"), sondern es werden im Gang der weiteren Spielentwicklung auch Rollen explizit erwähnt sowie Spielgegenstände, Spielpläne und Settings benannt. Das kann geschehen durch verbale Hinweise auf die faktischen Spielhandlungen, durch versteckte spielfördernde kommunikative Hinweise, durch das Unterstreichen der Bedeutung einer bestimmten Handlungssequenz und -abfolge, dadurch, dass hauptsächlich erzählt und nur nebenbei oder schließlich gar nicht mehr gehandelt wird (z. B. bei Fantasiereisen), dass der Spielrahmen punktuell verlassen und etwas vereinbart oder klargestellt wird (z. B. die Reihenfolge, in der bestimmte Personen sich an dem Spiel beteiligen) oder dass mehr oder weniger indirekt oder direkt die Spielgestaltung erörtert und verabredet wird (z. B. ein neues Spiel vorgeschlagen, gesprochen und vereinbart wird).
4. Die Strukturen dieses Imaginationsraumes lassen sich mit Caillois (1982, S. 21ff u. 82ff, vgl. ergänzend auch Fritz 2004, Kap. 2.1) u. a. in folgender Weise ausdifferenzieren (wobei diese verschiedenen, jeweils dominanten Strukturelemente zugleich eine Systematisierung der Spielarten ermöglichen):
   a. Da ist zunächst das Prinzip des Wettstreits zwischen den SpielerInnen, des Kampfes, des *Wettkampfes (Agon)*, wo also andere Individuen oder Gruppen

6.1 Bildungsthema: Spiel als Medium

besiegt werden, welches nicht nur für die Sportspiele charakteristisch ist, sondern auch für diverse Brettspiele (z. B. Schach oder Monopoly). Es spielen dabei nicht nur motorische, sondern auch mentale Kompetenzen eine zentrale Rolle, denn es müssen ggf. auch konstruktive, gestalterische und/oder strategische Probleme gelöst werden (z. B. bei einem Wettbewerb „Wer baut den größten Turm?" oder „Wer kann die sicherste Burg bauen?"). – Man kann diese empirisch feststellbare Funktionsbestimmung allerdings auch normative anders wenden: Wie können Spiele so ausgerichtet werden, dass sie statt des Wettbewerbs die Solidarität mit den Schwachen fördern und so – im Sinne der eingangs genannten Bildungsperspektiven (vgl. Kap. 1.4) – dafür Sorge tragen, dass *alle* gewinnen und niemand verliert?

b. Ganz andere Herausforderungen stellen sich, wenn spielerisch das „Schicksal", das Würfelgeschick, das Kartenglück, also insgesamt das *Zufallsprinzip (Alea)* tragend und der Spielverlauf von Glück und Pech abhängig ist, wobei die SpielerInnen selbstverständlich an ihr Glück glauben (müssen). Dabei kann es zu Verbindungen mit dem Wettbewerbsmotiv kommen – etwa nach dem Motto „Das Glück ist mit den Tüchtigen", welches aber zugleich die Wettbewerbsstrategien auch durchkreuzen und so etwas wie eine indirekte Solidarisierung bewirken kann. Zugleich haben Wettbewerb und Glück immer auch eine Risikokomponente und es erfordert Mut, sich diesen Unwagbarkeiten und Herausforderungen zu stellen.

c. Die mimetische Dimension kommt gerade in der Möglichkeit zur Maske, zur *Verwandlung*, zur *Mimikry* zum Ausdruck, hinter der sich die SpielerInnen verstecken, in eine andere Person schlüpfen und unerkannt „ihre Wahrheit verkünden" können. Das geschieht besonders in Rollen- und darstellenden Spielen, aber auch in Schmink- und Verkleidungsspielen und solchen mit Puppen und Figuren. Es geht dabei fast überhaupt nicht um Leistungsbereitschaft und Schicksalsergebenheit, sondern um imaginäre Identitätsarbeit. Zugleich haben sie – speziell für die ZuschauerInnen – einen Unterhaltungswert (was im Übrigen auch für die Wettbewerbsspiele gilt).

d. Und nicht zuletzt sind zu erwähnen das intensive Erleben und Genießen, das völlige „Versinken", die Ekstase, der „Schwindel, der *Rausch (Ilinx)*, in das sich SpielerInnen hineinsteigern, so dass die Spielenden individuell und/oder kollektiv sich selbst und die reale Welt vergessen (z. B. beim Achterbahnfahren, beim Tanzen, beim schwindelerregenden Klettern in immer höheren Höhen – z. B. eines großen Baumes). Dabei entsteht ggf. auch temporär das gegenteilige Bedürfnis, nämlich nach Ruhe und Entspannung bis hin zur Meditation (z. B. in Form von Phantasiereisen).

5. Während die *Altersabhängigkeit* der Spielentwicklung relativ unbestritten ist (vgl. Kap. 6.1.2), ist ihre **Geschlechtsspezifik** Gegenstand von Kontroversen in den pädagogischen Disziplinen und Professionen (vgl. Hartmann 2000; Gebauer/Wulf 1998, Kap. 6.2; Mogel 2008, S. 158f u. 162). Es scheint aber einen Konsens zu geben, dass die Gemeinsamkeiten die Unterschiede überwiegen. Differenzen bestehen wohl dahingehend, dass die Mädchen sich eher den Familien- und Haushaltspielen und den ruhigeren Tisch- und Sportspielen zuwenden und bevorzugt in kleinen Gruppe spielen, während die Jungen ein vorrangiges Interesse an Bewegungs-, Wettbewerbs-, Bau- und Konstruktionsspielen in größeren Gruppen und im Freien haben, wobei es ihnen auch bzw. eher um Körperstärke, Aktivität und Raumbesetzung geht, bei der symbolische oder reale Konflikte um Rangpositionen – teilweise auch körperlich – ausgetragen werden, die durchaus aggressive Züge annehmen können (woraus auch eine Bevorzugung von Kriegsspielzeugen aller Art resultiert). Demgegenüber werden in der deutlichen Mehrzahl der Fälle bei den Mädchen die Wettbewerbskonflikte indirekter und sublimer und an Regeln gebunden ausgetragen (wobei direkte und z. T. aggressive Formen zunehmen) und gemeinsames Singen oder Aufsagen von Reimen und Versen und generell ästhetisch-bildnerische und darstellende Spiele in kleinen Gruppen und häufig in familienähnlichen Kontexten überrepräsentiert sind. Zugleich stehen Intimbeziehungen und damit Empathie und zwischenmenschliche Sensibilität – die durchaus zu Konkurrenzzwecken benutzt, in gewisser Weise „missbraucht" werden (können) – auch bei entsprechenden Inszenierungen (etwa im Puppenspiel) eher im Vordergrund, während Jungen erfolgreiche und vielfältige Auseinandersetzungen mit der „großen Welt" demonstrieren, die dann ggf. auch mit der realen Alltagswelt verknüpft werden bzw. in sie übergehen.
6. Damit dürfte deutlich geworden sein, dass die Kinder (ggf. auch Jugendliche) mit dem Spiel ein Gestaltungs- und Erkenntnisbedürfnis befriedigen, weil sie sich hier nämlich für Neues und die Zukunft öffnen. Für diesen spielerischen Realitäts- und Zukunftsbezug ist aus entwicklungspädagogischer Sicht das Spannungsverhältnis von spielexternem *sozialen* Sinn und *Spiel*-Sinn, damit von *realem* und *imaginärem* Leben und Lernen, von *Selbstentfaltung* und *Umfeldveränderung* zentral. Dies impliziert einerseits die Frage nach den strukturellen Übereinstimmungen (Homologien) zwischen ihnen (z. B. einer Wettbewerbssituation im Alltagsleben und im Spiel) und andererseits nach dem direkten oder vermittelten Transfer von imaginären in reale Lernprozesse (z. B. Überwindung von Interaktionskonflikten in einem Rollenspiel und in einem Jugendtreff).
7. Das Spiel mit seinen Spielräumen, Spielzeititen und Erlebnisweisen hat nicht nur einen *Zukunfts*-, sondern auch einen *Vergangenheitsbezug*, es beinhaltet

6.1 Bildungsthema: Spiel als Medium

auch **lustvolle Wiederholungen** und **bewusst machende psychosoziale Konfliktverarbeitungsweisen**. So wie in der alltäglichen Lebensführung die Routine eine entlastende Funktion hat, so gehört zum Spiel die Wiederholung, sei es um der Effekte willen (um z. B. bestimmte Töne immer wieder zu erzeugen), sei es der Flow-Erlebnisse wegen, bei denen man sich in eine Spielhandlung „hineinsteigert" (wenn z. B. ein Kind seine Puppe immer intensiver kämmt, so dass die Szene schließlich aggressive Züge gewinnen kann) oder der drehbuchartigen Realisierung bestimmter Handlungsfolgen wegen (z. B. das allabendliche Zu-Bett-bringen der Puppen), die dann allerdings in bestimmten Aspekten variiert werden (können). – *Diesen* Wiederholungen liegt eine *positive* emotionale Situationsbewertung zugrunde. Das ist bei jenen Wiederholungen ganz anders, die auf abgewehrten und unbewusst gewordenen psychodynamischen Konflikten beruhen (vgl. Kap. 3.1.1/3.1.2). In diesen Fällen wird die ursprüngliche und ggf. sogar traumatisch wirkende soziale Situation in entsprechenden Spielszenen reproduziert und umgedeutet (wenn z. B. ein Mädchen, welches sich bei der alleinerziehenden Mutter häufig einsam fühlt, in einem fiktiven Telefongespräch anordnet, den Jungen, in den sie sich verliebt hat, von dem sie aber abgewiesen wurde, gefangen zu nehmen und in ein dunkles Zimmer zu sperren, zu dem nur sie Zutritt hat).

8. Von besonderem tiefenstrukturellem Interesse ist das – bei Caillos (Pkt. 3) schon angesprochene – Spannungsverhältnis zwischen **konkreten Spielhandlungen** und übergeordneten Gegenstandsbezügen und **Lerndimensionen**. Zur Klärung dieses Problems hat Oerter (2011, Teil 4) den Begriff des übergeordneten Gegenstandsbezuges eingeführt (vgl. Wissensbaustein Nr.7, S. 152-153). Er erlaubt es, in den konkreten Spielhandlungen bestimmte Entwicklungsthematiken des Selbst in seinen verschiedenen Bildungsdimensionen zu entschlüsseln. Die Spiele beziehen sich z. B. auf das eigene Selbstvertrauen und das Bemühen, bestimmte Situationen unter Kontrolle zu bekommen. Das verbindet sich (z. B. in den verschiedenen Superman-Spielen) mit offenen oder verdeckten Allmachtsphantasien, „hinter" denen man unschwer Selbstbestimmungsbestrebungen erkennen kann. In vielen Spielen kommt der Wunsch nach Anerkennung, nach sozialer Sicherheit in emotional befriedigenden Freundschaftsbeziehungen zum Ausdruck und die Suche nach Wegen, solche Beziehungen aufzubauen (vgl. dazu auch Kap. 3.1).

Wissensbaustein Nr. 7

Der übergeordnete Gegenstandsbezug (ÜG) der konkreten Spielhandlungen

Diesen hat Oerter (2011) in folgenden fünf Thesen zusammengefasst:

These 1: „Spiel beinhaltet immer einen übergeordneten Gegenstandsbezug, der in allgemeinster Form als Thematisierung der eigenen Existenz in der Welt definiert werden kann und Realitätsbewältigung zur Aufgabe hat. Das Spiel ist die wichtigste Form der ‚Daseinsbewältigung' ... in der Kindheit." (ebd., S. 256)

These 2: „Der übergeordnete Gegenstandsbezug wird im Spiel wirksam, sobald das Selbstbewusstsein auftritt. Da Selbstbewusstsein seinerseits nicht plötzlich, sondern allmählich entsteht ..., stellt sich der ÜG auch nicht schlagartig ein, sondern weist erste rudimentäre Formen schon dann auf, wenn sich das Kind als Urheber der eigenen Handlung und deren Effekte erlebt." (ebd., S. 256)

These 3: „Realitätsbewältigung wird im Spiel auf dreierlei Weise versucht: als Nachgestaltung von Realität, als Umgestaltung von Realität und als vollständiges Verlassen der Alltagsrealität. Alle drei Formen gehen ineinander über und können sogar in ein- und demselben Spiel vorkommen." (ebd., S. 258)

These 4: „Die Etappen der Realitätsbearbeitung im Spiel zeigen einen typischen Verlauf, der sich formal in der Folge Nichtbearbeitung – Bemühen um Bewältigung – Darstellung der erreichten Bewältigung – Verschwinden der Thematik beschreiben lässt. Die Spielverläufe präsentieren sich zugleich als individuelle unverwechselbare Spielgeschichte, in der eine Reihe von Thematiken sich sequentiell und hierarchisch gruppieren." (ebd., S. 259)

These 5: „Die Übersetzung des ÜG in die Spielhandlung folgt bestimmten Regeln, von denen bislang erschlossen wurden: räumliche Symbolisierung von Thematiken (Problemlagen, Konflikte), narrative Darstellung des ÜG im Spiel, Materialisierungen von Vergegenständlichung und Aneignung als fassbare Anteile der symbolisierten Darstellung des ÜG und die Eskalation der Spielhandlung als möglicher Ausdruck der aktiven Befreiung von sozialen und kulturellen Fesseln. Die Inversion als mögliche Übersetzungsregel wird für verzichtbar gehalten." (ebd., S. 262)

6.1 Bildungsthema: Spiel als Medium

Dem kann als *These 6* (und vertiefte Deutung der 5.) hinzugefügt werden: „Frühe Formen der Speicherung von Inhalten vollziehen sich vor allem im episodischen Gedächtnis ... Das episodische Gedächtnis speichert zeitlich datierte, räumlich lokalisierte und persönlich erfahrene Ereignisse. Solche Episoden vereinigen sich zur persönlichen Biographie, sofern sie verfügbar sind und nachträglich konstruktiv zusammengeordnet werden. (...) Spieldarstellungen sind in allen Fällen auch Darstellungen von Episoden, sei es als sensomotorischer Ablauf, als Handlung im Fiktionsspiel und Rollenspiel oder als stärker formalisierte und verallgemeinerte Episode im Regelspiel. Damit ist aber die Ähnlichkeit zwischen ÜG und Spiel auch strukturell gegeben: Der ÜG besteht aus unverbundenen, noch nicht assimilierten Episoden, die räumliche und zeitliche Merkmale aufweisen, und das Spiel drückt wiederum den ÜG episodisch aus." (ebd., S. 270)

6.1.2 Stufen der Spielentwicklung

Wie schon erwähnt, ist die Spielentwicklung auf komplexe Weise in die Ontogenese eingelagert und insofern kehren jetzt viele der bisher dargestellten Entwicklungsaufgaben (Kap. 2–5) in modifizierter Form wieder. Es können nämlich folgende logische Entwicklungsstufen und Lernaufgaben unterschieden werden (vgl. Oerter 2011, Kap. 5.4, 11. 12 u. 14; und ergänzend Fritz 2004, Kap. 2.3–2.7 und Mogel 2008, Kap. 4.3). Dabei ist nochmals darauf hinzuweisen, dass es einerseits für alle der jeweils dominanten Spielformen *Vorläufer* auf früheren Stufen gibt (z. B. für die Rollenspiele im Kontext der Mutter-Kind-Interaktionen) und dass andererseits die früheren, weniger komplexen Momente auch in den höheren und komplexeren Spielweisen anzutreffen, also in ihnen *aufgehoben* sind (z. B. elementare Bewegungsfolgen in anspruchsvollen Sportspielen [vgl. dazu auch den Wissensbaustein Nr. 8, S. 162]).

1. Bei den **psychomotorischen Spielen** (auch Übungsspiele, Funktionsspiele oder sensomotorische Spiele genannt) steht der Umgang mit dem eigenen Körper und seinen Funktionsmöglichkeiten, die selbstgenügsame Bewegung im Mittelpunkt, die auf rituelle Weise wiederholt wird, weil die Abfolge von Erwartungshaltung, Steigerung der Erregung und Entspannung als lustvoll erfahren wird (z. B. bei Kitzelspielen). Zugleich erlebt das Kleinst- und Kleinkind sich auf intentionale Weise als Verursacher seiner eigenen Bewegungen und entdeckt so auch seine soziale Mit- und Umwelt. Im Vordergrund können alltägliche Gegenstände mit verschiedenen Eigenschaften (z. B. Farbe, Form Gewicht, Oberflächenbeschaffenheit) oder auch explizites Spielzeug stehen (z. B. eine Rassel, mit der man bestimmte Töne in einem bestimmten Rhythmus erzeugen kann); oder es stehen

Personen im Vordergrund (z. B. Erwachsene, die bestimmte verbale Spiele wie „Guck-Guck" oder Singspiele wie „Häschen in der Grube" anregen und mitmachen). Diese Spiele erweitern die Aktions- und Erlebnisräume und gehen mit ca. 18 Monaten in die sozialen *Explorations-* und die physikalisch-gegenständlichen *Experimentierspiele* über, wenn nämlich das Neue und somit die Befriedigung der Neugier ins Zentrum tritt. (Genereller Hinweis: Alle Altersangaben beziehen sich auf die hochentwickelten westlichen Gesellschaften und sollen nur sehr ungefähre Hinweise geben, sie sind keinesfalls normativ zu verstehen!)
2. Mit den **Symbolspielen** beginnt die Spielentwicklung im strengen Sinne, weil nun (ab ca. dem 18. Monat) die Illusionen, die Fiktionen, die Phantasien in den Vordergrund treten, sich die Kleinkinder nun eine eigene Welt aufbauen, die eine eigene Logik hat, an die sie selbst und alle Beteiligten sich zu halten haben, um das Spiel aufrechtzuerhalten. Diese gegenständlichen und sozialen Seiten der Spiele haben einen Stellvertretercharakter, weshalb das Kind die Fähigkeit und Bereitschaft zum Wiedererkennen von Objekt-Merkmals-Beziehungen (im Sinne der Objektkonstanz) erworben haben muss. Bei diesem Objekt- bzw. Handlungssymbolismus stehen im Zentrum zunächst die vorhandenen Alltagsgegenstände, die umfunktioniert bzw. umgedeutet werden (so wird z. B. aus dem Besen ein Pferd und aus einem umgedrehten Tisch ein Räuberschiff); später werden speziell hergestellte Spielgegenstände verwendet (z. B. Puppen, Kuscheltiere oder auch Computer mit Spielprogrammen), wobei den Personen (ab ca. dem 3. Lebensjahr) auch bestimmte psychische Eigenschaften (wie z. B. frech, gehorsam, lieb, ängstlich, mutig sein) zugeordnet und im Spiel zur Geltung gebracht werden. Diese speziell hergestellten Spielgegenstände sind einerseits real vorhanden und bringen andererseits auf materialisierte Weise den imaginären Wirklichkeitsbezug zum Ausdruck. Darüber hinaus enthalten sie immer auch die Vorstellungen der Erwachsenen über pädagogisch sinnvolles bzw. ökonomisch einträgliches Spielzeug. Zu diesen *real* vorhandenen gegenständlichen, sozialen und symbolischen Bedeutungsstrukturen der Spiele verhalten sich die Kinder mehr oder weniger aktiv, selektiv nehmen sie an oder lehnen sie ab. Dass erfordert und fördert sowohl kognitive wie auch emotional-motivationale Fähigkeiten und insofern sind die Spielwelten von Anfang an immer auch *Erlebnis-*, *Denk-* und *Erfahrungsräume*.
3. Daran schließen sich zwischen dem zweiten und vierten Lebensjahr die **Konstruktionsspiele** an (auch Bauspiele genannt), bei denen mit einem selbst ausgewählten Ziel und nach einem bestimmten, selbst „erfundenen" Plan (mit Teilzielen) mit Hilfe von Materialien (entweder natürlichen, wie Sand, Holz und Steine, oder hergestellten, wie Ziegel, Rohre, oder speziell hergestellten Bauklötzen bzw. kompletten Bausätzen) immer komplexere Objekte (z. B. zunächst Teiche

6.1 Bildungsthema: Spiel als Medium

und Sandburgen, später Türme, Buden, Brücken und Fahrzeuge) hergestellt werden. Dadurch werden die Kompetenzbereiche der (para-) handwerkliche Tätigkeiten (wie sie rudimentär bereits im Experimentierspiel erworben wurden), Symbolbildungen, Regel- und Funktionsbeachtung und antizipierendes Denken gefördert und zugleich immer engere Beziehungen hergestellt zwischen den Spielprodukten und der alltäglichen Realwelt (z. B. bei Flugzeugnachbauten in Form von Modellen oder sogar Modellflugzeugen). Wenn die damit verbundene Erwartung an die Realitätsnähe bzw. Funktionstüchtigkeit erfüllt wird, ist sie eine wesentliche Quelle des gesteigerten Selbstvertrauens. Werden sie nicht erfüllt, dann können sie entweder als Versagen oder aber als vertiefte Lernherausforderung erlebt werden; bei erstem ist dann die emotionale Tröstung und Ermunterung sowie die praktisch-konstruktive Unterstützung durch andere MitspielerInnen (ggf. auch ältere Kinder, Jugendliche oder Erwachsene) angesagt. – In einem erweiterten Verständnis gehören zu den Konstruktionsspielen auch zeichnerisch-gestalterische (z. B. Erfindung eines Traumhauses) und motorisch-darstellende Tätigkeiten (z. B. Jonglieren auf einem schmalen Steg).
4. In ihrer ursprünglichen Form sind die Symbol- und Konstruktionsspiele auf die einzelnen SpielerInnen konzentriert und insofern „egozentrisch". Diese Ich-Eingeschlossenheit wird in einem ersten Schritt dadurch aufgebrochen, dass die Kleinkinder in einer Situation, in einem Raum, auf einem Gelände nebeneinander spielen, sich dabei aber wechselseitig beobachten und vielleicht sogar helfen. Bei diesen **Parallelspielen** ist also jede Spielhandlung sowohl auf sich selbst als auch (wenngleich nur äußerlich) auf die anderen bezogen. Manchmal legt der Gegenstand eine solche interaktionistische Perspektive zwingend nahe (z. B. kann die Wippe nur von mindestens zwei Personen benutzt werden) und trotzdem sind die Kinder weitgehend auf sich selbst konzentriert (sie wippen nur äußerlich zusammen).
5. Aus den Parallelspielen entwickeln sich – nicht zuletzt auf der Grundlage der Konstruktionsspiele – im dritten Lebensjahr die **Kooperationsspiele**, bei denen sich das dualistische Nebeneinander von Interaktionsbeziehungen einerseits und sachbezogenem Gegenstandsbezug andererseits zu einem triadischen Relationsgefüge von kooperativer Intersubjektivität transformiert (wie es Tomasello bezogen auf die Sprache als „Neunmonatsrevolution" beschrieben hat [vgl. Kap. 5.1.1 in diesem Buch]). D. h. die Kinder interagieren immer bewusster miteinander, um ein bestimmtes Ziel zu erreichen, welches sie allein nicht oder nur sehr schwer verwirklichen könnten. So erfordert z. B. der Bau eines Baumhauses sehr unterschiedliche Kompetenzen auf dem Weg vom vagen Wunsch über die immer klarere Idee, den daran ausgerichteten Gesamt- und Teilplänen, die Suche und Beschaffung entsprechender Materialien, deren Bearbeitung und

Zusammenfügung bis hin zur Endmontage und der zünftigen Einweihungsfeier, bei der auch die Eltern anwesend sind. Die Kinder erleben hier auf spielerische Weise den Sinn der (möglichst gleichwertigen und gleichberechtigten) sozialen und technischen Arbeitsteilung und wie daraus bestimmte Aufgaben erwachsen, die die Einzelnen oder die Kleingruppen realisieren müssen, damit die Gesamtgruppe ihrem gemeinsamen, selbstgesteckten Ziel immer näher kommt. Sie erleben dabei auch die eigene „Nützlichkeit" und die „Rationalität" von bestimmten Anforderungen (z. B. hinsichtlich der handwerklichen Fähigkeiten oder der Arbeitsdisziplin).

6. Mit ca. 4 Jahren können die Kinder in Phantasierollen (wie Märchenfiguren, Comic- und Filmhelden oder auch Tiergestalten) schlüpfen und sie bewusst, also eigenständig interpretierend nachahmen, also repräsentieren. Dabei entstehen auch „fabelhafte" Figuren und Situationen, die in einem deutlichen Kontrast zur realen Alltagswelt stehen. Dies ist die Grundlage der **Rollenspiele,** bei denen die interaktive Seite in den Vordergrund tritt, wobei die gegenständliche zunächst noch erhalten bleibt. Die symbolisch-fiktiv gestaltete Welt wird dabei insofern objektiviert, als ein Script entweder vorgegeben oder aber gemeinsam geschrieben wird, welches die Handlungsabfolge mit einem gewissen Verbindlichkeitsgrad festlegt und damit auch Rollenzuweisungen der Personen sowie Funktionszuweisungen der Gegenstände vornimmt (wer z. B. bei der Darstellung eines Familienkonflikts die Rolle der Mutter, des Vaters und des Kindes spielt und wie das Wohnzimmer einer Familie in einem sozialen Brennpunkt ausgestattet wird). Durch die Rollenzuweisung und -übernahme wird der (kindliche) Egozentrismus überwunden und die interpersonale und soziale Seite des Spiels wie der Identitätsbildung bedeutsam, denn sie dienen sowohl der Erlebniserweiterung als auch deren emotionaler und kognitiver Verarbeitung. Als RollenträgerInnen schlüpfen die Spielenden in eine andere Identität (wenn z. B. ein Mädchen die Rolle des Vaters übernimmt), die sie lernen müssen zu verstehen und in der sie die Differenz zur eigenen Identität erfahren können. Das dabei erarbeitete und verwendete Wissen hat sowohl situativ-episodischen wie auch sozial verallgemeinerbaren Charakter (z. B. das Auftreten bestimmter Personen bzw. Interessengruppen auf einer „Bürgerversammlung", die über einen neuen Spielplatz diskutiert und entscheidet). – Eine wichtige Übergangsform zu den Regelspielen sind die **darstellenden Spiele.** Dazu gehören insbesondere die Textspiele, die Kinder- und Schulbühnenspiele, die spontanen Stehgreifspiele sowie die anspruchsvolleren, selbsterarbeiteten Stücke, die Pantomime und Scharade sowie die Masken-, Puppen- und Marionettenspiele.

7. Im **Regelspiel** der älteren Kinder und besonders der Jugendlichen (aber auch der Erwachsenen) werden die Handlungs- und Verständigungskomponenten

des Spiels besonders deutlich, denn in ihnen werden die impliziten Regeln des Rollenspiels nun explizit und Teil von abstrakten, kombinatorischen und reversiblen Symbolsystemen bzw. Denkstrukturen. Diese bestimmen damit den gesamten Spielprozess, und zwar von den konkreten Spielgegenständen (z. B. der Schachfigur), über die Spielregeln, deren Beachtung kognitive und emotionale Kompetenzen erfordert, bis hin zum Einsatz der ganzen Person im Spielprozess selbst. Die intersubjektiv vereinbarten Verbindlichkeiten (ihre Einhaltung wird kontrolliert) haben dabei nicht nur einen objektiven Verpflichtungscharakter, welche dem Spiel einen verlässlichen Rahmen geben, innerhalb dessen die Spielenden bestimmte Freiheiten haben. Zugleich sind sie in hohem Maße abstrakt, weil die verschiedenen Spielregeln (eben z. B. des Schachspiels) nur noch einen sehr vagen Bezug zum Alltagsleben aufweisen. Diese Spielregeln sind sehr vielgestaltig, je nach nachdem ob sie bewegungszentrierte Gruppenspiele oder Gesellschaftsspiele betreffen. Bei letzteren dominieren häufig soziale Risiken, also die Chance zu gewinnen oder (alles) zu verlieren, sowie der soziale Zufall (je nachdem „wie die Würfel fallen"). – Auf eine besondere Form der Regelspiele, die Computerspiele, wird im folgenden Kap. 6.1.3 näher eingegangen.

8. Den Abschluss bilden die (in Teilen der Spielpädagogik umstrittenen) **Lernspiele** (vgl. Flitner 1982; Frommberger et al. 1976). Sie sind aus entwicklungspädagogischer Sicht die entscheidende Übergangsform zur *unterrichtlichen* Förderung des Lernens, die es ja auch außerhalb der Schule gibt (z. B. in der politischen Bildungsarbeit oder bei verbandlichen Schulungen). Im Lernspiel wird insofern gespielt, als auch hier die imaginären Rollen und Regeln wichtig sind; zugleich stehen die Drehbücher in einem gewollten engen Zusammenhang mit der unterrichtlichen Bearbeitung der entsprechenden Themen (wenn z. B. beim politischen Bildungsthema „Globalisierung" davor und/oder parallel eine thematische Spielkette „Weltreise" stattfindet – ggf. mit einem Schwerpunkt auf die regional üblichen historischen und aktuellen Fahrzeuge). Sie benötigen eine entwicklungsoffene Balance zwischen nur *implizitem*, mitlaufendem, quasi „ungewolltem" Lernen (denn auch im selbstzweckbestimmten Spiel lernen die Kinder bedeutsame Sachverhalte!) und dem *intentionalen Lernen*, also der bewussten Absicht, sich mit einer bestimmten Problemstellung eines bestimmten Realitätsausschnitts der Natur, der Gesellschaft und des Denkens näher zu beschäftigen.

6.1.3 Zu den Besonderheiten der Computerspiele

Die soziokulturell und pädagogisch am meisten umstrittene Spielform sind zweifellos die Computerspiele, weshalb sie etwas genauer dargestellt werden sollen. Sie sind am ehesten mit Brettspielen zu vergleichen und als virtuelle Spielwelten Teil der virtuellen Lernräume, deren möglicher bzw. faktischer Bildungswert durch folgende Charakteristika bestimmt wird (vgl. Feige 2015, Kap. 1–3; Fritz 2004, Kap. 10; Fritz et al. 2011, Fritz/Rohde 2011):

1. Den Kern der virtuellen Spielwelten mit ihren Computer- und Videospielen stellen einerseits die **Hardware** der Computer bzw. Spielkonsolen sowie die tragbaren Videospiele (besonders die Gameboys) dar: mit Bildschirm, Lautsprecherboxen, Eingabegerät (Tastatur, „Maus", Joystick" u. ä.), Datenträgern und Laufwerk; und andererseits die verschiedenen Spielprogramme als Software. Sie bilden allerdings – wie alle objektiv vorhandenen Bedeutungs- und Symbolstrukturen – für die sie aneignenden Subjekte (hier speziell die Kinder bzw. Jugendlichen) „nur" ein *Angebot*, welches sie nach ihren Interessen und Wünschen, nach soziokulturellen Denk- und Wahrnehmungsmustern und damit entsprechend ihren Spielpräferenzen aussuchen. Sie stellen also einen subjektiv bedeutsamen *Handlungs-* und *Verständigungsrahmen* dar, sie werden entsprechend der realen Lebenspraxis der User und deren kognitiven und psychodynamischen Strukturen ausgewählt. Dabei wechseln diese Rahmungen auch im Gang der personalen (Weiter-) Entwicklung. Oder anders und etwas polemisch ausgedrückt: Der Computer „tut" den Kindern (und Jugendlichen) nichts an, er „macht" sie nicht abhängig oder gar „süchtig", sondern die Heranwachsenden wenden sich ihnen zu, befriedigen mit ihnen sehr unterschiedliche bis gegensätzliche soziale Interessen, Lernbedürfnisse sowie Erholungs- und Unterhaltungswünsche und diese resultieren aus ihrer gesellschaftlich-systemisch eingebundenen alltäglichen Lebensführung (wie in Kap. 2–5 facettenreich erläutert). Dabei vermitteln die *medialen* Welten – insbesondere das Fernsehen und speziell seine Spielfilmserien – zwischen der *realen* und der *virtuellen* Welt.
2. Hinsichtlich der dominierenden **Inhalte** ist die o. a. Einteilung von Cailois (Kap. 6.1.1) hilfreich, denn sie macht deutlich, dass es keine Besonderheit der Scripte von Computerspielen ist, dass hier (wie übrigens auch in Märchen) Wettkämpfe und damit Sieger-Verlierer-Relationen eine zentrale Rolle spielen; darüber hinaus auch Zufälle und alltägliche Praktiken wie das Sich-Verstellen, Sich-Verkleiden, sich ganz in ein Spiel versenken, sich dem Rausch – hier im Spiel – hingeben. Ihr tieferer lebenspraktischer und damit ihr möglicher Bildungssinn liegt darin, dass sie auf eine spezielle Weise die Risikohaftigkeit von

6.1 Bildungsthema: Spiel als Medium

personalen Entwicklungsprozessen aller Arten thematisieren und dann so die Chance bieten, die dabei notwendigerweise auftreten Probleme, Widerstände, Enttäuschungen, Erfolge, Glücksgefühle usw. schon im Vorfeld spielerisch zu erproben oder aber sie im Nachhinein zu verarbeiten. Sie ermutigen im günstigen Fall die Heranwachsenden (ähnlich wie bei den Sportspielen), sich diesen Herausforderungen zu stellen. Dazu trägt auch die Tatsache bei, dass die Spiele wiederholt, also eingeübt werden können und es so stets einen erfolgreichen, befriedigenden Ausgang geben kann (zumindest wenn man durchhält). Insofern sind sie auch Laboratorien und experimentelle Entwicklungsräume für die beginnende Identitätsarbeit der Kinder (und besonders der Jugendlichen). Eingrenzend muss aber hinzugefügt werden, dass zwar Interaktionsprozesse simuliert werden, dass diese aber keine inter-*subjektive* Qualität haben, also der Empathie entbehren, weil die jeweiligen personalen Gegenüber selbst in Rollenspielen wie Instrumente zur Durchsetzung der Absichten und Interessen der SpielerInnen behandelt werden (das wird besonders bei militärstrategischen Spielen deutlich).

3. Wenn oben gesagt wurde, dass sich die Kinder (und Jugendlichen) in ein subjektiv bestimmtes Verhältnis zum Computerspiel setzen müssen, dann klingt das einfacher als es tatsächlich ist, denn hier spielen immer komplexer werdende Beziehungen zwischen **motorischem** und **mentalem Lernen** eine Rolle. Das lasst sich etwa vereinfacht mit folgender Stufenleiter verdeutlichen (die sich teilweise auch als generelle Logik der Spielentwicklung liest):

a. Bei der *sensomotorischen Synchronisation* kommt es zu einer Verschmelzung zwischen den Körperschemata (bzw. der Leiblichkeit) der SpielerInnen und den virtuellen Spielfiguren (z. B. wenn sie sich an einem Fußballspiel aktiv „beteiligen"). D. h., die elektronischen Stellvertreter werden wie Marionetten behandelt, die durch die direkte Einwirkung über die handlungssensiblen Bildelemente gesteuert werden, so dass eine Ähnlichkeit (Homologie) entsteht zwischen *realer* und *virtueller* Handlungsabfolge.

b. Daraus entsteht häufig eine *simultane Synchronisation*, wenn der Spieler nämlich durch die unmittelbaren und direkten Steuerungsimpulse meint, tatsächlich das zu tun, was die Spielfigur tut (z. B. Motorrad zu fahren). Das kann allerdings nicht über Joystick und Tastatur erfolgen, sondern dazu bedarf es eines simulationsadäquaten Eingabegerätes (hier z. B. mit Hand- und Fußbremse und Lenkrad)

c. Das steigert sich nochmals, wenn es nämlich durch *sensomotorische Identifikation* zu abgestimmten Körperbewegungen der SpielerInnen mit dem Spielprozess kommt (im Beispiel: wenn sie so tun, als wenn sie selber und nicht die Spielfigur bremst, schaltet, sich in die Kurve legt, Gas gibt usw.).

d. Eine *direktionale Identifikation* liegt dann vor, wenn SpielerInnen (z. B. in Action-Strategie-Spielen) indirekten Einfluss auf den Verlauf und den Ausgang des Spieles nehmen, indem sie „ihren" Figuren entsprechende Befehle erteilen. Dabei werden in manchen Fallkonstellationen die noch sehr abstrakten Spielvorgaben mit konkreten Inhalten gefüllt und für eine Gruppe Partei ergriffen, sich mit ihr identifiziert und ihr aktiv versucht, zum Erfolg zu verhelfen.
e. Eher passiv ist die *rezeptive Identifikation*, wo man sich zwar – wie in einem Märchen oder einem Spielfilm – mit einer Person, einer Gruppe, einem Lager (z. B. der Indianer oder der Bürgerkriegsflüchtlinge) identifizieren kann, ohne aber damit den Spielverlauf zu beeinflussen. Damit können die Spiel-*Inhalte* in den Vordergrund treten.
f. Am anspruchsvollsten ist die *semantische Identifikation*, bei der – als Vorstufe zum Lernspiel – bereits Beziehungen hergestellt werden zwischen der Spielsituation und der realen Lebenssituation (des Spielers, seiner Umwelt oder generell der Gesellschaft – z. B. bei bestimmten politischen Spielen wie „Wir bauen ein demokratisches Gemeinwesen auf" oder „Wie können wir die globalen Ernährungsprobleme lösen?").
g. Auf einer etwas anderen Ebene liegen die beiden Zeitmodi des Spielens: Ob die SpielerInnen also durch die Spielprozesse einer *Real*-Zeit und damit einem besonderen Handlungsdruck unterworfen werden (sie ist dann weitgehend identisch mit der Aktionszeit) oder ob sie durch den *Turn*-Modus die Zeit anhalten können, „alle Zeit der Welt", also genügend Reflexionszeit haben, die Probleme zu erkennen, Strategien zu erwägen und Entscheidungen zu fällen.
4. Voraussetzung und Resultat der vorgenannten motorischen und mentalen Lernprozesse sind bestimmte **Kompetenzen (Schemata)**, die sich ebenfalls als Entwicklungslogik in eine bestimmte Abfolge bringen lassen, nämlich die folgende:
a. Zur sensomotorischen und simultanen Synchronisation sowie der figuralen Substitution bedarf es (auf der Grundlage des Sehens und Hörens) *pragmatischer* Fähigkeiten zur Abstimmung zwischen den eigenen Bewegungs- und Wahrnehmungsmustern und den (ggf. recht unterschiedlichen) pragmatischen Bewegungs- und Handlungsmöglichkeiten der Figuren, um diese bewegungszentrierten Spiele mit den elektronischen Marionetten beherrschen zu können (das drückt sich bei unerfahrenen SpielerInnen auch in einfachen mimetischen Reaktionen aus).
b. Die Subjekte müssen sich stets in eine Beziehung zum Spielgeschehen setzen, sie müssen die einzelnen Elemente (z. B. Flugzeuge, Häuser, Bäume, Tiere) und deren Verweisungszusammenhänge (im Beispiel: Flughafen, Siedlung, Wald) innerhalb der vorgegebenen Bedeutungsstrukturen kognitiv erkennen

6.1 Bildungsthema: Spiel als Medium

und emotional (positiv oder negativ) bewerten. Für diesen re-konstruktiven, in gewisser Weise hermeneutischen Prozess bedarf es *semantischer* Kompetenzen. Deren Aneignung wird ggf. unterstützt durch (ergänzende) Texte, Tabellen, Schaubilder, Menüleisten und akustische Signale.

   c. Darauf bauen die regelbezogenen, die *syntaktischen* Schemata auf, denn die SpielerInnen müssen sich an vorgegebene und/oder vereinbarte Regeln halten, wenn sie alleine oder gemeinsam mit anderen (ggf. auch in einem Wettkampf) spielen wollen. Dabei geht es besonders darum, aus den *Eigenschaften* der Personen und Gegenstände die *Regeln* des Spiels abzuleiten (z. B. wer ist = handelt gut oder böse, mutig oder ängstlich; oder: mit welchen Autos kann ich eine Wüstenrally am ehesten und mit etwas Glück gewinnen). Daraus entstehen dann regelrechte Spielstrategien (z. B. mit welchen Waffen kann ich meine Stadt gegen Terroristen am besten verteidigen und woher bekomme ich die notwendigen Informationen; oder wie und mit wem kann ich den Transport von Lebensmitteln in eine Region nach dem Ende eines Bürgerkrieges am besten organisieren).

   d. Den relativen Abschluss bilden die *dynamischen* Schemata, bei denen die Selbstverortung der Spielenden und damit deren doppelseitige Beziehung zur realen und zur virtuellen Welt im Mittelpunkt stehen. Dabei kann es sich um eine Ähnlichkeit zwischen beiden Welten handeln oder aber auch um die virtuelle Gegenwelt, in die ich mich als Kind (Jugendlicher) angesichts unerträglicher bzw. unerträglich empfundener Lebenssituationen flüchte, um entweder eine Auszeit zu erhalten oder aber sie als ständige Parallelwelt jederzeit verfügbar zu haben.

5. Es wurde bisher unterstellt, dass die Kinder (und Jugendlichen) alleine oder aber in Kleinstgruppen zusammen mit dem Computer spielen. Das ist aber für einen relevanten Teil der Jugendlichen (und Erwachsenen) nicht (mehr) zutreffend, denn hier finden sich auch vielfältige Formen der *virtuellen Off- und Online-Vergemeinschaftung* (etwa in Form von Chatrooms Mailinglisten, Spielgemeinschaften und -landschaften, Internet-Gamers, Gamer-Szenen, Clans, Gilden, Lan-Partys, privaten Game-Partys). Diese bilden quasi einen Ring um den Kern der virtuellen Spielwelten, haben also selbst nur einen begrenzten, in gewisser Weise semi-spielerischen Charakter (worauf in Band 2 dieser „Entwicklungspädagogik" zur Jugend näher eingegangen wird).

Wissensbaustein Nr. 8
Entwicklungslogik der Spielformen
Es wurde in diesem Unterkapitel mehrfach auf den Unterschied zwischen der Logik und der realen Biografie der Spielentwicklung hingewiesen. In weitgehender Übereinstimmung mit Oerter hat Mogel (2008, S. 62) erstere wir folgt bestimmt:

„Die kurze Charakteristik der Spielformenentwicklung vom Funktionspiel, Experimentierspiel, Frühen Symbolspiel, Konstruktionsspiel, Ausdifferenzierten Symbol- und Rollenspiel bis hin zum Regelspiel und seinen zahlreichen Diversifikationen zeigt ein generelles Entwicklungsgeschehen: Die Dynamik der Etablierung von emergenten Strukturen, deren qualitative Differenzierung und ihre Integration durch synergetische Prozesse. Das Ergebnis ist jedes Mal eine neue Spielform – dynamische Basis für die Emergenz und Synergie weiterer Formen. Exakt die Übergänge zwischen den Spielformen sowie die Binnendifferenzierungen dieser Übergänge stehen als entwicklungsbedingte, sich weiter differenzierende (d. h. emergente) Prozesse und Strukturen im Kern der Spielforschung zur Spielformenentwicklung."

Literaturnachweise (Kap. 6.1)

Caillois, Roger. 1982. Die Spiele des Menschen, Frankfurt/M. et al.: Ullstein
Elkonin, Daniil.1980. Psychologie des Spiels, Köln: Pahl-Rugenstein
Feige, Daniel Martin. 2015. Computerspiele. Eine Ästhetik, Berlin: Suhrkamp
Fritz, Jürgen. 2004. Das Spiel verstehen, Weinheim und München: Juventa
Fritz, Jürgen et al. 2011. Kompetenzen und exzessive Nutzung bei Computerspielern: Gefordert, gefördert, gefährdet, Berlin: VISTAS
Fritz, Jürgen und W. Rohde. Mit Computerspielern ins Spiel kommen, Berlin: VISTAS
Flitner, Andreas. 1982. Spielen – Lernen, München: Piper
Frommberger, Herbert et.al. 1976. Lernendes Spiel – Spielendes Lernen, Hannover et al.: Schroedel
Gebauer, Gunter und Chr. Wulf. 1998. Spiel Ritual, Geste. Mimetisches Handeln in der sozialen Welt, Reinbek: Rowohlt
Hartmann, Waltraut. 2000. Geschlechterunterschiede beim kindlichen Spiel. In: Hoppe-Graf/Oerter. 79-104
Hoppe-Graff, Siegfried und R. Oerter. Hrsg. 2000. Spielen und Fernsehen, Weinheim und München: Juventa
Mogel, Hans. 2008. Psychologie des Kinderspiels, Heidelberg: Springer

Oerter, Rolf. 1995. Kultur, Ökologie und Entwicklung. In: *Entwicklungspsychologie*. Hrsg.: R. Oerter und L. Montada. 85-127, Weinheim: Beltz PUV
Oerter, Rolf. 2000. Spiel als Lebensbewältigung. In: Hoppe-Graf/Oerter. 47-58
Oerter, Rolf. 2011. Psychologie des Spiels, Weinheim und Basel: Beltz
Scheuerl, Hans. 1990/1991. Das Spiel. 2 Bde, Weinheim und Basel: Beltz

Literaturempfehlungen (Kap. 6.1)

Fritz, Jürgen. 2004. Das Spiel verstehen. Eine Einführung in Theorie und Bedeutung, Weinheim und München
Fritz, Jürgen et al. 2011. Kompetenzen und exzessive Nutzung bei Computerspielen: Gefordert, gefördert, gefährdet, Berlin: VISTAS
Heimlich, Ulrich. 2015. Einführung in die Spielpädagogik, 3. akt. und erw. Auflage, Bad Heilbrunn: Julius Klinkhardt
Oerter, Rolf. 2011. Psychologie des Spiels. Ein handlungstheoretischer Ansatz, Weinheim und Basel
Parmentier, Michael. 2004. Spiel. In: *Historisches Wörterbuch der Pädagogik*. Hrsg. D. Benner und J. Oelkers. 929-945, Weinheim und Basel: Beltz
Scheuerl, Hans. Hrsg. 1990/91: Das Spiel. 2 Bde, Weinheim und Basel: Beltz

6.2 Einige Grundsätze der Spielförderung

Diesbezüglich können folgende grundsätzliche Hinweise hilfreich sein (vgl. Einsiedler 1994, Kap. 7./8; Fritz 1991, Teil II; Hauser 2013, Kap. 4 u. 5; Maywald 2013; Retter 1991, Teil II/III):

1. Zunächst einmal sollten die entsprechenden Angebote sich ausrichten an der **Zone der nächsten Entwicklung;** das meint dreierlei:
   a. Eine sozialräumliche und gegenständliche *Umgebung* zu schaffen, die zum Spielen anregt – und zwar auf möglichst vielen Entwicklungs- bzw. Altersstufen.
   b. Eine lernfördernde *interpersonelle* indirekte und direkte Unterstützung und Absicherung anbieten (sei es durch gleichaltrige oder ältere Kinder bzw. Jugendliche und/oder Erwachsene), die die jüngeren oder auch älteren Kinder anregen und ermutigen, sich den für sie anstrengenden, herausfordernden, riskanten Spielanforderungen zu stellen.
   c. Es gilt darüber hinaus, Spielmöglichkeiten vorzuhalten, die Kinder/Jugendliche einerseits ganz selbstverständlich umsetzen können, wo sie *frei*

und routiniert *handeln* und die Wiederholung lustvoll ist; und andererseits sich an dem ausrichten, was sie im nächsten Entwicklungs- und Lernschritt erreichen können, indem sie sich im Spiel neue Dimensionen und Bereiche der sozialen Wirklichkeit und ihres Selbst erschließen, dabei Erfahrungen machen, Fähigkeiten und Fertigkeiten erwerben und Motivationen ausbilden.
2. Ferner sollten die Spielangebote, die **ihnen innewohnenden Entwicklungs- und Lernpotenziale nutzen.** Dies ist insofern eine komplizierte Aufgabe, als die soziokulturellen und sozialräumlichen Entwicklungen u. a. dazu geführt haben, dass es immer weniger öffentliche Räume, Plätze und Straßen zum Spielen gibt, die vorhandenen Spielgeräte innerhalb und außerhalb der Gebäude immer seltener entsprechend den Wünschen der Kinder/Jugendlichen verändert werden können (vgl. zu den Spielplätzen Kap. 6.4); und dass es überhaupt immer schwieriger geworden ist, SpielpartnerInnen auf gleicher oder ähnlicher Entwicklungsstufe zu finden. Daraus ergibt sich das pädagogisch schwierig zu bewältigende Paradoxon, dass das Spiel, welches gerade Ausdruck der *Selbsttätigkeit* der Heranwachsenden sein soll, immer häufiger *inszeniert* werden muss. Der darin enthaltenen „Kolonialisierungsgefahr" kann man insbesondere dadurch entgegenarbeiten, dass man die Kinder/Jugendlichen, soweit irgend möglich, die Spiele selber anregen, organisieren, durchführen und auswerten lässt, ihnen also aus bewusster pädagogischer Selbstbeschränkung als verständnisvoller Begleiter und kompetenter Ratgeber und Helfer zur Verfügung steht. In diesem Zusammenhang sollte auch das empirische Ergebnis der Spielforschung fruchtbar gemacht werden, dass die Förderung der Spiele durch ungefähr gleichaltrige, aber etwas kompetentere Kinder/Jugendliche zumeist deshalb intensiver und „effektiver" ist, weil sie selber *TeilnehmerInnen* dieser angeregten Spiele sind, während die Erwachsenen zumeist nur als deren *BeobachterInnen* fungieren.
3. Aus dem Gesagten folgt, dass Spielförderung eine **sehr komplexe Aufgabe** ist. Sie reicht von der Rezeption der Ergebnisse der Spielforschung und der Analysen zu den historischen und aktuellen Trends der Spielkultur und der damit verbundenen Spielweisen, über die Spielepolitik (also wie im Rahmen der Gemeinde-, Stadtteil-, Frauen-, Sozial- und Bildungspolitik alte Spielräume erhalten und neue geschaffen werden können) bis hin zur didaktischen und methodischen Reflexion.
4. Es dürfte schon deutlich geworden sein, dass die Förderung des Spielens fundierte pädagogische Kompetenzen voraussetzt, dass man also Spiele nicht „so nebenbei" oder als eine Art Zugabe zur „normalen" Kinder- und Jugendarbeit anbieten kann. Spielförderung erfordert eine **systematische Sensibilität für die Wünsche, Interessen und Neigungen**, aber auch die **Fähigkeiten und Fertigkeiten** der Kinder/Jugendlichen, für ihre geschlechtsspezifischen Stärken und

6.2 Einige Grundsätze der Spielförderung

Schwächen, für die Konflikte mit anderen Personen und sich selbst (wer kann z. B. mit wem nicht spielen und wann gibt es schnell verbale und körperliche Kabbeleien), die schon im Vorfeld (wer sich z. B. von Anfang an abseits hält), aber auch und gerade während des Spielens auftreten. Ferner gehört dazu die Selbstreflexivität der SpielleiterInnen (z. B. welchen Zugang sie zu welchen Spielen haben, wo sie sich bedrängt oder überfordert fühlen) und eine daraus resultierende *flexible Planungskompetenz,* die sich auf intensive Vorbereitungen, reflektierte Erfahrungen und situative Entscheidungsfähigkeiten und -bereitschaften stützt (was z. B. hinter bestimmten, eruptiv auftretenden ethnischen Konflikten steht und wie man darauf konstruktiv eingehen kann – von der Spielunterbrechung, der Spielmodifikation bis hin zum Abbruch und anschließender Diskussion).
5. Insgesamt bedarf es bei der Angebotsgestaltung einer **flexiblen Verschränkung der Spiele** der **unterschiedlichen Entwicklungsstufen**. Das gilt besonders dann, wenn man den engen Blick auf die Kindheit bzw. die Kindertagesstätten verlässt und in jedem Fall auch noch die Jugendphase einbezieht. Selbstverständlich sollte es im Rahmen der Arbeit eines Kindergartens, eines Freizeitzentrums, der Gruppe, eines Verbandes usw. auch Angebote geben, die keinen engen Bezug zu den Stufen der Spielentwicklung haben, also auf solche Differenzierung verzichten. So könnte eine Gruppe relativ regelmäßig (z. B. alle vier Wochen an einem Wochenende) Spielenächte durchführen, zu denen auch die Kinder/Jugendlichen aus dem Stadtteil eingeladen werden, und in denen es neben dem Spielen auch um Zusammensein, miteinander „Tratschen", Sich- näher-kennen-lernen usw. geht. – Oder das ganze Jugendzentrum könnte sich zwei- bis dreimal im Jahr in ein reines Spielhaus verwandeln, in dem *alle* Altersstufen (also Kinder, Jugendliche, Eltern und andere Erwachsene, ältere und alte Menschen aus dem Stadtteil sowie haupt- und ehrenamtliche MitarbeiterInnen) alles spielen können, wozu sie Lust haben. Auch in diesem Fall würden also alle Altersgruppen aus dem Stadtteil dazu eingeladen werden. Dabei könnte auch ein gewisses Oberthema vorgegeben werden; so wäre z. B. das Thema „Alte und neue Spiele" geeignet, generationenübergreifend und persönlich Spielideen, -anleitungen und -erfahrungen auszutauschen und sie nicht – wie es heute zumeist schon üblich – den schriftlichen Spielanleitungen zu entnehmen. In ähnlicher Weise könnte das Thema „Spiele unserer gemeinsamen Welt" dazu beitragen, die ausländischen Kinder/Jugendlichen und ihre Familien mit ihren Traditionen kennen zu lernen und auf diese Weise nicht nur das eigene Spielrepertoire zu erweitern, sondern auch neue soziale und kulturelle Formen des Verständnisses füreinander und der Verständigung miteinander zu entwickeln.

(Literaturnachweise/ -empfehlungen am Schluss von Kap. 6.4)

6.3 Spielen im familiären Alltagsleben

Da – wie schon mehrfach erwähnt – die Familie der privilegierte Ort des Aufwachsen ist, ist sie auch für die (frühe) Spielentwicklung von zentraler Bedeutung. Diese ist also eingelagert in die jeweiligen sozialen Bedingungen, Interaktionsformen und atmosphärischen Strömungen der jeweiligen Familie – und zugleich ist sie im günstigen Fall ein weiteres Glied in der Kette bildungsfördernder familiärer Bedingungen und Beziehungsmuster. Deren Besonderheiten lassen sich in drei Aspekte zusammenfassen (vgl. Mogel 2008, Kap. 2.6, 3.4 u. 5.5; Oerter 2011, Kap. 9 u. 16.5; Sutton-Smith 1986):

1. Zunächst einmal gilt es, den Heranwachsenden, besonders den Kleinst- und Kleinkindern **Möglichkeiten zum Spielen** zu schaffen und zu geben; das umfasst folgende Aufgaben:
   a. Zuerst erfordert das ganz praktisch *Räume zum Spielen*, in denen den Kindern selbstbestimmte Gestaltungsmöglichkeiten zugestanden werden, wo sie also ungestört ihren Spielbedürfnissen nachgehen können und die älteren Geschwister, insbesondere aber die Erwachsenen (zumeist die Eltern) nicht in die sozialräumliche Ordnung, in die spielbestimmte An-Ordnung, eingreifen. Das kann das jeweilige Kinderzimmer sein, das können spezielle Räume in der Wohnung oder im Haus sein, dass kann auch der Garten in einem Ein- oder Mehrfamilienhaus sein, der als Schutzraum zugleich ein Freiheitsraum ist. Es sollten aber auch Räume sein, die primär anderweitig genutzt werden (z. B. Wohnzimmer, Küche, Badezimmer), die *auch* für das Spielen genutzt werden dürfen, denn nur so kann verhindert werden, dass das Spielen aus dem familiären Alltagsleben herausfällt, quasi zu einer Sonderzone oder – noch schärfer formuliert – zu einem innerfamiliären Ghetto wird. So können z. B. im Wohnzimmer Türme aus Pappkartons gebaut werden, in der Küche Essen real oder fiktiv zubereitet und im Bad Wasserplanschspiele stattfinden.
   b. Notwendig sind auch *Zeiten für Spiele*, die möglichst großzügig und flexibel bemessen werden sollten, da das Spiel eine eigene Zeitlogik hat, die nicht der des Alltagslebens entspricht. Oder theoretischer formuliert: Während das familiäre Alltagsleben sehr stark an der physikalisch-linearen, der *chronologischen* Zeit ausgerichtet ist (nicht zuletzt wegen der synchronen und zyklischen Abstimmung der verschiedenen Aktivitäten und Verpflichtungen der einzelnen Familienmitglieder), ist die Spielzeit qualitativ von der jeweiligen Erlebnisqualität, somit der subjektiven Zeit dem „*Kairos*" und der Als-ob-Dynamik des Spielens bestimmt und dies erfordert einen weitgehend freien Umgang mit der Zeit. Da das so manchen Zeitplan der

6.3 Spielen im familiären Alltagsleben

anderen Familienmitglieder durcheinander bringen kann und das auch tut, deshalb ist hier die Gefahr der autoritären Eingriffe besonders groß. Sie kann nur in dem Maße abgebaut werden, wie der Respekt vor dem Spiel als ein der zentralen Entwicklungs- und Bildungsmedien der Kinder das Alltagshandeln der entscheidungsbefugten Erwachsenen (oder auch der älteren Geschwister) bestimmt.

c. Ein zentraler Aspekt der spielbezogenen Sozialraumgestaltung (im Sinn einer vorbereiteten pädagogischen Umgebung) ist die Ausstattung mit anregungsreichem *Spielzeug,* denn dieses legt bis zu einem gewissen Grade fest, *was* und *wie* gespielt wird. Diesbezüglich können u. a. unterschieden werden Miniaturnachbildungen von Alltagsgegenständen (z. B. Kochgeschirr, Puppenmöbel, Autos, Baufahrzeuge wie Bagger), Werkzeuge der unterschiedlichen Art (z. B. Papier und Stifte, Baukästen, Sportgeräte), Geräte zur Herstellung von besonderen Werken (z. B. kindgerechte Hämmer und Zangen zur Befestigung von Brettern an einem Gartenzaun), Maschinen (z. B. Dampfmaschine, ferngesteuerte Autos, aber auch Videogeräte und PC's), Gesellschaftsspiele (z. B. Brettspiele, Kartenspiele) und nicht zuletzt immateriell-kommunikative Spielgegenstände (wie Märchen, Sagen, Verse, die nach- und weitererzählt werden). Der potentielle Bildungswert dieser Spielgegenstände richtet sich danach, welche Erlebnisse sie ermöglichen, welche Handlungsweisen sie nahelegen, welche Erkenntnisse durch sie angeeignet werden können, welche Wirklichkeitsbezüge sie ermöglichen und nicht zuletzt wie flexibel, kreativ und vielfältig sie verwendet werden können. Diese Qualitätskriterien stehen ggf. in einem deutlichen Kontrast zu den ökonomischen Verwertungsinteressen des ausufernden Spielzeugmarktes, weshalb viele Spielgegenstände auf einen schnellen „moralischen" Verschleiß angelegt sind, also ganz schnell langweilig werden (wovon der Spielsachen-„Schrottplatz" in der Wohnung, im Keller, im Garten ein beredtes Zeugnis ablegt). Aber noch ein etwas sublimerer Aspekt ist zu erwähnen: Spielgegenstände legen sehr häufig das Einzelspiel oder allenfalls das Parallelspiel nahe. Das ist einerseits ein notwendiges Durchgangsstadium bzw. ein legitimes Rückzugsverhalten, aber zugleich gilt es, diese Etappe auch zu durchschreiten und nicht auf diesem Niveau bzw. in dieser relativen Isoliertheit zu verharren. Deshalb sollte die familiäre Spielzeugkultur immer auch Anregungen zum gemeinsamen Spielen enthalten. (Auf einen vierten Aspekt, die Spielplätze, wird im nachfolgenden Unterkapitel eingegangen.)

2. Die bedeutsamsten SpielpartnerInnen der Kleinst- und Kleinkinder sind zunächst die Erwachsenen, besonders die Eltern bzw. Großeltern, manchmal auch die deutlich älteren Geschwister. Die Kinder, speziell die (ganz) kleinen

Kinder sind in hohem Maße darauf angewiesen, davon abhängig, dass diese die notwendigen Spielräume, Spielzeiten, Spielsachen und Spielorte schaffen und so lange wie erforderlich erhalten. Hinsichtlich ihrer **pädagogisch intendierten Handlungsweisen** ist zunächst – wie in Kap. 6.2 bereits skizziert – darauf zu verweisen, dass sie für die Kinder ernsthafte, also echte SpielpartnerInnen sein müssen, die sich auf die jeweiligen konkreten und ggf. schnell wechselnden Spielinteressen, -bedürfnisse und -impulse auf dem jeweiligen spielerischen Entwicklungs- und Bildungsniveau einlassen, diese also kennen, beachten und helfen zu befriedigen. Nur wenn ihnen das in relevantem Maße gelingt, nur dann werden sie auch ernst genommen und können mit den Kindern in einen intensiven zwischenmenschlichen, empathischen Austausch treten. Je kleiner die Kinder sind, desto *direkter* wird diese Begegnung, Anregung und Absicherung sein. Je mehr die Selbstständigkeit, die Selbstbestimmung, das Selbstbewusstsein der Heranwachsenden steigt, desto *indirekter* sollten die pädagogischen Begegnungsweisen werden. Direkte Zuwendung sollte aber auch dann nicht auf Notfälle beschränkt werden (wenn z. B. ein Kind bei einem Konstruktionsspiel oder bei einem Erlebnis- oder Sportspiel scheitert), denn das Spielen ist – über seinen Bildungswert hinaus – auch ein Medium der innerfamiliären Geborgenheit und Anerkennung und in einem weiteren Sinne auch der sozialen Integration und in diesem Sinne Teil der umfassenden Gestaltung des befriedigenden Zusammenlebens in der Familie.

3. Ein wesentliches Moment der zunehmenden Handlungs-, Reflexions- und Genussfähigkeiten ist der Abbau der innerfamiliären Abhängigkeitsverhältnisse durch den Aufbau immer stabilerer und anspruchsvollerer, also auch belastbarer Beziehungen in der **Gleichaltrigengruppe**. Das hat nun etwas mit der Besonderheit des Spiels als einer Als-Ob-Konstellation zu tun: Wenn sich die Erwachsenen an einem kindlichen Spiel beteiligen, dann *wissen* sie, dass sie spielen (also so tun „als-ob" sie z. B. etwas trinken) – und damit spielen sie im strengen Sinne nicht mehr, weil dieses das Eintauchen und Sich-Versenken in den spielerischen Imaginationsraum erforderlich macht. In dem Fall wird aus dem bewussten „Als-ob" ein imaginäres „Was-wenn" (was passiert z. B., wenn das gefangen genommene Monster sich doch befreit). Wie empirische Untersuchungen zeigen, nehmen die Eltern daher eher die *Beobachterrolle* ein und bevorzugen Spiele, die die Realität nachahmen, während die (fast gleichaltrigen) Geschwister viel eher zu echten *TeilnehmerInnen* des Spielgeschehens werden und schon aus diesem Grunde in mancherlei Hinsicht die wichtigeren SpielpartnerInnern werden, weil sie selber alltagsferne phantastische Spiele bevorzugen. Das weitet sich in dem Maße aus, wie die Kinder auch anderen (ungefähr gleichaltrigen) Kindern in anderen Sozialräumen begegnen (z. B. in

6.3 Spielen im familiären Alltagsleben

einer Eltern-Kind-Gruppe, im Innenhof eines Mietshauskomplexes, auf der [verkehrsberuhigten] Straße, auf einem Spielplatz und nicht zuletzt natürlich im Kindergarten). Die Peers werden dann insofern ein wesentlicher Teil der *Zone der nächsten Entwicklung* (vgl. Kap. 6.2), weil sie komplementäre Akteure sind, die ganz unmittelbar und direkt am Spielgeschehen teilnehmen, die ggf. jüngeren Kinder einführen, ihnen helfen und doch gleichzeitig ganz und gar und „passgenaue" *Mit*-Spielende sind (indem sie z. B. mit verteilten Rollen spielen). Daraus entsteht auch eine besondere Anregungsfunktion, dass nämlich die weniger kompetenteren Kinder den kompetenten es nachmachen, deren Niveau auch erreichen wollen, sich deshalb besonders anstrengen und die entsprechende sachliche Rückmeldung (z. B. bei einem Konstruktionsspiel) wie auch die soziale Anerkennung (z. B. das respektvolle, nicht abwertende oder autoritäre Lob) genießen. Das setzt allerdings voraus, dass die meist älteren Kinder ihren spielformbezogenen Kompetenzvorsprung nicht als Macht- und Konkurrenzmittel missbrauchen, sondern damit *solidarisch* umgehen, womit eine so verstandene Spielförderung auch zu einem Medium des sozialen Lernens wird. Etwas theoretischer formuliert, liegt die besondere Funktion der Peers als Teil der Zone der nächsten Entwicklung darin, dass sie einerseits die *Zone der freien Bewegungen* ausweiten, zumindest aber schützen (nur selten einschränken – wozu Erwachsene häufig oder zumindest manchmal neigen) und besonders die *Zone der geförderten Handlungen* deutlich vergrößern. Das zeigt sich besonders bei der zwar spielerischen, aber häufig doch auch alltagsrelevanten Bearbeitung und – partiellen – Lösung von zwischenmenschlichen und sozialen Konflikten während des Spielverlaufs (z. B. der egalitären vs. asymmetrischen Verteilung von Rollen).

Definition Pädagogisch intendierte Spielförderung

Pädagogisch intendierte Spielförderung nimmt den jeweils erreichten Grad der kindlichen (oder auch jugendlichen) Lebensbewältigung und die dabei ggf. auftretenden Probleme auf und versucht, die entsprechenden Spielimpulse, -bedürfnisse und -handlungen in der Zone der nächsten Entwicklung zu verorten, um die Realisierung der darin enthaltenen Lernpotenziale zu unterstützen. Das erfordert ein sensibles und kompetentes Eingehen auf die sehr komplexen Spielprozesse und schließt bildungsstufenübergreifende Angebote ein. Solche werden in den Familien intuitiv und immer häufiger auch semiprofessionell vorgehalten, indem die Eltern bzw. auch die älteren Geschwister zeitliche und sozialräumliche Möglichkeiten zum Spielen in „normalen" (z. B. Wohnzimmer und Küche) und häufig auch vorbereiteten Umgebungen schaffen, Interaktionsprozesse zwischen den Gleichaltrigen anregen sowie als kompetente Personen präsent sind und sich ggf. direkt an den kindlichen Spielaktivitäten beteiligen.

(Literaturnachweise/-empfehlungen am Schluss von Kap. 6.4)

6.4 Öffentliche Spielplätze als soziale Bildungsorte und Bildungsarrangements

Was bezogen auf die familiären Spielräume angedeutet wurde, gilt selbstverständlich in besonderem Maße für die öffentlichen, zumal wenn sie wie der Kindergarten institutionell verankert sind: Sie sind u. a. gekennzeichnet durch eine **relative pädagogische Autonomie**. Nun wird zumindest in einigen pädagogischen Spielplatzanalysen auf die *Ambivalenz* dieses sozialen Bildungsraumes hingewiesen, dass nämlich die Gefahr nicht zu übersehen ist, dass die relative Autonomie der pädagogischen Handlungsfelder – hier der Spielplätze – in eine **Isolation** umschlagen kann, also einen weitgehenden Ausschluss der Kinder (und Jugendlichen) aus den sozialräumlich verankerten Netzwerken und Lebenswelten (vgl. z.B. Fritz 1991, S.107ff; Mogel 2008, Kap. 3.4.4–3.4.6; Renner 1997, Kap. 3.5.2). Und gewiss haben viele Spielplätze einen solchen Ghettocharakter. Deshalb sollte, ja muss, viel pädagogische Arbeit darauf verwendet werden, diese wechselseitige Entfremdung in angemessener Weise aufzubrechen und perspektivisch zu überwinden. Es kann und sollte aber einerseits nicht übersehen werden, dass Spielplätze als Begegnungsorte auch jetzt schon eine wichtige Gelegenheit sind, die Eingeschlossenheit der rein privaten Familienerziehung (wozu auch die Spielplätze im eigenen Garten sowie die halböffentlichen in den Innenhöfen von Wohnblocks gehören) zu überschreiten und so ein für viele Kinder erstmaliges Spannungsverhältnis von öffentlichen und *privaten* Lernräumen zu schaffen, an dem sie sich produktiv abarbeiten können. Andererseits sollen die Kinder auf den Spielplätzen ja auch nicht den sozialräumlichen und lebensweltlichen Ungleichheits-, Fragmentierungs- und Ausgrenzungsprozessen der gegenwärtig dominierenden Gesellschaftsstrukturen unterworfen werden, sondern ihnen als praktische Kritik daran und trotz ihrer zunehmenden Massivität, Bildungs-, Lern- und Erholungsräume angeboten und zugestanden werden, die sich bewusst als verantwortbare **sozialräumliche** und **lebensweltliche Gegenwelten** mit einem spezifischen *sozialen Eigensinn* verstehen. Wie man dem stadtplanerisch, aber auch pädagogisch-sozial gerecht werden kann, das soll nun

6.4 Öffentliche Spielplätze als soziale Bildungsorte

dargestellt werden, wobei es sich dabei um eine Mischung aus *exemplarischer Bestandsaufnahme* und *ausgewählten Reformoptionen* handelt; Vollständigkeit wird selbstverständlich nicht angestrebt (vgl. Deridder 2008; Hünersdorf 2015; Kessl/Reutlinger 2013; Krause/Braun 2017; Lange/Stadelmann 2001; Meyer 2009; und ergänzend Wassong 2007).

6.4.1 Nicht professionell betreute öffentliche Spielplätze

Es gibt z. B. in der Großstadt Magdeburg annäherungsweise 100 öffentliche Spielplätze. Hinzu kommen Bolzplätze, Wasser-, Indoor-, Abenteuer- und Mehrgenerationenspielplätze, Freizeitparks, Rodelberge, Skateplätze, Tischtennisplatten und ein Kletterpark. Sie sind – wie in anderen Städten auch – hinsichtlich ihrer ökologischen, sozialen und pädagogischen Qualität (also bezogen auf den Erlebnis-, Handlungs- und Erkenntniswert, den Wirklichkeitsbezug und die Kreativität) recht unterschiedlich. Die allermeisten Spielplätze sind dabei fast jederzeit öffentlich zugänglich und hier ist auch kein pädagogisches Personal (ständig) aktiv. Weit verbreitet bzw. typisch sind:

1. Zunächst einmal sind die **traditionellen Gerätespielplätze** zu nennen, deren Minimalausstattung in der Regel aus Schaukel, Rutsche, Wippe, Karussell, Sandgrube und Klettermöglichkeiten bestehen. Diese Geräte sind fest installiert und lassen nur sehr schwer Veränderungen zu, zumindest sind sie nicht intendiert. Die relative Eindeutigkeit – oder deutlicher: Eintönigkeit – der Gerätespielplätze wird von den Kindern faktisch auf sehr vielfältige Weise unterlaufen und führt so statt zu einer *mono-* zu einer *multifunktionalen* **Aneignung der Spielgeräte** und **ihres Umfeldes**. Wenn z. B. ein Sandbagger zum Befördern von Sand unbrauchbar, weil er zu schwer und zu unbeweglich ist, dann kann er aber „zweckentfremdet" genutzt werden, nämlich zum Herumklettern, also für Bewegungsspiele. Auch Sandtische sind manchmal alles andere als „praktisch" und fordern ebenfalls die Umdeutungsphantasien der Kinder heraus: Sie werden dann z. B. umgestaltet zu einem „Gefängnis" für das „Räuber- und-Gendarm-Spiel", werden also im Medium eines Rollenspiels angeeignet. Diese Umdeutungen bzw. Umnutzungen haben die bedeutsame Konsequenz, dass an einem *einheitlichen Ort*, dem Spielplatz, eine *Vielzahl* unterschiedlicher bis gegensätzlicher Spiel-*Räume* anzutreffen sind.
2. Eine weitere Gruppe sind **ungenutzte Spielplätze**. Das kann verschiedene objektive Ursachen und intersubjektive Gründe haben (dass sie vormittags meist leer sind, ist selbstverständlich, denn dann sind die meisten Kinder in

öffentlichen Einrichtungen, wobei die Kindergartengruppen ggf. geschlossen bestimmte Spielplätze aufsuchen):
- Zunächst einmal gibt es in manchen Wohngebieten immer weniger Kinder (weil z. B. eine Plattenbausiedlung stark rückgebaut oder vorrangig abgerissen wird bzw. gerade die jungen Familien hier ausgezogen sind).
- Ein Teil der Kinder spielt (ggf. auch mit anderen, „fremden" Kindern) vorrangig im Garten des Einfamilienhauses (dort finden sich manchmal gut ausgerüstete private Spielplätze). Hier besteht natürlich die Gefahr des milieubezogenen sozialen Ein- bzw. Ausschlusses („Spiel nicht mit den Schmuddelkindern.")
- Manchmal sind die Anwohner auch nicht sehr kinderfreundlich und beschweren sich darüber, dass Kinder beim Spielen eben Lärm machen, behandeln die Kinder extrem unfreundlich oder rufen sogar die Polizei – und dies, obwohl durch die Novellierung des Bundesimmissionsgesetzes seit 2011 „Kinderlärm" auch juristisch erlaubt ist.
- Andere Ursachen sind das starke Verkehrsaufkommen oder die hohen Geschwindigkeiten auf den Zugangswegen (bzw. kreuzen diese die Wege zum Spielplatz), so dass weder die Eltern noch ihre Kinder sich diesen Gefährdungen aussetzen wollen.
- In manchen Fällen ist der Spielplatz auch ökologisch ungünstig angelegt und wird gerade von schlechtem Wetter (etwa durch starken Zugwind) besonders betroffen und deshalb dann oder auch generell nicht (gerne) aufgesucht wird (zumal wenn entsprechende Unterstellmöglichkeiten oder andere Schutzräume fehlen).
- Immer wieder sieht man aber auch Spielplätze, die tatsächlich nicht sehr anregend sind und z. T. sogar einen trostlosen bis verwahrlosten Eindruck machen. Das wird besonders dann deutlich, wenn in der Nähe „abenteuerliche", also interessantere Spielplätze erreicht werden können.
- Es gibt aber auch ein ganz anderes Phänomen, nämlich den *Spielplatztourismus*, dass also Eltern mit ihren (meist jüngeren) Kindern quer durch die Stadt fahren und Spielplätze aufsuchen, weil sie besonders ansprechend, vielfältig nutzbar und mit Sitzmöglichkeiten für die Erwachsenen ausgestattet sind (und es günstige Parkmöglichkeiten gibt – zum Leidwesen der Anwohner).
- Nicht zuletzt ist auf Konflikte zwischen (jüngeren) Kindern und (älteren) Jugendlichen zu verweisen, wo letztere – als Folge ihrer Verdrängung aus den öffentlichen Räumen – den Spielplatz besetzten und die Kinder verdrängen. Diese Konflikte können nur dadurch abgebaut werden, dass auch den Jugendlichen öffentliche Frei- und Begegnungsräume zugestanden werden.

Alle diese und weitere Ursachen und Gründe verweisen auf die Notwendigkeit der pädagogischen Qualitätsentwicklung und -kontrolle auch bezogen auf die Spielplätze, also u. a. auf ihre angemessene sozialräumliche Platzierung in möglichst geringer Entfernung von den Wohnräumen, ihre multifunktionale Ausgestaltung und Nutzbarkeit, auf die zivilgesellschaftliche Verantwortung für die solidarische psychosoziale Konfliktbearbeitung und -lösung und nicht zuletzt auf die öffentliche Akzeptanz von öffentlichen Spielräumen. Genau diese kann sich eben nicht auf die privilegierten bzw. isolierten Spielorte beschränken, sondern muss stadtplanerisch auch Straßen und Plätze einbeziehen (z. B. durch verkehrsberuhigte Zonen und autofreie Zeiten oder auch explizite Spielstraßen) und sie müssen auch deren Umfeld zum Spielen freigeben. Letzteres machen die Kinder bereits eigenständig, indem sie sich häufig nicht auf dem Spielplatzareal aufhalten, sondern inden angrenzenden Büschen und Hecken spielen. Ähnliches kann man z. B. am Rande von Parkplätzen und vergleichbaren Anlagen beobachten und nicht zuletzt auf unbebauten Grundstücken bzw. in Bau- oder Industrieruinen (letztere werden aber von den Jugendlichen bevorzugt, nicht zuletzt von den Graffitissprayern).

3. Unter den nichtbetreuten öffentlichen Spielplätzen nehmen die **Naturspielplätze** eine gewisse Sonderstellung ein, denn es geht ihnen um eine „Symbiose" aus Natur, Erholung, Sport und Unterhaltung, Kunst (i. w. S. d. W.) und eben auch Spiel. Auf dem eigentlichen naturnahen Spielgelände werden dann z. B., eingebettet zwischen üppig bewachsenen Erdwällen, mehrere Holzgerüste zum Klettern und Balancieren, Schaukeln der unterschiedlichsten Art sowie mehrere Rutschen installiert. Auffällig ist allerdings auch in diesem Fall, dass die Spielgeräte bei den Kindern eher auf wenig Interesse stoßen. Manchmal spielen einige Kinder mehrere Minuten auf den Gerüsten Fangen, verlieren dann aber das Interesse daran und fangen an, das nichtgestaltete Gelände der Umgebung zu erkunden. Sie ziehen sich z. B. an einen steilen Hang zurück, auf den sie mit wachsender Begeisterung versuchen heraufzulaufen und rückwärts „auf allen Vieren" oder einfach auf dem Po herunterzurutschen. Motiv: „Hier kann man sich schön dreckig machen. Überhaupt finde ich, dass man hier mehr machen kann." Dabei finden hier nicht nur *Bewegungsspiele* statt, die weitgehend von der natürlichen Umgebung und ihren „Urelementen" Wasser, Luft und Erde bestimmt werden, sondern auch *Explorationsspiele*. Auffällig ist nämlich, dass es zwischen den Bäumen und Büschen zahlreiche „inoffizielle", in gewisser Weise sogar „geheime" Wege und Trampelpfade gibt, womit das Spielgelände über die explizit vorhandenen Grenzen hinaus ausgedehnt wird, wo sich häufig Büsche befinden, in denen man sich verstecken kann und wo u. a. *Rollenspiele* (z. B. „Vater-Mutter-Kind" oder „Onkel-Doktor") beobachtet werden können.

6.4.2 Professionell betreute Spielplätze

Die allermeisten öffentlichen Spielplätze sind gegenständlich-sachlich geplante, jederzeit zugängliche Spielorte, wo es nur eine sehr begrenzte Anzahl von Vorschriften gibt und deren jeweiligen Bildungsarrangements von den BenutzerInnen (Kindern, z. T. auch ihren Eltern) bestimmt werden. Nur eine kleine Minderheit ist professionell nicht nur in besonderer Weise baulich und gerätemäßig ausgestaltet, sondern bietet auch spezielle Bildungsarrangements an. Zwei Typen sollen exemplarisch vorgestellt werden.

1. Hier sind zunächst die **Bauspielplätze** oder auch **Abenteuerspielplätze** zu nennen. Sie sind sozialräumlich meist großzügig dimensioniert und auf ihnen finden die Kinder u. a. eine Feuerstelle, eine Schmiede mit Esse, einen großen Budenbaubereich sowie Tiergehege mit Haus- und Laufenten, Gänsen, Hühnern, Ziegen, Kaninchen und Meerschweinchen. Gerade sie regen die Kinder in spielerischer *und* realer, also „halb-ernster" Weise zum pfleglichen und verantwortungsvollen Umgang mit Lebenswesen aller Art und damit auch mit sich selbst und dem eigenen Körper an. Ferner gibt es z. B. eine Holz- und eine Fahrradwerkstatt und nicht zuletzt (besonders für die Erwachsenen) eine Teeküche. Schon diese Aufzählung macht deutlich, dass hier die *Multi*-Funktionalität bereits das Grundprinzip der baulichen Gestaltung und der sachlichen Ausstattung ist. Dessen spielerisch-kreative Nutzung wird durch professionelle MitarbeiterInnen ermöglicht, angeregt und unterstützt. Deshalb ist dieser Spielort auch für alle o. a. genannten Stufen der Spielentwicklung offen, d. h., die verschiedenen Alters- und Bildungsstufen können ihren jeweiligen Spielbedürfnissen und -fähigkeiten weitgehend frei nachgehen und dabei stets auf professionelle Unterstützung zurückgreifen, wenn sie diese wünschen. Dabei haben die *Konstruktions-* und *Kooperationsspiele* eine herausragende Bedeutung, also die aktive, auch umgestaltende Aneignung der „Logiken" der gesellschaftlich-gegenständlichen Bedeutungsstrukturen (z. B. der physikalischen Gesetze des Hausbaus, die bis zu einem gewissen Grade auch beim Bau von Buden, speziell von Baumhäusern, beachtet werden müssen). Das geschieht durch ein ganzes Spektrum von Tätigkeiten: Im Zusammenhang mit dem *Budenbau* trifft man Kinder an, die nur wahllos Dinge befestigen und überall Nägel eingeschlagen. Andere lassen ihrem momentanen Gestaltungsdrang freien Lauf, erproben ihre handwerkliche Geschicklichkeit, versuchen sich an der Lösung von konstruktiven Problemen und eignen sich spielerisch technische Kenntnisse und Fähigkeiten an. Wieder andere haben sich richtige Projekte vorgenommen und sich dafür längerfristig und in größeren Gruppen zusammengeschlossen, um sie umsetzen zu können.

6.4 Öffentliche Spielplätze als soziale Bildungsorte

Manche wollen eher zerstören, was dann zu *Regelkonflikten* mit den „KonstrukteurInnen" führt (Achtung und Schutz von deren „Eigentum"), die manchmal nur mit Hilfe der (Sozial-)PädagogInnen geschlichtet werden können (hierzu wird dann auch auf entsprechende *Rollenspiele* zurückgegriffen).
Ein anderes spannendes Erlebnisfeld ist zumeist das *Feuer*, womit auf fast keinem unbetreuten öffentlichen Spielplatz Erfahrungen gesammelt werden können. Am Lernort Feuerstelle können die Kinder (manchmal auch die Jugendlichen) nicht nur das Unterhalten der Feuerstelle lernen, denn das Feuer wird auch gemeinsam zum Kochen und zum Warmhalten des Essens, zum Backen von Stockbrot und um Fackeln herzustellen genutzt. Es spendet in der kalten Jahreszeit Wärme, lädt immer zu lustigen und manchmal auch ein wenig gefährlichen Experimenten ein und ist stets ein beliebter Treffpunkt für alle Altersgruppen.
2. Ein sehr spezielles Angebot stellen die **Spielmobile** dar. Sie haben eine Doppelfunktion: In Orten und Stadtteilen, wo es keine oder nur völlig inakzeptable Spielmöglichkeiten gibt, bieten sie als mobiles Angebot einen Ersatz für ständige Angebote und können stadtplanerisch dieses Defizit in der wohnbezogenen Infrastruktur deutlich machen. Zum anderen können sie die Angebote vorhandener Spielplätze ergänzen und auf diese Weise einen gewissen sozialen und pädagogischen Innovationsbedarf belegen. Sie sind u.a. ausgestattet mit Fahrgeräten (Rollern, Laufrädern u.ä.), Spielgeräten (Stelzen, Rollbrettern, Tonnen u.a.), Sportspielen (z.B. Ballspielen wie Federball, Jonglage) und Geschicklichkeitsspielen; hinzu kommen manchmal auch Mal- und Bastelsachen oder Utensilien zum Seifenblasen. Die multiprofessionellen Teams sind gerade bei Aktivitäten in „Stadtteilen mit besonderem Erneuerungsbedarf" (traditionell formuliert: in den „Sozialen Brennpunkten") aktiv. Dabei geht es primär darum, ganz unmittelbar, „Hier und Heute" die Spielbedürfnisse der Kinder zu befriedigen, ihnen also auch die Chance zu bieten, ihre eigenen Spielbedürfnisse zu entdecken, sich ihnen immer bewusster zu werden und mit der Steigerung der Anforderungen auch selber zu wachsen, sich also mit Lust und Anstrengungsbereitschaft immer neuen Herausforderungen zu stellen. Dazu bedarf es nicht nur entsprechender „technischer" Hilfsmittel, sondern häufig auch der interaktiven Unterstützung durch „Profis". In diese Arbeit werden aber auch häufig die Eltern und andere Erwachsene einbezogen, denn es kommt auf solchen Spielplätzen immer wieder auch zu Konflikten zwischen Erwachsenen und Kindern bzw. zwischen den Erwachsenen. Manchmal leisten die Spiel- und SozialpädagogInnen dann auch echte Einzelfallhilfe und vermitteln andere Hilfen (insbesondere Sozialpädagogische Familienhilfe).

Definition Spielplätze

Spielplätze sind zumeist öffentliche oder halböffentliche, selten private Räume, die den Kindern in der Mehrzahl der Fälle als informelle, in geringer Anzahl als nicht-formelle Bildungsangebote zur Verfügung stehen. Sie sind charakterisiert durch eine bestimmte Ausstattung an Geräten, die aber häufig „umgenutzt" werden (müssen), um den kindlichen Spielinteressen und -bedürfnissen gerecht(er) zu werden. Bei ihnen sollten die Eigenaktivitäten der Kinder im Zentrum stehen und sich insbesondere die Eltern oder andere Erwachsene mit ihren häufig kontrollierenden „Anregungen" zurückhalten. Bei komplexen Angeboten wie den Abenteuerspielplätzen und den Spielmobilen sind multiprofessionelle Teams zumindest sehr wünschenswert, ggf. unterstützt durch pädagogisch einfühlsame (Groß-)Eltern oder andere Erwachsene.

Literaturnachweise (Kap. 6.2–6.4)

Deridder, Jean-Paul. 2008. Stadt der Kinder, Osterfilden: Hatje Cantz
Einsiedler, Wolfgang. 1994. Das Spiel der Kinder, Bad Heilbrunn: Klinkhardt
Fritz, Jürgen. 1991. Theorie und Pädagogik des Spiels, Weinheim und München: Juventa
Hünersdorf, Bettina. Hrsg. 2015. Spiel-Plätze in der Stadt, Baltmannsweiler: Schneider
Kessl, Fabian und Chr. Reutlinger. Hrsg. 2013. Urbane Spielräume. Bildung und Stadtentwicklung, Wiesbaden: Springer VS
Krause, Susan und K.-H. Braun. 2017. Öffentliche Spielplätze als soziale Bildungsorte und Bildungsarrangements. In: Gilde-Rundbrief (71. Jg.), H. 1. 28-49
Lange, Udo und Th. Stadelmann. 2001. Spiel-Platz ist überall, Neuwied et al. Luchterhand
Maywald. 2013. Die Bedeutung des Spiels für die seelische Gesundheit. In: *ElternBuch*. Hrsg. S. Andresen et al. 132-142, Reinbek: Rowohlt
Meyer, Bernhard. 2009. Die bespielbare Stadt. Die Rückeroberung des öffentlichen Raumes, Aachen: Shaker
Mogel, Hans. 2008. Psychologie des Kinderspiels, Heidelberg: Springer Medizin
Oerter, Rolf. 2011. Psychologie des Spiels, Weinheim und Basel: Beltz
Renner, Michael. 1997. Spieltheorie und Spielpraxis, Freiburg: Lambertus
Retter, Hein. Hrsg. 1991. Kinderspiel in Ost und West, Bad Heilbrunn: Klinkhardt
Spitzer, Klaus et al. 1975. Spielplatzhandbuch, Westberlin: VSA
Sutton-Smith, Brian und Shirley. 1986. Hoppe Hoppe Reiter. Die Bedeutung von Kinder-Eltern-Sielen, München Zürich: Piper
Wassong, Stephan. 2007. Playgrouds und Spielplätze. Die Spielbewegung in den USA und Deutschland 1870–1930, Aachen: Meyer & Meyer

Literaturempfehlungen (Kap. 6.2-6.4)

Fritz, Jürgen. 1991 Theorie und Pädagogik des Spiels, Weinheim und München: Juventa
Hauser, Bernhard. 2013. Spielen. Frühes Lernen in Familie, Krippe und Kindergarten, Stuttgart: Kohlhammer
Hünersdorf, Bettina. Hrsg. 2015. Spiel-Plätze in der Stadt, Baltmannsweiler: Schneider
Kessl, Fabian und Chr. Reutlinger. Hrsg. 2013. Urbane Spielräume. Bildung und Stadtentwicklung, Wiesbaden: Springer VS

6.5 Übergänge III: Von der Familie in die Kindertagesstätte

Während der Übergang z. B. von der Herkunftsfamilie in eine Pflegefamilie im gesellschaftlichen Durchschnitt eine Sonderkonstellation darstellt, ist der Übergang von der Familie in die Kindertagesstätte für die ganz große Mehrheit der Heranwachsenden heute ein regulärer Prozess. Allerdings ist hier alters- und einrichtungsspezifisch zu differenzieren: In einen Kindergarten gehen 94,6 % der 3–6jährigen und in eine Kinderkrippe 32,9 % der 1–2jährigen. Dieser Übergang lässt sich wie folgt charakterisieren (vgl. Hurrelmann/Bründel 2003, Kap. 3.2; Ministerium für Arbeit und Soziales Sachsen-Anhalt 2014, Kap. 3; Spies/ Stecklina 2015, Kap. 4.2.3):

1. Für die große Mehrheit der Kinder ist die Kindertagesstätte die **erste öffentliche Bildungseinrichtung**, die sie besuchen. Sie begegnen dort nicht nur *anderen Kindern*, sondern auch *anderen Erwachsenen*, nämlich pädagogisch qualifiziertem Personal, welches diese Tätigkeit als Beruf gegen Lohn ausübt (sie sind sog. „Lohn-Erzieherinnen" – es sind ja zumeist Frauen). Zugleich begegnen sie einem komplexen *Regelwerk* (nicht nur in Form der Hausordnung). Dazu gehören Anfang und Ende der Betreuungs- und Bildungszeiten, Tages-, Wochen- und Jahrespläne zur einrichtungsspezifischen Realisierung der bildungspolitisch und administrativ festgelegten Bildungspläne, Verhaltensregeln für die Arbeit in den Gruppen (z. B. bezogen auf den Umgang mit Konflikten), Essens- und Ruhezeiten, Bestimmungen über das Ausleihen von Spielmaterialien, Nutzungsbestimmungen für bestimmte Funktionsräume (z. B. die Werkstatt oder das Außengelände). Ferner gibt es diverse „geheime" Lehrpläne, z. B. bezogen auf bestimmte Umgangsformen und Ausdrucksweisen („Wir benutzen hier keine Schimpfworte und auch keine sexistischen Ausdrücke!"), die Förderung besonders beliebter („pflegeleichter") Kinder – oder auch das Gegenteil: von

Kindern mit besonderen Entwicklungsschwierigkeiten, Vorstellungen über angemessene Kleidung, über große oder kleine Spielräume bei der Realisierung bestimmter Aufgaben und Projekte und das Zeigen einer bestimmten Engagiertheit und Anstrengungsbereitschaft (z. B. bei der Vorbereitung der alljährlichen Weihnachtsfeier) usw.

Alles das kennen die Kinder aus der Familie *so* nicht. Manchmal haben ihnen das älterer Geschwister oder Kinder oder auch ihre Eltern erzählt, aber sie haben es noch nicht am eigenen Leib erfahren. So hat dieser Übergang einerseits etwas vom Anfang des **Abschieds** von der Familie, in jedem Fall von der (relativen) Monopolstellung in Sachen Betreuung, Bildung und Erziehung und was den regulären Aufenthaltsort der Kinder über einen längeren Zeitraum angeht. Und dieser Abschied sollte vorbereitet werden, indem die Eltern mit den Kindern über diesen Übergang sprechen, mit dem Kind die vorhandenen Tagesstätten besichtigen und die möglichst für das Kind ansprechendste aussuchen. Das ist angesichts der häufig anzutreffenden Platzknappheit schon recht schwierig und die Kinder werden dann auch erstmals mit landes- und kommunalpolitisch verursachten institutionellen Einschränkungen ihrer Bedürfnisbefriedigungsmöglichkeiten konfrontiert. – Die andere Seite des Übergang ist die **neue Stufe** der **Persönlichkeits-** und **Bildungsentwicklung**, in gewisser Weise der „soziale Aufstieg" vom reinen Familien- zum „Kindertagesstättenkind", besonders zum Kindergartenkind, also zu einem Kind, welches nun nicht nur metaphorisch einer „gesellschaftlich anerkannten Tätigkeit nachgeht". Insofern verändert dieser Übergang nicht nur die familiären Alltagsroutinen (z. B. Beachtung der Öffnungszeiten der Kita), sondern auch der Stellung des Kindes in den familiären Interaktions- und Aushandlungsprozessen. Sie können jetzt z. B. Widerworte geben, wie: „Aber unsere Erzieherin hat gesagt, dass man das so und so macht!" Zugleich erweitert es nun ihren Handlungs-, Kommunikations-, Erlebnis- und Erkenntnishorizont und entwickelt im günstigen Fall auch neue Beziehungsmuster zu und mit anderen Kindern und Erwachsenen.

Einem Teil der Kinder, aber auch ihren Eltern (meist den Müttern) fällt dieser Übergang schwer, besonders wenn sie bisher in symbiotischer Beziehung gelebt haben. Für diese sollte der Übergang fließend gestaltet werden. Dazu können u. a. beitragen eine Serie von vorbereitenden Gesprächen, langsam gesteigerte Anwesenheitszeiten in der Kita und abnehmende Teilnahme eines Elternteils am Kita-Alltag. Mit all dem sind selbstverständlich erhebliche Anforderungen an die soziale Sensibilität und kommunikative Feinfühligkeit auf Seiten der ErzieherInnen sowie an die flexible Organisation des Kita-Betriebes verbunden.

2. Bezüglich der **pädagogischen Ausgestaltung** der Kita gelten selbstverständlich die bisher dargestellten Grundsätze des aktiven Denkraums (Kap. 2.3), der

6.5 Übergänge III: Von der Familie in die Kindertagesstätte

Kinderrechte (Kap. 3.2.3), der Förderung handwerklicher Kompetenzen (Kap. 4.2.1), der Partizipation (Kap. 4.3.2), der interaktiven und dialogischen Unterstützung des (multikulturellen) Spracherwerbs (Kap. 5.2) bzw. der primären und sekundären Prävention von Sprachstörungen (Kap. 5.3) sowie der noch darzustellenden dokumentierenden teilnehmenden Beobachtung (Kap.7) weiterhin und auf dem höheren Niveau der Lernanforderungen der Kinder und der professionellen Förderung ihrer Entwicklung und sie sind in den entsprechenden Rahmenplänen und Einrichtungskonzepten als Ansprüche und Zielsetzungen auch zumeist enthalten. Sie lassen sich übergreifend knapp in folgender Weise bestimmen (vgl. Andresen/Hurrelmann 2010, Kap. 7 u 10; Fried et al. 2003, Teil 2 u. 3; Honig et.al. 2004, Dritter Teil; Tietze et. al 2013, Kap. 3, 4 u.6, Tietze et. al 2017, Kap. 1 u. 2):

a. Die Kindertagesstätte ist zunächst einmal einer der **Lebensräume** der Kinder. Sie sind ein relevanter Teil ihrer Tages-, Wochen, Jahres- und Lebenszeit in dieser Einrichtung und dieser muss den Lebensbedürfnissen der Heranwachsenden soweit wie möglich entgegen kommen. Nur dadurch lernen sie ihren Alltag zu meistern, gewisse Routinen auszubilden, gewisse Fertigkeiten zu erwerben, Einstellungen zu entwickeln usw. Die Kindertagesstätte hat also immer auch die Aufgabe, den Kindern einen günstigen Lebensraum zu bieten, manchmal auch als positive *Alternative* zu bedrückenden Bedingungen und Interaktionsmustern in der Familie und ihrem lebensweltlichen und sozialräumlichen Umfeld. Die Geschichte des Kindergartens seit den Anfängen bei Fröbel 1840 ist immer auch bestimmt durch diesen Schutz- und Betreuungsgedanken; oder traditionell ausgedrückt: Durch seine Fürsorgefunktion. Angesichts der Ausweitung und Vertiefung der psychosozialen Entwicklungsrisiken auch in der (frühen) Kindheit ist diese **Moratoriumsfunktion** keineswegs überholt, ja in gewisser Weise nimmt ihre Bedeutung sogar wieder zu. Und sie ist in gewisser Weise auch die elementare Voraussetzung dafür, dass Kinder überhaupt zum Spielen kommen, weil ihnen Spiel-Räume im doppelten Wortsinne geboten werden.

b. Es war einer der grundlegenden Probleme der traditionellen Fürsorgeerziehung, dass sie autoritär war (und ganz ist sie in einigen Institutionen und Handlungsfeldern der Sozialen Arbeit immer noch nicht überwunden). Das steht aber im Gegensatz zu dem grundlegenden Bildungsanspruch auf Förderung der Selbst- und Mitbestimmungsfähigkeiten und -bereitschaften. In diesem Sinne muss auch der Kindergarten institutionell und interaktiv als ein Lernfeld gestaltet werden, in dem **entwicklungsangemessen Verantwortung übertragen** werden kann, ja muss. Selbstverständlich gibt es da sehr große Unterschiede zwischen Kindern im Alter von einem und von sechs

Jahren. Aber Respekt vor der *Eigentätigkeit* der Kinder ist immer möglich und notwendig. Und dieses wird – um ein prägnantes Bespiel zu nennen – grob verletzt, wenn es feste Tages- und Wochenpläne gibt, innerhalb derer die Kinder sich nicht frei bewegen und entscheiden können. Wenn also z. B. von 10.00 Uhr bis 11.00 Uhr „gemeinsames Spielen" angesetzt wird, obwohl die Kinder viel lieber sich unterhalten oder zurückziehen wollen; oder wenn um 11.00 Uhr die Spieltätigkeit rigide beendet wird, obwohl die Kinder noch „voll bei der Sache" sind. Der „gemeinsame Verantwortungsraum Kindergarten" bezieht sich also zunächst einmal primär darauf, dass seine Organisationsstruktur (besonders der Tagesablauf) wie seine pädagogischen Interaktionsmuster so flexibel sind, dass auf die mehr oder weniger spontanen Neigungen, Wünsche, Schwierigkeiten und Herausforderungen der Kinder möglichst intensiv eingegangen werden kann. Nüchtern betrachtet wird nur eine recht geringe Anzahl der Kindertagesstätten in Deutschland dieser Anforderung gerecht. Damit schränken sie aber auch die Bildungsqualität der Kindergärten deutlich ein.

c. Die Kindertagesstätte ist in dem Sinne immer auch ein eigenständiger Bildungsraum, weil sie der **gesellschaftlich privilegierte Raum des Spielens** und der bewussten, professionellen pädagogischen Spielförderung ist. Dabei verschränken sich hier die *informellen* und rein *selbsttätigen*, im Alltag eingelassenen Spielprozesse, mit den *nicht-formellen,* aufgrund von pädagogischen Überlegungen vorgehaltenen Angeboten der Einrichtung (wie sie auch teilweise durch die Bildungspläne normiert sind). Dabei kommen alle die in Kap. 6.1 und 6.2 dargestellten Spielformen und Grundsätze zum Tragen. Deshalb kann ich mich hier auf eine Warnung beschränken: Im Zusammenhang mit der PISA-Debatte hat die Aufmerksamkeit für die vorschulische Bildung und Erziehung erheblich zugenommen (was man auch an der Bereitschaft erkennen kann, die Ausbildung der in Kindertagesstätten tätigen PädagogInnen zu akademisieren). Das ist einerseits erfreulich, weil damit ein vertieftes Nachdenken über diesen Bildungsabschnitt verbunden war und ist. Es hat aber – wie schon die Wortwahl deutlich macht – die nicht unerhebliche Neigung gegeben (und gibt sie heute noch), die *vor*-schulische Lernentwicklung an den *schulischen* Lernanforderungen auszurichten und sie damit für Unterrichtszwecke zu instrumentalisieren. Es muss entschieden auf die Paradoxie hingewiesen werden, dass das Spiel seine bildungsgenetische Funktion der Unterrichts-Vorbereitung nur erfüllen kann, wenn es reiner Selbstzweck, wenn es also funktionslos ist! Der Kindergarten darf also nicht in dem Sinne als vorschulische Einrichtung verstanden werden, dass nun alle seine Organisations- und Interaktionsformen, alle seine Ziele und Inhalte auf die Verbesserung der Schulfähigkeit – und das heißt: Unterrichtsfähigkeit – der Kinder abgestellt werden. Wenn man die verschiedenen Bildungspläne durchgeht, die die Bundesländer für diese Einrichtungen erlassen haben und deren Verbindlichkeitsgrad erheblich gesteigert worden ist, dann wird sehr schnell deutlich, wie groß diese Gefahr ist. Und diese Neigung wird durch einen nicht geringen Teil der Eltern („Die Kinder sollen schon richtig was lernen!") und einen erheblichen Teil der öffentlichen Meinung („Wofür geben wir denn so viel Geld dafür aus, wenn die später in der Schule nicht besser sind!") massiv unterstützt. Nur wenn dieser Eigensinn der spielerischen Weltaneignung und Selbstentfaltung geschützt und gefördert wird, nur dann haben die Kinder die Chance, schrittweise die Fähigkeiten und Bereitschaften zu erwerben, um den Übergang zur Unterrichtsförderung aktiv und motiviert zu bewältigen. Deshalb sind wir ja auf die Entwicklungsstufe des *Lernspiels* eingegangen, weil genau hier dieser Übergang vorbereitet wird. Sie kann aber nur erreicht werden, wenn die Entwicklungspotentiale der vorhergehenden Stufen weitgehend entfaltet werden konnten. – Im Übrigen sei noch darauf verwiesen, dass es eine Reihe von Schulgesetzen gibt, die für die beiden ersten Jahre der Grundschule die Kombination der *spielerischen* und *unterrichtlichen* Entwicklungs- und Lernförderung normiert haben.

(Literaturnachweise/-empfehlungen nach Kap. 6.6)

6.6 Übergänge IV: Vom Kindergarten in die gemeinsame Grundschule

Auch wenn der Kindergarten heute schon ein Bestandteil des *institutionalisierten Lebenslaufs* geworden ist, so hat der Übergang in die Grundschule (mit 4 bzw. 6 Jahrgangsstufen) doch eine neuartige Qualität für die Kinder und ihre Eltern, die besonders von den Heranwachsenden *biografisch* auch *bewältigt* werden muss (auf die Schule als gesellschaftliche Institution und besonderen pädagogischen Lernraum wird erst im 2. Band dieser „Entwicklungspädagogik" näher eingegangen). Sie lässt sich wie folgt charakterisieren (vgl. Closs u. a. 2013; Hurrelmann/Bründel 2003, Kap. 3.3; Kaiser 2007, Modul 2 u. 5; Knauf 2001, Kap. 2 u. 6; Spies 2015):

1. Es besteht in Deutschland keine Pflicht, den Kindergarten zu besuchen. Wohl aber gibt es eine Schulplicht (und nicht nur eine Unterrichtspflicht) ab dem 6. Lebensjahr. Damit nehmen die Kinder an für sie neuen, nämlich **formellen**

Lernprozessen teil, die in der organisatorischen Gestaltung geregelt werden durch die *innere* Schulverwaltung (durch die Kultusministerien) und die äußere (durch die Schulträger). Das betrifft besonders die Einzelschule in einem Schuleinzugsgebiet, die Klassenbildung in Jahrgangsstufen (manchmal auch mit jahrgangsübergreifendem Unterricht), die verpflichtenden Lehrpläne mit unterschiedlichen Unterrichtsfächern, die Schulstunden, die formalisierten Verfahren der konkurrenzorientierten Feststellung und Bewertung erbrachter Leistungen und die verbindlichen Relationen zwischen Abschlüssen und Zugangsberechtigungen zu weiterführenden Bildungsgängen.
2. Das zentrale Medium der Lernförderung ist nun der **Unterricht** als neue Dimension der Selbstentfaltung durch Weltaneignung. Als *guter* Unterricht nimmt er nicht nur die spielerisch geförderten Kompetenzen, Neigungen und Bereitschaften auf, sondern auch die weiterhin bedeutsam informellen und nicht-formellen Lernprozesse. Das geschieht am günstigsten, wenn er
    - *exemplarisch* verfährt: Erarbeitung von Struktureinsichten an genau ausgesuchten und gründlich durchgearbeiteten Einzelfällen – statt der gängigen Stofffülle;
    - wenn er *genetisch* ausgerichtet ist: mit den Stufen materielle, dann materialisierte [darstellende], dann sprachliche Handlung, kombiniert mit materiellen/materialisierten Handlungen, schließlich sprachliche Handlung allein und dann inneres Sprechen [Denken] – als Alternative zum traditionellen Sprachzentrismus;
    - und wenn er sich *sokratisch* versteht im Sinne einer dialogischen, auf offener Frage- und Antwort-Kommunikation beruhender Unterrichtsführung – statt als reiner Frontalunterricht.

    Im günstigen Fall werden im Anfangsunterricht spielerische und unterrichtliche Förderungselemente sowie Angebots- und Situationsorientierung miteinander verschränkt.
3. Für den eigentlichen Übergangsprozess sind von Bedeutung (vgl. Kramer/ Helsper 2013, Kap. 1 sowie S. 593f u. 600f):
    a. Zunächst einmal gibt es verschiedene Verfahren der **Schuleingangsdiagnostik**, welche die Lernausgangslagen ermitteln, speziell im Bereich der motorischen, mathematischen, sprachlichen und schriftsprachlichen Kompetenzen. Hierzu werden im günstigen Fall auch die KindergärtnerInnen und ihre Entwicklungsberichte einbezogen. Diesbezüglich werden schon beim Beginn der Schulkarrieren erhebliche **Bildungsungleichheiten** als negatives Zusammenspiel von familiären, institutionellen, lebensweltlichen und sozialräumlichen Entwicklungsbedingungen deutlich.

6.6 Übergänge IV: Vom Kindergarten in die gemeinsame Grundschule

b. Auf dieser Grundlage wird dann der **flexible Einschulungszeitpunkt** festgelegt. Er ermöglicht zwei Abweichungen: Die Kinder können *früher* eingeschult werden (das geschieht eher bei Mädchen als bei Jungen). Die damit verbundene Annahme einer überdurchschnittlichen Leistungsfähigkeit bestätigt sich aber in einer Reihe von Fällen nicht, weshalb die Wahrscheinlichkeit der Klassenwiederholungen in dieser Gruppe steigt. Umgekehrt führt eine *spätere* Einschulung, auch wenn es sich dabei zumeist um leistungsschwächere SchülerInnen handelt, nicht zur Steigerung der Wahrscheinlichkeit von Klassenwiederholungen. Beide Abweichungen von der Altersnorm sind seit einigen Jahren rückläufig (bei großen Unterschieden zwischen den Bundesländern). Diese Befunde weisen auf die Bedeutung der pädagogischen Qualität der schulischen Lernförderung hin, wozu nicht nur der Unterricht, sondern auch ein anspruchsvolles Schulleben gehört. Beide Komponenten sind in der Lage, Bildungsungleichheiten zumindest abzumildern.

c. Zur Vorbereitung auf den Übergang haben sich intensive **Kooperationsbeziehungen** zwischen den abgebenden **Kindergärten** und den aufnehmenden **Grundschulen** als besonders günstig erwiesen. Sie wurden 2005–2009 von der Bund-Länder-Kommission „TransKiGs" gefördert. Hier erwies es sich als sehr positiv, wenn die Kindergartenkinder bereits recht früh ihren neuen Lernort, seine Gebäude und Räume und besonders dessen Personal kennenlernen können; und umgekehrt die LehrerInnen ihre zukünftigen SchülerInnen (sie sind dann eben nicht mehr „nur" Kinder). Dazu bedarf es aber der institutionellen Ermöglichung und Absicherung der entsprechenden interaktiven Austauschprozesse. Hierzu können u. a. der Abschluss von Kooperationsverträgen und -kalendern, die Organisation gemeinsamer oder doch zumindest aufeinander abgestimmter Übergangsangebote für die Kinder und ihre Eltern sowie verstärkte Elternarbeit, gemeinsame Fortbildungen für die Fach- und Lehrkräfte und Institutionsberatungen, institutionsübergreifende Tandems – ggf. unterstützt von externen ModeratorInnen – Entwicklung gemeinsamer Beobachtungsverfahren und Austausch der entsprechenden Ergebnisse (vgl. dazu auch das abschließende Kap. 7) und darauf sich stützende individuelle Bildungsbegleitung der Kinder dienen.

d. Diese Kooperationsbeziehungen müssen allerdings inhaltlich von einer **übergreifenden Übereinstimmung** bezüglich der zentralen Bildungs- und Erziehungsaufgaben der öffentlichen Erziehung von Kindern (und Jugendlichen) getragen werden. Neben der sozialräumlichen, der lebensweltlichen und der öko-systemischen Ausrichtung können auch die hier vorgestellten Entwicklungsaufgaben ein solcher Konsensrahmen sein. Und er könnte gefördert werden durch *SchulsozialarbeiterInnen*, (ggf. auch HorterzieherInnen), sofern solche an der Grundschule tätig sind.

Definition Kindertagesstätten

Die Kinderstätten sind für fast alle Kinder der pädagogisch-soziale Übergangsraum von der privaten zur öffentlichen Bildung und Erziehung und damit ein Bestandteil des institutionalisierten Lebenslaufes. Sie schließen an die informellen Lernprozesse in der Familie und den Peers an und verschränken sie systematisch mit ihren eigenen nicht-formellen institutionalisierten Lernangeboten, ggf. solche außerhalb der Kindertagesstätten (z. B. in Vereinen) einbeziehend. Sie sind der gesellschaftlich privilegierte Ort des Spielens bzw. der bewussten, professionell angeleiteten Spielförderung. Sie haben eine Moratoriums- und Schutzfunktion in Bezug auf einschränkende Faktoren im Alltagsleben der Kinder und gegenüber den perspektivischen schulischen, zumeist um den Unterricht zentrierten Anforderungen. Sie können den Übergang in die Grundschule nur dann angemessen vorbereiten, wenn sie ihren eigenständigen, nicht von den Unterrichtsprozessen her begründeten („abgeleiteten") Bildungs- und Erziehungsauftrag so umfassend wie interaktiv und institutionell möglich erfüllen. Dazu gehört auch die Beachtung und möglichst weitgehende Kompensation von schon bestehenden Bildungsungleichheiten aufgrund widriger Bedingungen in den Familien und ihrem näheren und weiteren sozialräumlichen und lebensweltlichen Umfeld. Dazu dient auch die pädagogisch abgestimmte vorbereitende Kooperation zwischen Kindergärten und Grundschulen.

Literaturnachweise

Andresen, Sabine und K. Hurrelmann. 2010. Kindheit, Weinheim und Basel: Beltz
Cloos, Peter et al. 2013. Der Übergang vom Kindergarten in die Grundschule. In: Schroer et al. 547-567
Fried, Lilian et al. 2003. Pädagogik der frühen Kindheit, Weinheim und Basel: Beltz
Honig, Michael-Sebastian. 2004. Was ist ein guter Kindergarten?, Weinheim und München: Juventa
Hurrelmann, Klaus und H. Bründel. 2003. Einführung in die Kindheitsforschung, Weinheim u. a.: Beltz
Kaiser, Astrid: Hrsg. Grundschulpädagogik in Modulen, Baltmannsweiler: Schneider

Knauf, Tassilo. 2001. Einführung in die Grundschuldidaktik, Stuttgart u. a.: Kohlhammer
Kramer, Rolf-Torsten und W. Helsper. 2013. Schulische Übergänge und Schulbiografien. In: Schroer u. a. 2013. 589-613.
Ministerium für Arbeit und Soziales Sachsen-Anhalt. 2014. Bildungsprogramme für Kindertageseinrichtungen in Sachsen-Anhalt, Weimar Berlin: das netz
Schroer, Wolfgang et al. Hrsg. Handbuch Übergänge, Weinheim und Basel: Beltz Juventa.
Spies, Anke. 2015. Die Transition vom Kindergarten in die Grundschule. In: Öffentliche Erziehung im Strukturwandel. Hrsg.: K. Wetzel, 33-52, Wiesbaden: Springer VS
Spies, Anke und G. Stecklina: Pädagogik, München Basel: Reinhardt
Tietze, Hartmut et al. 2013. Nationale Untersuchung zur Bildung, Betreuung und Erziehung in der frühen Kindheit (NUBBEK), Weimar Berlin: das netz
Tietze, Hartmut et al. 2017. Pädagogische Qualität entwickeln, Weimar: das netz

Literaturempfehlungen

Blossfeld, Hans-Peter et al. 2012. Professionalisierung in der Frühpädagogik, Münster: Waxmann
Fried, Lilian et al. 2003. Pädagogik der frühen Kindheit, Weinheim und Basel: Beltz
Tietze, Hartmut et al. 2017. Pädagogische Qualität entwickeln. Praktische Anleitung und Methodenbausteine für die Arbeit mit dem Nationalen Kriterienkatalog, Weimar: das netz

Teilnehmende Beobachtung komplexer pädagogischer Entwicklungsverläufe 7

Zusammenfassung

In diesem kurzen abschließenden Kapitel werden einige Hinweise gegeben, wie die bisher dargestellten personalen Entwicklungsprozesse und die pädagogischen Methoden ihrer Förderung dokumentiert werden können. Im Zentrum steht die teilnehmende Beobachtung, die sowohl die Bedingungen wie auch die interpersonal eingebundenen Verlaufsformen der pädagogisch relevanten Entwicklungsverläufe intersubjektiv überprüfbar zu erfassen vermag. Nach Darstellung der wesentlichen methodischen Grundsätze (Kap.7.1) werden eine ganze Reihe von methodisch-technischen Hinweisen und „Ratschlägen" gegeben, wie solche Dokumentations- und Diskussionsverfahren praxisnah gestaltet werden können.

In allen pädagogischen Handlungsfeldern ist der Bedarf angewachsen, die eigene Arbeit in angemessener Weise und mit den sog. AdressatInnen zu reflektieren. Dies ist in §79a SGB VIII als Verpflichtung zur Qualitätskontrolle auch normiert. Und diese verschränkt sich zunehmend mit bestimmten Aufgabenfeldern der Evaluations- und Bildungsforschung (vgl. Edelmann et al. 2012, Kap.10). Dazu also nun abschließend und in gebotener Kürze einige Überlegungen und Hinweise (vgl. König et al. 2015, Teil B; Leu et al. 2012, S. 65ff, 139ff u. 159ff; Leu/v.Behr 2013, Kap.1 u. 3-7):

7.1 Teilnehmende Beobachtung als Methode der pädagogischen Praxisforschung

Die teilnehmende Beobachtung ist zunächst einmal eine übergreifende *wissenschaftliche* Forschungsmethode (vgl. Friebertshäuser 1997; Kardorff/Schönbeger 2010; Rosenthal 2008, Kap. 4). Als spezielle **Praxisforschungsmethode** (im weiten Sinne) lässt sie sich u. a. von folgenden Grundsätzen leiten:

1. Die **Teilnahme** macht die unmittelbare Einbeziehung in die Praxis (etwa eines Gemeinwesenzentrums oder einer Kindertagesstätte) notwendig; die **Beobachtung** erfordert zugleich eine gewisse Distanz, um sich die gemachten Erlebnisse und Beobachtungen zu vergegenwärtigen, sie festzuhalten (z. B. durch Notizen, die man sich im Vorbeigehen macht) und durch nachfolgende Überlegungen („was da eigentlich passiert ist", warum es z. B. zu einem Konflikt zwischen zwei Jungen gekommen ist) in einen Zusammenhang zu stellen.
2. Bei einer Entwicklung fließt zwar vieles, aber eben auch nicht alles. Es gibt also einen bedeutsamen, wenn auch nicht gradlinigen Zusammenhang zwischen **Prozess** und **Produkt**. Und dies in mehrfacher Hinsicht, denn das Produkt kann eine psychische Gestalt annehmen (z. B. eine bestimmte Einstellung, eine bestimmte Lernleistung) oder eine interaktive (z. B. eine bestimmte Gruppenbildung) oder auch direkt materielle (z. B. das gemeinsam gebaute Klettergerüst auf dem Gelände der Kita). Das Resultat einer Entwicklung, wie auch ihr Verlauf, ist gleichermaßen von Interesse für die Verbesserung der eigenen pädagogisch-sozialen Arbeit.
3. Solche Entwicklungen haben immer eine **kognitive** und eine **emotional-motivationale** Seite – und das gilt sowohl für die Kinder und Jugendlichen als auch für die beteiligten Erwachsenen, speziell die PädagogInnen. Beide müssen *gleichwertig* erfasst und reflektiert werden; auch die pädagogische Arbeit mit Heranwachsenden darf sich nicht auf die Bedürfnisseite beschränken und die Leistungsseite einfach der Grundschule oder bestimmten Angeboten der Kindertagesstätten überlassen. Und die PädagogInnen müssen auch sich selbst in ihren pädagogischen Überzeugungen und ihren Bindungen an die Kinder und Jugendlichen immer wieder selbstreflexiv in Frage stellen (ob sie z. B. nicht doch unter der Hand bestimmte Kinder privilegieren und andere nur unter Defizitaspekten betrachten und behandeln).
4. Entwicklungen verlaufen nicht gradlinig, weshalb pädagogische Kommunikation immer etwas Anarchisches hat. Das spricht nicht dagegen, sich einen **Plan** zu machen dafür, *was* man *wann*, unter *welchen Bedingungen* und mit *welchen Gruppen* durch teilnehmende Beobachtung erfassen will (dazu mehr in Kap.

7.2), aber man muss immer wieder auf „**Überraschungen**" nicht nur gefasst sein, sondern sich über sie freuen, denn es sind ja gerade diese Unwägbarkeiten, die neue Einsichten ermöglichen und der Praxis neue Impulse geben (wenn z. B. ein Kind, was bisher auf einem Spielplatz immer eher alleine und isoliert war, bei einem Projekt des Spielmobils auf einmal aus sich herausgegangen ist, Feuer und Flamme war und intensiv mit den anderen Kindern getobt und gelacht hat).

5. Teilnehmende Beobachtung ist Teil des umfassenden **pädagogischen Dialogs** und vermeidet so weit wie irgend möglich Überlegenheitsansprüche gegenüber den Kindern und Jugendlichen wie auch ihren Eltern und anderen Erwachsenen. Das erfordert gewiss viel flexible kommunikative Kompetenzen, um sich auf ganz verschiedene Milieusprachen einzulassen (hier können Erfahrungen und Konzepte aus der Familienhilfe, -beratung und -bildung hilfreich sein; vgl. Kap. 3.2.1, 4.2 u. 5.2), besonders aber auch die Fähigkeit und Bereitschaft der PädagogInnen zur Selbstreflexion, zum kritischen Hinterfragen ihrer eigenen Denk- und Handlungsweisen und deren emotionaler Bewertung.

7.2 Pragmatische Regeln für die teilnehmende Beobachtung

Diesbezüglich sind von Interesse die Beobachtungsverfahren, die technischen Forschungsmedien und die Anforderungen an eine sachgerechte Interpretation (vgl. Bamler et al. 2010, Kap. 4, 5 u. 7; Bodenburg/Kollmann 2014, Kap. 3.4; Heinzel 2000, S.147-202; Honig et al. 1999):

1. Man kann zwar prinzipiell alles zum Gegenstand teilnehmender Beobachtungen machen, aber man kann das nicht alles jederzeit tun. Deshalb muss man sich in den jeweiligen Institutionen und Gruppen Gedanken zu den jeweiligen **Beobachtungsschwerpunkten** machen. Diesbezüglich können folgende Hinweise hilfreich sein:
   a. Zunächst einmal darf die **Ganzheitlichkeit** der Betrachtungsweise und damit die Beachtung der Komplexität und Widersprüchlichkeit von Bildungsprozessen nicht ein leeres Versprechen bleiben, sondern sie muss stets präsent gemacht werden. Es geht also bei Entwicklungen immer u. a. um die Gesamtpersönlichkeit, die offen geäußerten bzw. beobachtbaren oder auch versteckten Gefühle und Bedürfnisse der Heranwachsenden (hier speziell der Kinder), die wechselnden oder stabilen Bindungen und Befindlichkeiten, die Arten des Sprechens und ihre Beziehungen zu den nonverbalen Kommunikationsweisen,

die Selbstbildungsprozesse der einzelnen und die Selbsterziehungsprozesse in den Kinder- und Jugendgruppen. Es geht u. a. auch um die Einschätzung der alltäglichen Lebensbedingungen und Lernvoraussetzungen in den Familien und ihrem Umfeld, um die sozialräumliche Platzierung sowie die sachliche und personelle Ausstattung der pädagogischen Einrichtungen und gewiss auch um die alltägliche Lebensführung bezogen auf Gesundheit, Pflege und Ernährung sowie soziale Beziehungen – und noch vieles mehr.

b. Aus dem Gesamtspektrum der möglichen und sinnvollen Fragen müssen dann, als Teil des möglichst umfassenden Dialogs, die **besonderen Schwerpunkte** bestimmt werden (es wird selten nur ein einziger sein). Diese können u. a. dadurch nahe gelegt werden, dass es bestimmte neue Aufgaben gibt (z. B. verbindliche Bildungspläne, die nunmehr umgesetzt werden müssen) oder neue Personengruppen in die Einrichtung gekommen sind (z. B. die Kinder von Flüchtlingen und Asylbewerbern) oder weil es besondere Konflikte gegeben hat (z. B. zwischen verschiedenen Cliquen bzw. altersbezogen) zwischen den Kindern und den Jugendlichen – etwa bezogen auf die Nutzung eines Freizeitzentrums bzw. eines Spielplatzes und seiner unmittelbaren Umgebung, oder weil bestimmte Förderkonzepte für bestimmte Gruppen (z. B. Kinder mit Handicaps) nicht so erfolgreich waren, wie die „Profis", aber auch die Eltern das erwartet haben oder … oder. Entscheidend für die Qualität der teilnehmenden Beobachtungsprojekte, wie auch die Verbesserung der pädagogischen Arbeit, ist nun aber, dass die jeweiligen Beobachtungsschwerpunkte stets im Kontext der Gesamtentwicklung betrachtet werden (wozu in diesem Buch die relevanten Aspekte und Dimensionen dargestellt worden sind).

c. Als Teil der sinnvollen Planung können auch die vielen vorhandenen **Beobachtungsraster** gesichtet, auf ihre Einsatzqualität vor Ort geprüft und ggf. modifiziert werden (man muss nicht alles selbst und neu erfinden). Anregungen geben auch hierzu die differenzierten Darstellungen der Bildungsaufgaben in diesem Buch).

d. Selbst in vielen anspruchsvollen Praxisforschungsprojekten wird der Stellenwert der **Selbsterfahrungen** und **-deutungen** der **Kinder** (und **Jugendlichen**) unterschätzt bzw. werden diese zu wenig systematisch in die entsprechenden Beobachtungs- und Deutungsprozesse einbezogen. Selbstredend ist dieser Aspekt biografisch besonders voraussetzungsreich, weil er sich genau auf die entwicklungsspezifischen Kommunikationsfähigkeiten der Heranwachsenden und deren Milieubesonderheiten einlassen muss, sie also auch kennen und erkennen muss. Diesbezüglich finden sich in der Forschung mit Kindern hilfreiche Anregungen und Ermutigungen. Gerade mit Blick auf das Verhältnis von Prozess und Produkt ist es hier wichtig, dass auch die Kinder

7.2 Pragmatische Regeln für die teilnehmende Beobachtung

Entwicklungs-*Spuren* hinterlassen, also visuell wahrnehm- und kommunizierbare Teil- und Zwischenergebnisse, die recht viel aussagen können über ihr Wohlbefinden, ihre Engagiertheit, ihre Selbsttätigkeit, ihre Neigungen, ihr Durchhaltevermögen, ihre Geschicklichkeit, ihre Sozialität im Umgang mit anderen Kindern oder auch mit den PädagogInnen usw. (z. B. bei dem einwöchigen Projekt „Unser Kinderhaus ist ein Krankenhaus").

e. Teilnehmende Beobachtung erfordert auch die **Selbstbeobachtung** und **-deutung** der Professionellen. Das kann zum einen individuell geschehen, fortlaufend als Selbstverständlichkeit und in einem gewissen Abstand zum alltäglichen situativen Handlungsdruck (z. B. als „lautes Denken" auf der Fahrt vom Arbeitsplatz nach Hause). Sie kann auch und sollte besonders als kollektive Beobachtung geschehen, indem sich die PädagogInnen (wechselseitig) in ihren jeweiligen Gruppen und Arbeitszusammenhängen „besuchen", distanziert an den entsprechenden Prozessen teilhaben und die dabei gemachten Erlebnisse und Erfahrungen zunächst mit den jeweils agierenden PädagogInnen thematisieren und später auch – ggf. mit einer bestimmten Schwerpunktsetzung – im Gesamtteam (z. B. auf die ungelösten Probleme in einer Gruppe und wie diese von der aktiven Pädagogin und der beobachtend-reflektierenden erlebt wurden und welche Verzerrungen es z. B. dabei hinsichtlich der Ursachen gab) auswerten. Das ist selbstverständlich so wünschenswert wie schwierig, denn es gibt in vielen Einrichtungen offene und/oder verdeckte Hierarchieverhältnisse (z. B. zwischen Leitung und „sonstigem" Personal, zwischen „Alten" und „Jungen", zwischen Innovativen und „Beratungsresistenten", zwischen Engagierten und Resignierten), die die für einen fruchtbaren Austausch notwendige Offenheit erschweren oder manchmal auch nicht zulassen. Dann bedarf es erheblicher innerer Reformarbeit zum Abbau der sozialen Machtverhältnisse durch entwicklungsangemessene Verantwortungsübertragung – übrigens: auch an die Kinder! –, um die pädagogische Arbeit „ein Stück voran zu bringen".

2. Unter der Hand wurden auch schon einige **Medien** der teilnehmenden Beobachtung erwähnt, die sich global wie folgt differenzieren lassen:
   a. Zunächst einmal sind **verbale** Medien gang und gäbe. Dazu gehören u. a. kurze und längere Notizen (z. B. über eine Situation, wo man entscheidungsunfähig war), Erinnerungsprotokolle (was ein Kind einem während eines intimen Gesprächs gesagt hat), Ideensammlungen (z. B. welche Spielgeräte dringend angeschafft werden sollten), Befindlichkeitsschilderungen (z. B. „in der Situation habe ich mich so und so gefühlt"), spontane Deutungsversuche (z. B. „hinter der und der Äußerung der Mutter stand doch ein echter Generationskonflikt") bis hin zu längeren Aussageprotokollen (z. B. über

die Diskussion auf einem Elternabend). Hier müssen selbstverständlich alle Datenschutzbestimmungen eingehalten werden (z. b. durch Anonymisierung) und vor einer möglichen Weitergabe an andere Teammitglieder bzw. andere Institutionen muss das Einverständnis der Betroffenen eingeholt werden! Hier sind Äußerungen besonders sensibel und schwierig zu behandeln, die auf tatsächliche oder mögliche Straftaten verweisen, denn hier steht der Vertrauensvorschuss von Seiten der Informanten der teilweise existierenden Meldepflicht entgegen – was eine echte Gradwanderung ist.
b. Immer noch unterschätzt werden **visuelle** Medien – trotz oder wegen der alltäglichen Bilderflut. Aber nicht nur die erwähnten materiellen Entwicklungsspuren, sondern auch von den Kindern und Jugendlichen gemalte Zeichnungen und Bilder (einschließlich Graffitis!) sowie Fotos und Videoaufzeichnungen sowohl von den PädagogInnen (z. B. von bestimmten Interaktionsmustern in einem Eltern-Kind-Zentrum) wie auch und besonders von den Kindern und Jugendlichen (z. B. über ihre Lieblingsplätze und Angsträume im Stadtteil) und ihren Eltern, Verwandten und Freunden (z. B. von deren Geburtsorten und den dort vorherrschenden Spielen oder von der letzten Familienfeier mit der inzwischen verstorbenen Oma) können bei einer sehr sensiblen und detaillierten Beschreibung und Deutung sozialräumliche und lebensweltliche Beziehungen der verschiedenen Lebenslagen, Lebensweisen, institutionellen Rahmenbedingungen und pädagogischen Situationen und Prozessen nicht nur veranschaulichen, sondern sie überhaupt erst erfassbar und verständlich machen. In diesem Zusammenhang hat sich in den verschiedenen Handlungsfeldern der Sozialen Arbeit die neue Lernmethode der *Sozialreportage* bewährt, weil sie auf der Grundlage ausgefeilter Beobachtungs-, Gestaltungs- und Interpretationsleitfäden visuelle (besonders fotografische) und verbale Dokumentationsmedien aufeinander bezieht (vgl. Braun/Elze/Wetzel, 2016, 1. u. 2. Teil).
c. Für alle diese Verfahrenselemente bedarf es natürlich einer angemessenen **technischen** Ausstattung in den bzw. durch die entsprechenden Institutionen. Dazu gehören u. a. Kasettenrecorder, Diktiergeräte, Laptops, Digitalkameras (zur Not reichen auch die Fotofunktionen der Handys und IPhones), Videogeräte und -anlagen, Diaprojekte (für ältere Fotos) und Beamer, Overheadprojektoren, Whiteboard-Tafeln und Flipcharts mit der entsprechenden Ausstattung, Moderationskoffer und -wände, Stellwände zur Präsentation von Texten und Bildern, Portfolios (immer wieder zu ergänzende und erweiternde „Loseblattsammlungen") und Bildungsbücher, in denen personen- und/oder gruppen- bzw. familienspezifisch bestimmte (wichtige) Bildungsverläufe für alle zugänglich dokumentiert werden.

7.2 Pragmatische Regeln für die teilnehmende Beobachtung

3. Solche teilnehmenden Beobachtungsprotokolle bedürfen selbstredend der **Interpretation** und sollen schließlich auch präsentiert werden. Herbei ist folgendes zu bedenken:
   a. Es gibt **keine theorielose** teilnehmende Beobachtung; niemand muss sich schämen, dass er mit bestimmten Kenntnissen, Vorstellungen und Erwartungen in eine Beobachtungssituation geht und sich bei den Beobachtungen davon leiten lässt und dass dies auch seine Interpretationen mit-bestimmt. Diese letzte Formulierung soll darauf verweisen, dass die PädagogInnen sich dieser Vorannahmen bewusst sein müssen bzw. werden sollten, dass sie bereit sind, sie regelmäßig (besonders in schwierigen praktischen Konfliktlagen) zu überprüfen und dass sie bereit und in der Lage sind, sich durch die Beobachtungen auch widerlegen zu lassen. Wer nicht in der Lage ist, sich zu irren, kann auch nicht dazulernen, nur aus Fehlern kann man praktisch klüger werden (aus Fehlern „dumm" zu werden, ist Ausdruck einer professionellen Stagnation).
   b. Nun gehen in solche Beobachtungen nicht nur angeeignete Theorien, Konzepte und Methoden sowie **berufspraktische** Erlebnisse, Erfahrungen und Überzeugungen ein, sondern auch **außerberufliche** lebenspraktische und existentielle Erfahrungen und Einstellungen und daraus kann sich ein schwer zu erschütterndes Konglomerat von Interpretationsschichten ergeben (z. B. bezogen auf das Sexualverhalten von Menschen mit Migrationshintergrund oder bezogen auf die Lebensführung von Familien in deklassierten Lebenslagen). Hier besteht immer wieder die Gefahr und Tendenz, dass eine begründete Kritik an bestimmten professionellen *Handlungsweisen* (z. B. ein gewisser rüder Ton gegenüber Kindern, die „einem schon länger auf die Nerven gehen") als eine grundsätzliche Kritik an der *Person* umzudeuten und so abzuwehren ist. Auch in solchen Fällen bleibt einem nichts anders übrig wie bei den Kindern: Die kritikwürdigen Taten als solche zu benennen, ohne der Person die Achtung und Anerkennung zu verweigern.
   c. Damit ist schon angeklungen, dass auch die Interpretation ein **kollektiver Akt** sein sollte, ja muss, gerade wenn ein Team in der pädagogischen Arbeit „weiter kommen will". Und deshalb müssen dann auch die theorieorientierten Annahmen, die konzeptionellen und methodischen Orientierungen, die verschiedenen Erfahrungsstränge und Einstellungen sowie situativen Erlebnisse „auf den Tisch gepackt" und einfühlsam wie hartnäckig erörtert, hinterfragt und ggf. mehr oder weniger umfassend korrigiert werden (z. B. hinsichtlich der Bildungsanstrengungen von Kindern mit Migrationshintergrund und die Akzeptanz und Förderung der Zwei- bzw. Mehrsprachigkeit und die Unterstützung der Bildungsaspirationen ihrer Eltern gegen die Widerstände

der deutschen Schulbürokratie schon beim Übergang vom Kindergarten in die Grundschule).
4. Ausgewählte Ergebnisse der teilnehmenden Beobachtungen und ihrer Interpretation einschließlich der praktischen Schlussfolgerungen sollten öffentlich gemacht werden: Zunächst einmal gegenüber den Kindern und ihren Eltern; ferner gegenüber Interessierten aus dem näheren und weiteren Umfeld sowie Institutionen, mit denen kooperiert wird (z. B. Kindergarten und Grundschule). Darüber hinaus können und sollten sie – wiederum adressatenspezifisch – im Gemeinwesen bekannt gemacht, in die lokalen Sozialdiskurse eingespeist und den verantwortlichen politischen Entscheidungsträgern und Institutionen zur Verfügung gestellt werden. Sie sind dann auch so etwas wie öffentliche Rechenschaftslegung über die eigene pädagogische Arbeit.

Definition Pädagogische Entwicklungsforschung

Pädagogische Entwicklungsforschung ist eine empirische Methode zur Rekonstruktion von interaktiv und institutionell ermöglichten, angeregten und unterstützten kognitiven, emotional-motivationalen und „praktischen" Lernprozessen. Sie verbindet wissenschaftliche Erkenntnisfortschritte mit praktischen Qualitätsverbesserungen, weshalb sowohl zu den AdressatInnen wie den professionell tätigen PädagogInnen der entsprechenden Bildungs- und Erziehungsprozesse möglichst dialogische Beziehungen aufgebaut werden. Die dafür konstitutiven Ich-Du-Beziehungen in ihrer sozialräumlichen und lebensweltlichen Eingebundenheit werden dabei bezüglich ihrer Bedingungen, Prozesse und Ergebnisse sowohl distanziert beobachtet wie teilnehmend erlebt und erfahren. Die notwendigen Schwerpunktsetzungen werden stets in komplexere Zusammenhänge eingeordnet und die Untersuchungstechniken sind multimedial ausgerichtet, um die jeweiligen Selbst- und Weltsichten möglichst unverkürzt erfassen, dokumentieren und theoriegeleitet interpretieren zu können.

Literaturnachweise

Baumler, Vera et al. 2010. Lehrbuch Kindheitsforschung, Weinheim und München: Juventa
Bodenburg, Inga/Kollmann, Irmgard. 2014. Frühpädagogik – arbeiten mit Kindern von 0 bis 3 Jahre, Köln: Bildungsverlag EINS

Braun, Karl-Heinz und M. Elze, K. Wetzel, Konstanze. 2016. Sozialreportage als Lernkonzept, Wiesbaden: Springer VS
Edelmann, Doris et al. 2012 Einführung in die Bildungsforschung, Stuttgart: Kohlhammer
Friebertshäuser, Babara: Feldforschung und teilnehmende Beobachtung. In: *Handbuch Qualitative Forschungsmethoden in der Erziehungswissenschaft*. Hrsg. B. Friebertshäuser und A. Prengel. 503-534, Weinheim und München: Juventa
Heinzel, Friederike. Hrsg. 2000. Methoden der Kindheitsforschung, Weinheim und München: Juventa
Honig, Michael-Sebastian et al. Hrsg. 1999. Aus der Perspektive von Kindern?, Weinheim und München: Juventa
Kardorff, Ernst von und. Chr. Schönberger. 2010. Evaluationsforschung. In: Handbuch Qualitative Forschung in der Psychologie. Hrsg. G. Mey und K. Mruck. 367-381, Wiesbaden: VS-Verlag
König, Anke et al. Hrsg. 2015. Forschungsperspektiven auf Professionalisierung in der Frühpädagogik, Weinheim und München Beltz Juventa
Leu, Hans Rudolf et.al. 2012, Bildungs- und Lerngeschichten. Bildungsprozesse in früher Kindheit beobachten, dokumentieren und unterstützen, Weimar Berlin: das netz
Leu, Hans Rudolf u. a. v. Behr. Hrsg. 2013. Forschung und Praxis der Frühpädagogik, München Basel: Reinhardt
Rosenthal, Gabriele. 2008. Interpretative Sozialforschung, Weinheim und München: Juventa

Literaturempfehlungen

Bamler, Vera et al. 2010. Lehrbuch Kindheitsforschung, Weinheim und München: Juventa
Bohnsack, Ralf et al. Hrsg. 2003. Hauptbegriffe Qualitativer Sozialforschung, Opladen: Leske + Budrich
Kiphard, Ernst J. 2014. Wie weit ist ein Kind entwickelt? Eine Anleitung zur Entwicklungsüberprüfung, Dortmund: modernes lernen
Rosenthal, Gabriele. 2008. Interpretative Sozialforschung, Weinheim und München: Juventa
Trautmann, Thomas. 2010. Interviews mit Kindern, Wiesbaden: VS-Verlag

The manufacturer's authorised representative in the EU is Springer Nature Customer Service Centre GmbH, Europaplatz 3, 69115 Heidelberg, Germany. If you have any concerns regarding our products, please contact ProductSafety@springernature.com

Printed and bound by CPI Group (UK) Ltd, Croydon, CR0 4YY

23/03/2026

02076737-0001